BILL DONAHUE E RUSS ROBINSON

TRADUÇÃO HAROLDO JANZEN

OS SETE PECADOS 7 CAPITAIS NO MINISTÉRIO DE GRUPOS PEQUENOS

WILLOW CREEK ekklesia. Vida

Pelos mesmos autores

■

Edificando uma igreja de grupos pequenos (Vida)

Título do original • *The seven deadly sins of small group ministry*, edição publicada pela ZONDERVAN PUBLISHING HOUSE (Grand Rapids, Michigan, EUA)

■

EDITORA VIDA
Rua Júlio de Castilhos, 28 • Belenzinho
CEP 03059-000 • São Paulo, SP
Telefax 0 xx 11 6618 7000
www.editoravida.com.br

■

Todas as citações bíblicas foram extraídas da *Nova Versão Internacional* (NVI), ©2001, publicada por Editora Vida, salvo indicação em contrário.

Dados Internacionais de Catalogação na Publicação (CIP)
(Câmara Brasileira do Livro, SP, Brasil)

Donahue, Bill –
Os sete pecados capitais no ministério de grupos pequenos / Bill Donahue, Russ Robinson ; tradução Haroldo Janzen. — São Paulo : Editora Vida, 2004.

Título original: The seven deadly sins of small group ministry
Bibliografia.
ISBN 85-7367-696-5

1. Igreja — Trabalho com grupos 2. Liderança cristã 3. Pequenos grupos — Aspectos religiosos — Cristianismo I. Robinson, Russ. II. Título.

03-1884 CDD-253.7

Índice para catálogo sistemático:
1. Ministério de grupos pequenos : Métodos pastorais : Cristianismo 253.7

Sumário

Introdução

Sua igreja precisa de um manual de resolução de problemas?

SE SUA IGREJA TEM UM MINISTÉRIO de grupos pequenos, você provavelmente poderá identificar-se com a história de uma igreja que "quebrou a cara".

Há quatro anos, a Primeira Igreja da Floresta lançou três iniciativas ministeriais, incluindo o reavivamento de um ministério de grupos pequenos, que estava estagnado. Eles pediram ao diretor do departamento de educação cristã — que já estava supervisionando o ministério de adultos e a escola dominical infantil, AWANA, o discipulado de algumas pessoas e um ministério de mulheres — para se ocupar do ministério de grupos pequenos. O esforço resultou em onze novos grupos naquele ano, mas nenhum grupo novo no ano seguinte.

Ninguém estava muito preocupado com isso. À medida que a igreja crescia, aumentavam seus departamentos. Enquanto os ministérios, incluindo o departamento de grupos pequenos, mantivessem seus participantes contentes e evitassem problemas, teriam condições de se desenvolver. Os grupos pequenos são vistos de maneira positiva. A igreja acredita que os grupos pequenos estão teologicamente no caminho certo, porque cada grupo usa um dos dois currículos elaborados pelo pastor auxiliar.

No ano passado, a igreja terminou a construção de suas novas dependências, duplicando o espaço do santuário e do reservado para os outros ministérios. Além disso, a freqüência nos cultos cresceu em cerca de 60% em seis meses. No entanto, um número cada vez maior de recém-chegados reclama que não consegue se envolver com a igreja. Cada grupo pequeno tem em média dezessete participantes, e não existem futuros líderes à vista. O diretor do departamento de educação cristã queixa-se de esgotamento, pois tem de supervisionar dezesseis líderes além de todos os outros ministérios — inclusive um novo ministério para solteiros.

Os presbíteros da Primeira Igreja da Floresta estão cansados das reclamações. Eles pediram ao pastor titular para trabalhar com o corpo de obreiros de tempo integral e apresentar soluções. Os presbíteros estão divididos quanto à iniciativa referente ao ministério de grupos pequenos. Alguns conhecem igrejas em que os grupos pequenos estão suprindo as necessidades de um crescimento rápido e, ao mesmo tempo, aprofundam o discipulado dos participantes. Um presbítero, que viu os grupos pequenos aparecerem e desaparecerem, duvida que essa estratégia funcionará na Primeira Igreja da Floresta (afinal de contas, os grupos pequenos não são para todos). O pastor titular e dois outros membros da equipe de obreiros não compraram a idéia do ministério de grupos pequenos, principalmente porque sempre estiveram à frente de igrejas tradicionais, baseadas em ministérios de programas.

De que maneira a Primeira Igreja da Floresta deveria formular estratégias quanto a um novo futuro para seu ministério de grupos pequenos? Talvez devessem analisar as táticas que estavam utilizando. Ou poderiam estudar os grupos pequenos ao longo da história da igreja e em toda a Bíblia. O que deveriam avaliar primeiro? De que maneira deveriam priorizar os problemas-chave, tendo em vista o limitado tempo da igreja, os escassos recursos financeiros e a falta de pessoal? E quem pode garantir que as novas estratégias funcionam?

Se você pode responder a essas perguntas com clareza, então devolva este livro à livraria e peça seu dinheiro de volta. Porém, se esse não é o caso, você está em boa companhia.

UM MANUAL DE RESOLUÇÃO DE PROBLEMAS

O relatório da Primeira Igreja da Floresta é fictício, mas esse é um exemplo típico de igrejas com as quais trabalhamos, incluindo a Willow Creek Community Church (WCCC). Lembre-se, o infortúnio gosta de companhia, por isso é bom ter você conosco. Em outras palavras, partilhamos sua dor!

Gostamos de inventos artificiosos ou "engenhocas" comple-xas. Gostamos de descobrir como novas invenções funcionam. Por isso, quando abrimos a caixa e encontramos as instruções indispensáveis do fabricante, pegamos uma caneta, pa-pel e um cafezinho e começamos a tomar nota de cada detalhe. É verdade. Se você acredita nisso, você não é um entusiasta das invenções (ou alguém que gosta de resolver problemas complexos)! Os homens realmente — especialmente aqueles que gostam de novas invenções — não fazem perguntas a respeito das instruções a seguir e nunca as lêem. Essa é a questão. A aventura, o mistério, o desafio é o que lhes interessa! É preciso descobrir as coisas por conta própria.

Porém, mesmo os que gostam de descobrir como novas "engenhocas" funcionam lêem no final as instruções, porque algo sempre acaba por dar errado. Por isso, eles precisam do manual de resolução de problemas. Felizmente, embora as instruções do fabricante cheguem a ter dezenas de páginas, os manuais de resolução de problemas são breves. A maioria resume as complicações de uma "inovação" em duas colunas. A coluna da esquerda enumera os problemas, e da direita sugere coisas que precisam ser conferidas. Mesmo as inovações mais complexas têm relativamente poucas categorias do que "provavelmente pode dar errado".

Você já sabe que o ministério de grupos pequenos é mais complexo do que uma "inovação" comum. Será que você não gostaria que seu ministério de grupos pequenos viesse acompanhado com um manual do fabricante e com um manual de resolução de problemas, elaborado especialmente para sua igreja? Atualmente, os "manuais do fabricante" acerca de grupos pequenos provavelmente ultrapassam dezenas de milhares de páginas. No entanto, esperávamos ansiosamente por um manual de resolução de problemas para simplificar o diagnóstico e recomendar soluções que funcionassem.

Ao trabalhar na Willow Creek e ao consultar outras igrejas, identificamos as causas mais comuns — que denominamos "os sete pecados capitais" — do colapso do ministério de grupos pequenos. Ajudamos, por muitos anos, a Willow Creek e outras igrejas a desenredar problemas semelhantes e, ao longo do caminho, conhecemos grandes frustrações, soluções superficiais, "as piores decisões" e as "práticas que funcionam" para descobrir soluções básicas eficazes. Este livro é nossa melhor tentativa para oferecer a você um manual de resolução de problemas para o ministério de grupos pequenos.

Certamente o coração de Deus se entristeceria ao ver o sonho de Jesus para a comunidade desfazer-se (conforme relatado em Jo 17), porque você acha que está enfrentando obstáculos imprevistos e insolúveis. A verdade é que essas questões são previsíveis. Se você estiver tendo problemas para edificar um ministério de grupos pequenos, há muita possibilidade de seus problemas serem determinados por um desses sete pecados capitais. Descubra como lidar com essas sete áreas — algo semelhante a descobrir o funcionamento de uma "engenhoca" complexa —, e, provavelmente, seu ministério de grupos pequenos será bem-sucedido. Este livro o ajudará a discernir problemas e implementar soluções.

Enquanto estávamos desenvolvendo este método de resolução de problemas, descobrimos que se tratava de uma empreitada com boas e más novas. As más novas são que você não pode enganar o sistema de grupos pequenos. Realmente não pode. Ignorar apenas uma das sete questões-chave resultará no colapso do seu ministério de grupos pequenos. Agora, as boas novas: você não pode enganar o sistema de grupos pequenos. (Não acabamos de dizer isto?) Então, por que chamamos as más novas de boas novas? Apesar de não sermos capazes de enganar esse sistema, ele realmente é um grande sistema. É uma maneira maravilhosa de realizar o ministério. O fato de você não poder enganar acaba por se tornar uma vantagem para você.

UMA VISÃO GERAL DOS SETE PECADOS CAPITAIS

Neste livro, dois capítulos são dedicados a cada um dos sete pecados capitais do ministério de grupos pequenos. O primeiro ajuda você a diagnosticar o problema, o segundo fornece as soluções. Existe uma ordem lógica para os sete pecados, mas sinta-se à vontade para lê-los fora de seqüência. Você pode ler esse resumo e em seguida voltar-se para a ajuda que você mais necessita no momento. Essa visão geral também fornece informações para a resolução de problemas futuros. Como todos nós, você pode achar que cometeu a maioria dos sete pecados — se não todos. Não há problema algum. A penitência será prescrita. (No entanto, não será possível comprar indulgências.)

Primeiro pecado: Objetivos ministeriais obscuros

O capítulo 1 ajudará a diagnosticar se você sofre em razão de objetivos ministeriais obscuros. A questão fundamental é se está claro de que maneira você quer que os grupos pequenos correspondam à missão geral da igreja — qual a função dos grupos pequenos quando você "crescer" — e se você escolheu uma estrutura para alcançar seus objetivos claros. Ajudaremos você a fazer a escolha entre uma igreja *com* grupos pequenos ou uma igreja *de* grupos pequenos, ressaltando basicamente a importância de tomar claramente uma decisão. Quando terminar esse capítulo, certamente você será capaz de avaliar seu nível de clareza.

O capítulo 2 propõe estratégias e instrumentos para desenvolver objetivos ministeriais claros, com base na igreja como um todo e nos ministérios específicos. Examinamos aqui as estratégias alternativas, incluindo o "limite de pastoreio", as exigências para a liderança, o propósito do grupo e as diversas partes de uma reunião, a assimilação e a multiplicação do grupo. Isso envolverá o planejamento ministerial de toda a igreja e o relacionamento entre os ministérios, por meio de comunicação, coordenação e colaboração.

Segundo pecado: Falta de liderança de ponta

O capítulo 3 ajudará você a diagnosticar os problemas de liderança de ponta. "Líder de ponta" é o termo que a Willow Creek utiliza para descrever a pessoa responsável pelo ministério de grupos pequenos na igreja. Procuramos ressaltar as decisões cruciais que o líder de ponta terá de tomar, assim como mostramos de que forma escolher um líder de ponta e como elaborar sua relação de tarefas. Se tomar as decisões acertadas nessa área, você poderá esperar um crescimento em longo prazo e uma base sólida para esse ministério.

As estratégias e os instrumentos do capítulo 4 procuram preparar de maneira eficiente a liderança de ponta para solucionar problemas. Descreveremos as qualidades essenciais que o líder de ponta deve possuir e explicaremos os aspectos principais para os quais ele deve voltar a atenção. Ajudaremos os líderes de ponta a determinar a visão e a estratégia, a escolher as pessoas, a trabalhar em equipes e a monitorar o progresso do grupo.

Terceiro pecado: Estruturas de treinamento insatisfatórias

Todas as igrejas com as quais trabalhamos apresentam dificuldades com a questão abordada no capítulo 5 – a de identificar os sintomas e as causas do treinamento insatisfatório para líderes de grupos pequenos. Definimos um "limite de pastoreio", analisamos uma estratégia de pastoreio que os "treinadores" (ou supervisores) podem usar com os líderes e dizemos como apoiar e desenvolver grandes treinadores.

O capítulo 6 oferece estratégias e instrumentos para estruturas eficazes de treinamento. Esse capítulo inclui traços necessários para um treinamento eficaz e modelos práticos para "treinar treinadores". Discutimos também a melhor maneira de os pastores responsáveis supervisionarem o time de treinadores.

Quarto pecado: Negligência no desenvolvimento contínuo de liderança

O capítulo 7 reflete os perigos e os resultados quando o desenvolvimento de líderes é falho. Descrevemos uma cultura de desenvolvimento de liderança eficaz para que você possa compará-la com uma igreja sem essa cultura. Procuramos explicar por que é essencial servir de modelo no desenvolvimento de liderança em seu ministério. Advertência: se você não emprega uma estratégia de aprendizado para desenvolver líderes, incluindo uma clara distinção entre líderes auxiliares e aprendizes, seu pecado virá de encontro a você.

As boas novas são que o capítulo 8 apresenta estratégias e instrumentos para desenvolver líderes. Descrevemos "grupos-turbo", uma solução importante para aumentar o número de líderes. Detalhamos também a criação de um ambiente para o desenvolvimento de liderança, de modo que se incorpore ao sistema de grupos pequenos.

Quinto pecado: Mentalidade fechada com relação a grupos pequenos

O capítulo 9 analisa o problema e as causas principais de grupos fechados — grupos sem uma "cadeira vazia". Quando existem muitos grupos fechados, o ministério de grupos pequenos certamente não será tão eficaz. As causas principais de grupos fechados incluem falta de visão, falha em observar e em responder ao tamanho do grupo, modelo falho em relação à cadeira vazia e falta de compreensão de como as pessoas podem ter relacionamentos íntegros com pessoas novas e interessadas no Evangelho.

O capítulo 10 nos mostra como "abrir" grupos fechados. Já vimos vários grupos preencherem cadeiras vazias com crentes que andavam meio perdidos e pessoas à procura de algo. Explicaremos como realizar isso em sua igreja, propondo uma visão corajosa e fomentando um movimento de base para sua congregação promover ao mesmo tempo a comunidade, um grupo e uma vida.

Sexto pecado: Definição restrita de grupo pequeno

O capítulo 11 o ajudará a diagnosticar se sua definição de grupo pequeno é limitada demais. Nele examinamos as definições conhecidas de grupos pequenos e descrevemos as amplas possibilidades para a formação desses grupos. Você precisa de líderes que entendam o propósito de seu grupo pequeno. Mostramos como usar o conceito de "continuidade do grupo pequeno" para que você possa localizar as dinâmicas que limitam seu ministério.

O capítulo 12 explora a ampliação da esfera dos grupos pequenos que você pode oferecer. Muitas igrejas estão descobrindo um número ilimitado de tipos de grupos pequenos que aumentam a capacidade das pessoas quanto a se relacionar e as ajudam a se desenvolver espiritualmente. Descrevemos padrões de desenvolvimento para que você possa expandir criativamente sua definição de grupos pequenos e infundir mais vida de grupo em sua congregação.

Sétimo pecado: Negligência no processo de assimilação

O capítulo 13 descreve uma lição importante que tivemos de aprender à medida que assumíamos um compromisso mais sério com o ministério de grupos pequenos. Quando desenvolvemos estratégias de assimilação (ou incorporação), a ignorância pode ser prejudicial. Não subestime o potencial de reuniões maiores para "alimentar" os grupos pequenos. Reuniões com mais pessoas, como a escola dominical, reunião de comunhão bíblica de adultos e programas especiais podem ajudar os grupos a se incorporarem à igreja. Descubra se você está negligenciando as possibilidades de assimilação em sua estrutura atual.

O capítulo 14 mostra como unir as pessoas por meio de eventos de assimilação bem elaborados. Apresentamos uma estratégia ampla, que envolve toda a igreja, para ajudar as pessoas a passar de um ministério para outro ou de um grupo pequeno para outro, de forma que construam uma comunidade em redes cada vez mais amplas. Mostramos como reunir e rastrear informações para que isso se torne realidade.

ANTES DE ENTRAR NO CONFESSIONÁRIO

Do começo ao fim deste livro, você encontrará histórias de igrejas em vários estágios na transição para grupos pequenos. Nossas dicas quanto à transição e à liderança concentram-se em uma decisão ou em alguma idéia brilhante de liderança específica com o intuito de tranqüilizar você de que a luz no fim do túnel não é a luz de um trem.

Esperamos que os apêndices sejam úteis para você. Eles incluem instrumentos que nós e os de outras igrejas usamos para implementar as estratégias descritas neste livro. Mesmo que esses instrumentos não se enquadrem exatamente à situação de sua igreja, eles provavelmente aguçarão seus pensamentos à medida que você for desenvolvendo estratégias apropriadas ao seu contexto.

Talvez você tenha assumido compromisso com grupos pequenos depois de ler nosso livro *Edificando uma igreja de grupos pequenos*. Apesar disso, é inevitável que você depare com platôs e barreiras — de modo semelhante ao que ocorreu com a Primeira Igreja da Floresta. A vida nunca funciona de acordo com o plano, e o ministério de grupos pequenos nunca segue exatamente um modelo.

Lembra da famosa e eufemística declaração do comandante Jim Lovell da Apollo 13? "Houston, temos um problema", disse ele, depois que um tanque de oxigênio explodiu. A explosão danificou o outro tanque de oxigênio, bem como a energia, a água e os sistemas de navegação do módulo de comando. Forçados a se refugiar no módulo lunar, os astronautas perceberam que os filtros de dióxido de carbono causariam problemas. Os filtros com aberturas quadradas trazidos do módulo de comando não eram compatíveis com as aberturas redondas dos filtros do módulo lunar. Eles precisavam solucionar esse problema — ou morrer.

Todos gostamos da cena, que aparece tanto no filme quanto no livro, dos controladores da terra percebendo a magnitude do problema. Os engenheiros se reúnem ao redor da mesa com uma série de itens, no mínimo estranhos, que mais parecem restos de feira — sacos plásticos, luvas, papelão, fita adesiva e corda. O líder diz aos engenheiros: "Isto é tudo que eles têm para trabalhar. O trabalho de vocês é encontrar um meio de juntar os filtros usando somente estes materiais e, a seguir, passar essas informações aos astronautas. Temos apenas algumas horas antes que o ar se torne letal".

Os riscos eram grandes. O tempo, os recursos e o pessoal, escassos. (Parece uma igreja local, não é mesmo?) Felizmente, a equipe produziu um dispositivo que purificou o ar para os três astronautas desesperados. Esse resgate bem-sucedido hoje faz parte da história.

Sua situação não é muito diferente. Você enfrenta o difícil desafio de construir uma infraestrutura de grupos pequenos que inspirará a igreja com vida comunitária, provendo apoio e transformação espiritual para as pessoas confiadas aos seus cuidados. Mas não existe nenhum corpo de engenheiros disposto a ajudar a reunir recursos disponíveis para consertar seu sistema de grupos pequenos. Até hoje, a maioria das igrejas — incluindo as nossas — são obrigadas a elaborar seu próprio guia de resolução de problemas. Esperamos que este livro possa funcionar como sua equipe de "controladores da base".

capítulo 1

PRIMEIRO PECADO

Objetivos ministeriais obscuros

SINTOMAS de objetivos ministeriais obscuros

- Os líderes não concordam com o propósito para grupos pequenos.
- O caminho da igreja para o progresso ministerial está bloqueado.
- Os relacionamentos entre os mais comprometidos com a comunidade estão se desintegrando. Os membros da igreja esperam que os pastores lhes dêem muito mais atenção.
- Grupos pequenos têm visão míope e não conhecem seu papel na estratégia global da igreja.

FOI UMA REUNIÃO PARA ACABAR com todas as reuniões. Eu (Bill) ainda me arrepio quando me lembro dela. Meu filho participava do clube de escoteiros, e uma reunião, com a participação dos meninos e seus pais fora convocada. Chegamos a tempo e tomamos assento entre os onze meninos e quinze pais que puderam tomar parte.

— Muito bem, iniciaremos agora nossa reunião — disse Kevin, o chefe de 45 anos do grupo de escoteiros, — já está na hora de pensarmos novamente a respeito do nosso acampamento anual dos escoteiros. Alguém tem alguma boa sugestão?

— Precisaremos de algumas caminhonetes para levar o lixo depois que os meninos deixarem o acampamento — disse um pai.

— Por que não fazemos um cardápio diferente este ano? - perguntou Maria. — Acho que os meninos estão cansados de comer creme de amendoim!

Cerca de trinta segundos de silêncio reinaram entre nós, que estávamos reunidos no apertado porão da igreja, lugar onde essas temíveis reuniões eram aturadas. A seguir, Beto, um menino de sete anos, quebrou o silêncio.

— E se chover outra vez? Eu detesto quando chove!

— Você é um medroso! — disse Marcos, de oito anos, um veterano em acampamentos, cujo modo de falar incluía esse tipo de palavra encorajadora aos colegas escoteiros. Outros participaram da conversa com gracejos e piadas.

— Muito bem, por favor, acalmem-se. Acho que o melhor a fazer é repetir a programação do ano passado - sugeriu o chefe de escoteiros. — Parece que tudo correu bem.

A não ser, como era o caso de nossa família, que você não tivesse participado no último ano. Não tínhamos a menor idéia do que esperar naquele ano ou do que acontecera no último ano, quando centenas de meninos invadiram a floresta de Illinois.

— O último ano foi fantástico — pôs-se a falar o pequeno Mike, que no entanto fez uma pausa longa, o suficiente para que Kevin e os pais pensassem que toda essa experiência de acampamento poderia, na verdade, ter um bom impacto — se você gosta de mosquitos e de lama! — arrematou. Todo mundo irrompeu em uma estrondosa gargalhada. E o pequeno Mike disse, em tom de súplica:

— Por favor, não nos façam ir para o mesmo acampamento! Aquele lugar é um brejo!

A essa altura, os meninos estavam rindo histericamente, a ponto de os pais terem de intervir para restaurar a ordem.

— Agora basta, meninos, sosseguem! Pais, precisamos da ajuda de vocês nesse evento. Quem gostaria de ser voluntário para nos ajudar neste ano? — perguntou Kevin. — Precisamos de aproximadamente dez pessoas. Nossa unidade é responsável pela organização de jogos e pelo equipamento esportivo.

A reação foi unânime. Quinze pais estavam sentados, imóveis, enquanto refletiam sobre por que haviam escolhido o escoteirismo em vez de lições de natação: "Eu poderia estar me espreguiçando em uma piscina, pegando um bronzeado, observando meus filhos brincarem alegremente no calor do verão. Em vez disso, vou provavelmente arrastar-me pela abafada floresta, defendendo-me do ataque dos insetos e debatendo-me para conseguir dormir três horas por noite em uma barraca com um grupo de meninos do segundo ano escolar, cuja ambição na vida é fazer exatamente o contrário de tudo que digo".

— E quanto às habilidades? Nossos meninos desenvolverão algumas habilidades? — perguntou Harold.

Em um acampamento de escoteiros, em 1967, Harold aprendera a fazer uma variedade de nós.

— Quero que meu menino aprenda alguma coisa enquanto estiver lá. Será que eles aprenderão a armar uma barraca, ou entalhar alguma coisa, ou talvez fazer uma fogueira? — continuou.

O pedido de Harold pegou Kevin desprevinido. Ele estava pensando em logística, não em habilidades. Estava preocupado em recrutar pais, não em treinar crianças.

O comentário de Harold me forçou a pensar: "Não é esse o objetivo do escoteirismo? Este não deve fazer com que jovens se exercitem na fina arte de sobrevivência em uma região pouco explorada? Não deve ensinar habilidades para defender-se de animais selvagens sem usar uma arma, para pegar peixes sem usar apetrechos de pesca (usando apenas as mãos) e para construir uma casa de cepos e troncos sem usar um machado? Os acampamentos de escoteiros deveriam preparar a próxima geração de Daniel Boones e Davy Crockets".

— Não quero que *meu* filho brinque com fogo — disse Linda, que acha que o clube de escoteiros é um serviço de babá com uniformes. — A última coisa que gostaria de fazer é passar o dia inteiro na sala de emergência! Ah, sim, e meu filho, Jimmy, tem um pergunta. Ele quer saber se as crianças poderão levar seus *videogames*.

"Certamente. E por que não levar um refrigerador portátil, um celular e um laptop para que ele e os meninos possam ficar atualizados com respeito às últimas tendências do mercado de ações? Tudo para o desenvolvimento do próximo rei da fronteira selvagem".

— Haverá uma série de coisas seguras para os meninos fazerem — assegurou o chefe de escoteiros, frustrado. — Mas *videogames* não são permitidos. Bem, como estava dizendo, precisaremos de pessoas para planejar as atividades e para supervisionar os meninos em cada evento esportivo. Será que alguém tem um arco e flecha e sabe manuseá-lo? — perguntou.

A essa altura, eu bem que gostaria de ter um arco e flecha comigo. Aquele sofrimento precisava terminar, de um jeito ou de outro. Alguns pareciam compartilhar esse sentimento. Vários pais no fundo da sala estavam avaliando a possibilidade de fazer uma roleta-russa; várias mães estavam irritadas com os maridos que estavam em casa assistindo ao beisebol, e os meninos — que haviam ultrapassado todos os limites do tédio havia muito tempo — estavam começando a planejar o seqüestro do chefe de escoteiros em uma das noites no acampamento.

A senhora Peters e seu filho Jeffrey, que chegaram atrasados para a reunião, sugeriram que todos os pais participassem do acampamento e dormissem em uma barraca, para que todos pudessem "experimentar o escoteirismo na prática". Ela nunca mais foi vista. As autoridades continuam procurando por ela. Bem, na realidade, isso não é verdade, mas não faltou muito para que isso acontecesse.

— Por que simplesmente não deixamos de participar do acampamento este ano? Ninguém pode pedir a dispensa de três dias de trabalho no meio da semana para ajudar um acampamento — disse um dos pais. Alguns concordaram.

— Mas então não haveria a competição de arco e flecha, metralhadoras com água, cordas para nos balançar ou histórias, tarde da noite, ao pé da fogueira — lamentaram os meninos.

"E nada de mosquitos, banheiros portáteis e cãibras", pensaram os pais.

A essa altura, mesmo nosso amado chefe de escoteiros estava a ponto de perder a paciência. Por isso, ergueu a voz para chamar a atenção de todos.

— Olhem, precisamos fazer esse acampamento. Todas as outras unidades estarão lá, e tudo dará certo! Agora, quem pode ajudar? — perguntou ele.

De maneira bem relutante, os pais começaram a se oferecer como voluntários; os meninos concordaram em se acalmar para que a ordem pudesse ser restabelecida, e mais um acampamento de escoteiros fazia parte do calendário de verão.

Enquanto reflito a respeito dessa experiência, percebo que ela tinha todos os ingredientes para se tornar um desastre desde o princípio. De certa forma, todos sabem que o escoteirismo faz bem aos meninos e que o acampamento é uma diversão para eles. Porém, não havia uma visão clara para o evento, nenhuma idéia de como encaixar essa atividade no desenvolvimento dessas crianças e nenhuma estrutura ou processo para alcançar os resultados desejados. Cada pai ou mãe tem uma definição diferente de sucesso com relação ao escoteirismo e ao acampamento. Por isso, nenhum consenso pôde ser alcançado. As pessoas estavam frustradas e irritadas com o líder e umas com as outras. Fora isso, tudo estava perfeito!

Com o ministério de grupos pequenos muitas vezes ocorre a mesma coisa. Existe um consenso geral de que construir uma comunidade na igreja é a coisa certa a ser feita e que de alguma maneira grupos pequenos ajudarão a alcançar esse objetivo. Mas poucos percebem o que deve ser feito para chegar lá, ou mesmo concordam entre si sobre isso. A liderança falhou ao não ser clara — acerca do chamado de Deus, da visão para a igreja, do propósito de grupos e do papel que cada membro exerce para alcançar a visão dada por Deus. Fora isso, tudo está perfeito!

Por que isso acontece?

Porque um grande número de igrejas mergulha no ministério de grupos pequenos sem um objetivo claro a ser alcançado. Elas são como aquele jovem na faculdade que tem prazer em estudar artes e poesia germânica, trabalha como salva-vidas no verão, mas decide na formatura que realmente deseja ser um cientista espacial quando "crescer". Igreja após igreja (incluindo a Willow Creek), há adultos com massa cinzenta na cabeça que começam a formar grupos pequenos sem concluir o que será quando "esse ministério crescer".

Na empolgação de iniciar grupos pequenos, essas igrejas podem ter grandes discussões acerca de modelos ministeriais, tipos de grupos e objetivos de formação espiritual. Porém, elas nunca chegam a decidir a respeito do propósito dos grupos pequenos, tampouco a definir como os grupos pequenos se adaptarão à vida da igreja. Inevitavelmente, esses esforços encontrarão obstáculos no caminho, e haverá um impasse. Os líderes da igreja que influenciam a direção estratégica da congregação concluem que o caminho para o progresso desse ministério parece bloqueado. Os membros dos grupos pequenos, os líderes e os treinadores sentem-se confusos, irritados ou indiferentes acerca de seu papel na igreja.

PERDIDOS NA SOPA?

Se o estudo do seguinte caso lhe parecer familiar, provavelmente sua igreja sofre de objetivos ministeriais obscuros. Mudamos os nomes, mas veja o que aconteceu em uma reunião de verdade, em uma igreja de verdade — uma igreja que ainda não chegou à conclusão sobre o que ela quer ser quando "crescer". Essa igreja realmente nunca escolheu uma estrutura de ministério de grupos pequenos nem analisou os valores básicos de diferentes modelos de grupos pequenos.

Há dez anos, essa igreja formou alguns grupos, chegando a "assimilar" cerca de 30% dos adultos nesses grupos. O conselho da igreja quer ver o ministério de grupos pequenos crescer, por isso há três meses aprovaram unanimemente um novo modelo de grupo pequeno apresentado por Jennifer, a pastora dos grupos pequenos.

Jennifer apresentou um relatório atualizado ao conselho:

— As coisas estão indo bem. Temos 35 grupos e estou preparando treinadores (supervisores) para inspecionar os líderes de grupos pequenos. Isso me deixará livre para desenvolver e treinar mais novos líderes — disse ela.

Subitamente, Douglas, presbítero experiente e presidente do conselho, perguntou:

— Bob, como está indo sua classe de escola dominical? Vejo mais pessoas a cada domingo. Elas participam dos grupos?

Jennifer aguardou a resposta de Bob, e ele disse que seus alunos não participava dos grupos, mas ele tinha prazer em ensinar, e mais pessoas estavam participando a cada semana. Douglas então disse:

— As aulas são uma grande maneira de encontrar um lugar para as pessoas que os grupos não conseguem alcançar. Há dez anos temos grupos em nossa igreja, mas muitas pessoas simplesmente não querem participar deles. Creio que deveríamos incentivar e apoiar as aulas.

Antes que Jennifer pudesse retrucar, Hank tomou a palavra:

— O que aconteceria se realmente promovêssemos essas aulas? Temos professores capacitados. A participação nos cultos está crescendo rapidamente. Se não colocarmos essas pessoas às voltas com aulas ou algo assim, iremos perdê-las.

— Vamos incluir isso na pauta da próxima reunião — disse Douglas. — Obrigado, Jennifer, por dedicar alguns minutos a nós. Você está fazendo um trabalho brilhante com os grupos pequenos. Continue assim.

Jennifer ainda não entregara os pontos, porque queria clareza. Ela disse:

— Eu havia entendido que nossas dependências limitadas tornaram os grupos pequenos um imperativo. Chegamos à conclusão de que, se promovêssemos demais a escola dominical, frustraríamos as pessoas.

Alguns membros do conselho concordaram.

Porém, a seguir Mike disse:

— É por isso que precisamos nos apressar ainda mais com relação às novas dependências. Sara, você já preparou o relatório referente aos possíveis terrenos?

(Jennifer, que não sabia nada a respeito do assunto, ficou surpresa ao saber que há duas semanas o conselho iniciou a procura por um terreno para a construção das novas dependências.)

Sara, a presidente do comitê de construção respondeu:

— Temos algumas opções viáveis. Se as pessoas reagirem bem, poderemos estar em um novo prédio em dezoito meses!

— Então realmente resolveremos nosso problema de espaço — acrescentou Hank. — Não podemos nos esquecer de acrescentar de seis a dez novas classes de adultos. Isso deverá ser suficiente para acomodar nosso rápido crescimento e ajudar cada um a encontrar lugar na igreja. Que tal darmos uma olhada em possíveis locais agora mesmo?

Douglas dispensou Jennifer, graciosamente:

— Desculpe, Jennifer, mas precisamos continuar nossa discussão em outra reunião. Agora precisamos trabalhar nas propriedades em potencial, e a parte financeira é confidencial. Obrigado, mais uma vez, por sua colaboração.

Desacoroçoada, Jennifer deixou a reunião. "Por que desenvolver um modelo de grupo", ela ponderava, "que não será apoiado ou promovido? Por que o conselho estava tão animado a respeito dos grupos há três meses, e agora parece ambivalente? Será que eles não percebem que grupos e aulas podem trabalhar juntos para fomentar a comunidade?".

Quando as igrejas falham ao escolher um modelo de ministério de grupos pequenos e não definem seus valores básicos, os membros do corpo pastoral ficam desiludidos, as pessoas permanecem sem conexão e a causa de Cristo avança com dificuldade, em vez de prosseguir a todo vapor.

MODELOS DE GRUPOS PEQUENOS

Líderes visionários como Ralph Neighbour, Carl George, Lyman Coleman, Roberta Hestenes e Gareth Icenogle têm provido grandes idéias para edificar comunidades de transformação por meio de grupos pequenos. Suas idéias, se consideradas em conjunto, compreendem um *continuum* de modelos de grupos pequenos. Embora cada modelo de grupo pequeno seja diferente, a maioria desses modelos pode ser incluída em uma das três categorias ao longo do *continuum*. Admitimos que essas categorias podem ser consideradas simples demais, porém, acredite, elas o ajudarão a definir a direção e o propósito para os grupos pequenos em sua igreja.

MODELOS DE GRUPOS PEQUENOS			
	IGREJA COM GRUPOS PEQUENOS	IGREJA DE GRUPOS PEQUENOS	IGREJA FORMADA POR GRUPOS PEQUENOS
Propósito	Ajudam as pessoas a encontrar um lugar na igreja	Um modo de construir a igreja como comunidade	A expressão principal da igreja
Princípio organizador	Alguém deseja iniciar um grupo	Estratégia que leva em consideração a afinidade e a localização geográfica	Estratégia que leva em consideração a afinidade e a localização geográfica
Envolvendo-se em um grupo	Sistema de colocação (centralizado)	Convite pelo grupo ou evento de assimilação (descentralizado)	Designado pela localização geográfica (responsabilidade do grupo)
Membros do grupo	Opcional para o crescimento / Isso não é requerido para se tornar membro da igreja	Essencial para o crescimento / Requerido para se tornar membro da igreja	Essencial para o crescimento / Requerido para se tornar membro da igreja
Papel dos líderes de grupo	Principalmente, líder reativo	Pastor-líder proativo	Autoridade pastoral
Uso do currículo	Escolhido pelo líder	Recomendado pelo corpo de obreiros ou escolhido pelo líder	Designado pelo corpo de obreiros ou equipe pastoral
Formato da reunião do grupo	Designado pelo líder ou pelo currículo	Designado pelo líder + estratégia de ministério	Designado pelo líder + padrão designado
Autoridade da igreja sobre o grupo	Baixa	Baixa	Alta

MODELOS DE GRUPOS PEQUENOS			
	IGREJA COM GRUPOS PEQUENOS	IGREJA DE GRUPOS PEQUENOS	IGREJA FORMADA POR GRUPOS PEQUENOS
Monitoramento a igreja sobre os grupos	Baixo	Alto	Alto
Atividade evangelística do grupo	Possível	Incentivado	Esperado

Em um extremo do *continuum*, está a categoria da "igreja *com* grupos pequenos". Nesse modelo, os grupos pequenos não passam de mais um departamento, entre muitos outros, na igreja. No outro extremo do *continuum*, está a categoria da "igreja formada por grupos pequenos". Esse modelo considera cada "célula" uma pequena igreja. A categoria "igreja *de* grupos pequenos" considera cada grupo uma pequena comunidade dentro da igreja. Nessa categoria, o corpo de obreiros e os ministérios estão edificados no esqueleto de grupos pequenos, de forma que cada membro está ligado à igreja por meio da comunidade.

Como declaramos repetidas vezes em sessões públicas, a Willow Creek escolheu ser uma igreja *de* grupos pequenos. Porém, esse modelo pode não ser a melhor opção para sua igreja. O pecado capital não é escolher um modelo diferente do nosso. O pecado consiste em não tratar questão até o fim e em não formular uma declaração de propósito clara, de modo que cada pessoa na sua igreja saiba onde os grupos pequenos se enquadram em sua estratégia e em sua visão geral.

O sintoma revelador de objetivos ministeriais obscuros é o colapso de relacionamentos entre as pessoas mais comprometidas com a comunidade. No início, tudo parece promissor. As pessoas descobrem uma visão poderosa para a comunidade — arraigada na própria natureza de Deus. Elas vêem Deus usando grupos pequenos para transformar vidas. Os líderes aumentam sua capacidade de liderança, pastoreiam com convicção e ajudam a geração seguinte de líderes a se desenvolver. E mais pessoas pedem para ser integradas nos grupos.

Porém, logo aparecem as questões mais complexas. "De que maneira os grupos pequenos funcionam na igreja? O que acontecerá com a escola dominical? Quais as implicações para o corpo de obreiros, os voluntários e as iniciativas ministeriais vigentes?". À medida que a igreja se debate para gerenciar a tensão, aparece o conflito. As pessoas perguntam por que o pastor titular e o conselho não participam dos grupos pequenos. O corpo de obreiros começa a ter dúvidas acerca da descrição de tarefas e da "segurança no emprego" e tem dificuldades em dar assistência aos líderes e em apoiar os sistemas. Enquanto isso, os líderes mais antigos não entendem por que os grupos pequenos não podem ser agregados aos programas existentes. Algumas pessoas temem que alguns grupos renegados, mas bem-sucedidos, possam se desvincular e formar uma nova igreja.

É irônico observar quanta confusão poderia ser evitada se as igrejas analisassem primeiro para depois escolher entre os modelos de ministério de grupos pequenos descritos no quadro. Sugerimos que você estude a fundo o que tem sido escrito sobre grupos pequenos. Lembre-se de que não há problema algum em escolher os valores e as estratégias que se enquadram mais em sua filosofia ministerial. Você pode usar o quadro para evitar misturar e equiparar componentes incompatíveis.

Igreja com *grupos pequenos*

No modelo igreja *com* grupos pequenos, as pessoas da igreja consideram o propósito dos grupos pequenos uma maneira de uma pessoa interessada ligar-se aos outros. Outros ministérios são encarados como maneiras igualmente válidas para relacionar-se. Um comentário típico nessa igreja seria: "Ei, que bom que você está em um grupo!"; "Ah, você está em uma classe e não em um grupo? Isso também é ótimo!"; Oh, você participa de um comitê, mas não participa de um grupo nem está numa classe? Isso também é bom!". Em outras palavras, é uma escolha pessoal, uma maneira de se relacionar. Desde que esteja ligado de alguma forma, você "pertence à comunidade".

Disputas de poder são um risco inerente em igrejas *com* grupos pequenos, porque o ministério de grupos pequenos compete com todos os outros departamentos por líderes, por apoio financeiro, por espaço para reuniões e por visibilidade. As disputas pelo poder podem se tornar desagradáveis quando chega a época de elaborar o orçamento anual: "Como cortar os fundos para o orador visitante antes de cortar os gastos com os panfletos?" ou: "Por que a igreja precisa de uma nova placa?" ou até mesmo: "Por que os jovens não podem trazer sua própria mobília e comida?".

Igreja de *grupos pequenos*

Observe que à medida que você examina o quadro dos modelos de grupos pequenos, é possível traçar uma linha vertical clara entre os modelos *igreja com grupos pequenos* e *igreja de grupos pequenos*. Tudo o que está à direita da *igreja com grupos pequenos* presume que toda a igreja estará envolvida com os grupos. Cruzar essa linha requer uma completa mudança na filosofia da igreja, cuja importância deve ser avaliada com seriedade.

O propósito de grupos pequenos no modelo da *igreja de grupos pequenos* é desenvolver a igreja como uma comunidade. Esse modelo vê a comunidade mais ampla como uma rede de comunidades menores que servem para desenvolver as pessoas em Cristo. Portanto, o conceito de grupos pequenos penetra em cada área da igreja. Os líderes de ministério e os membros da congregação se acostumam a planejar e a construir o ministério em torno da infra-estrutura de grupos pequenos. Grupos pequenos não estão limitados a nenhum departamento ou subministério. No entanto, também não são considerados a plena expressão da vida comunitária da igreja local. Nessa filosofia, você não ouvirá o seguinte: "Temos um departamento de grupos pequenos". Tampouco: "Os grupos pequenos são nossa igreja".

Igreja formada por *grupos pequenos*

Nesse modelo você ouvirá o seguinte comentário: "Os grupos pequenos são nossa igreja". Esse modelo está obviamente no mesmo *continuum* da *igreja de grupos pequenos.* Porém, o modelo *igreja formada por grupos pequenos* muitas vezes, difere na teologia da natureza e da expressão da igreja, assim como na intensidade da ênfase com relação aos grupos pequenos.

No paradigma da *igreja formada por grupos pequenos,* o propósito do grupo pequeno é ser a igreja em sua menor forma de organização. Esse modelo considera os grupos pequenos a parte central da vida congregacional. Alguns defensores desse modelo ensinam que "a igreja é a célula, e a célula é a igreja". Eles ressaltam que a evangelização, a adoração, a comunhão e o estudo da Bíblia ocorrem no grupo.

Uma coisa precisa ficar clara. Independentemente do modelo que você escolher — *igreja com grupos pequenos, igreja de grupos pequenos* ou *igreja formada por grupos pequenos* — a teologia de sua igreja influenciará sua decisão. Alguns teólogos acreditam que o grupo pequeno representa toda a plenitude da noiva de Cristo. Outros, no entanto, argumentam que os grupos pequenos devem estar atrelados a uma congregação maior para que haja uma liderança pastoral eficiente e responsável, uma ministração apropriada dos sacramentos (mesmo quando ocorre no grupo pequeno), ensino bíblico saudável e disciplina na igreja.

SEUS VALORES BÁSICOS ESTÃO CLAROS?

Igrejas que nunca se comprometem com um modelo perdem a oportunidade de definir os valores básicos de seu ministério de grupos pequenos. Sem essa definição, de que maneira você saberá o que seus grupos pequenos deverão alcançar e de que maneira eles transformarão vidas?

Na Willow Creek Community Church, queremos nos tornar uma igreja *de* grupos pequenos. Não é uma decisão certa ou errada. É uma decisão clara. Todos nós — desde o pastor titular, Bill Hybels, até toda a equipe pastoral — os presbíteros, o conselho, o corpo de obreiros e os principais voluntários — concordam com o sonho de dar a cada pessoa que considera a Willow Creek sua igreja um lugar na comunidade. Grupos pequenos são essenciais para prática da vida comunitária, além de esse ser nosso método principal para a realização do ministério.

Além de simplesmente dizer que queremos dar a cada pessoa um lugar na comunidade, decidimos adotar — e adaptar — o modelo *metachurch* [meta-igreja] desenvolvido por Carl George. O tema bíblico que fundamenta esse modelo é seu foco no envolvimento do indivíduo na vida comunitária, para que cada pessoa seja cuidada e a comunidade permaneça intacta.

Esse tema aparece em Êxodo 18, quando Jetro, sogro de Moisés, observa que Israel, uma nação complexa, não estava organizada de maneira apropriada para julgar os conflitos entre seus membros. Jetro prescreve diretrizes para estruturar a nação, a fim de que todo o povo fosse devidamente cuidado e seus líderes não se afadigassem. (Você não gostaria que seu sogro fizesse o mesmo por sua igreja?) Por meio de seu ministério de ensino e de seus livros, Carl George tornou-se um Jetro para nós. Ele explica como as Escrituras — em Êxodo 18, Ezequiel 34 e Atos 6 — mostram o interesse de Deus em que o indivíduo nunca seja negligenciado na comunidade. Deus age para assegurar que as pessoas cresçam espiritualmente, resolvam seus conflitos, tenham suas necessidades básicas satisfeitas e sejam pastoreadas eficazmente por líderes competentes.

Quando compreendemos como esses princípios bíblicos básicos podem ser incorporados em um modelo de ministério, passamos a ajustar a maneira como organizávamos grupos pequenos e modificamos os resultados que esperávamos desses grupos. Baseando-se nos exemplos de Jetro e de Jesus, Carl George cunhou a expressão *span of care* [limite de pastoreio], que se refere à capacidade que a pessoa tem de cuidar eficazmente das necessidades dos que ela pastoreia. Cada um deve receber o devido cuidado, mas ninguém deve ser responsável por cuidar de um número de pessoas além de suas possibilidades. Um limite de pastoreio razoável é que os líderes não devem ter mais do que dez pessoas em um grupo, e os treinadores devem supervisionar somente quatro ou cinco líderes. Nossos treinadores encontram-se com seus líderes em reuniões informais para uni-los por meio do aprendizado e de apoio mútuos. Os treinadores visitam os grupos para encorajar os líderes e os grupos enquanto todos juntos ajudam a desenvolver a comunidade. Além disso, os treinadores encontram-se com os líderes de grupos pequenos individualmente para desenvolvê-los e cuidar deles. Embora essas atividades não sejam rigidamente prescritas, elas são praticadas para assegurar o cuidado do rebanho.

COAR MOSQUITOS E ENGOLIR CAMELOS

Nos últimos meses, eu (Russ) participei de várias reuniões informais e "super-reuniões" (as quais incluem líderes, treinadores e líderes de tempo integral). Depois de inúmeras conversas com treinadores, líderes e aprendizes de líderes, um tema comum emergiu: existem muitas pessoas que não têm uma compreensão clara de nossa estratégia. Pensei: "Isto não é possível! Nós já não decidimos isto?". Depois de refletir mais a fundo, percebi que formular objetivos ministeriais claros requer mais que uma decisão; requer vigilância. Cometemos o pecado número um outra vez!

Dois sintomas notáveis levaram-nos a diagnosticar que, embora nossa congregação tivesse adotado claramente o alvo de envolver cada membro em um grupo, havíamos perdido o foco em como esses grupos se enquadram na vida comunitária da igreja. Por um lado, um sintoma era que muitas pessoas estavam desapontadas por não receberem a atenção do pastores da igreja. Elas queriam que a Willow Creek Community Church funcionasse como uma igreja tradicional, em que elas pediriam que um pastor ou um obreiro de tempo integral cuidasse de suas necessidades. Por outro lado, a maioria de nós pastores estava atendendo aos apelos dessas pessoas, perdendo, dessa forma, a oportunidade de deixar que o líder ou as pessoas do grupo cuidassem das necessidades de seu grupo. Não estávamos honrando a estratégia nem a estrutura que havíamos desenvolvido.

O segundo sintoma desse pecado repulsivo é que cada vez mais pessoas estavam dizendo: "Eu participo de um grupo, portanto, estou isento de todas as outras atividades da igreja, especialmente da evangelização". As pessoas concentraram-se tão atentamente em uma parte de nossa visão — os grupos —, que perderam de vista o objetivo da igreja: ajudar os anti-religiosos a se tornarem seguidores devotos de Cristo. Isso se aproxima perigosamente dos padrões farisaicos da vida da igreja. E não podemos tolerar uma coisa dessas.

Os fariseus concentraram-se tanto no sistema que perderam de vista a grande idéia. Eles limpavam copos, em vez de corações; seguiam a letra da Lei e com isso lhe matavam o espírito. Como Jesus descreveu em Mateus 23.24, eles coavam mosquitos e engoliam camelos. Nosso povo adotou a vida de grupo de maneira satisfatória, e estamos vibrando com isso. Porém, alguns deles ficaram míopes e só conseguem ver a comunidade, não aqueles que estão fora dela, longe de Deus. Se não for corrigida, essa visão de curto alcance resultará em "cegueira com relação aos de fora", ou seja, a incapacidade de ver o estado dos perdidos. Você provavelmente tem questões semelhantes a superar enquanto está no processo de enquadrar os grupos pequenos em outros objetivos básicos, como a evangelização, a adoração ou os esforços do ministério global.

Na Willow Creek Community Church, não estamos adotando apenas o modelo meta-igreja. Procuramos também adotar o modelo "em busca dos perdidos", voltado aos interesses e às necessidades dos de fora. Jon Wallace, que liderou nosso ministério de grupos pequenos de 1993 a 1995, disse em certa ocasião que a Willow Creek estava tentando fazer algo sem precedentes na história da igreja. A Willow Creek estava procurando adotar o modelo "em busca dos perdidos", voltado aos interesses e às necessidades dos de fora, modelo que enfatiza os cultos evangelísticos de finais de semana e, simultaneamente, segue a estratégia dos grupos pequenos da meta-igreja, modelo voltado para a comunidade. Essa combinação exige um esforço intenso e uma liderança comprometida a cada passo do caminho. (O que torna claro a razão pela qual nos defrontamos com alguns buracos na implementação da rodovia!)

Nunca esqueça esse aspecto. Sempre que as pessoas se queixam de seus cultos públicos, da estratégia evangelística ou de outro aspecto da filosofia central de ministério, você está diante de um desafio que envolve lançar luzes sobre algo obscuro. Se você ainda acrescentar o ministério de grupos pequenos a essa mistura, adotando o modelo da meta-igreja ou outro qualquer, precisará deixar bem claro para a congregação o lugar que os grupos pequenos ocupam na igreja. As duas causas fundamentais dessa confusão são alvos vagos com relação à igreja e à falta de alinhamento ministerial.

ALVOS VAGOS COM RELAÇÃO À IGREJA

Recentemente, eu (Bill) fui a Europa a fim de ministrar, em nome da Willow Creek Association, em uma rede mundial com mais de 7 mil igrejas locais com valores semelhantes. Enquanto estava esperando pelo avião que vinha de Frankfurt para Genebra, o alto-falante anunciou: "Sr. Sagamoto, por favor apresente-se no portão B24, imediatamente. O vôo 1135 está lhe aguardando. Sr. Sagamoto, por favor apresente-se no portão". Dez minutos mais tarde, a mensagem foi repetida. E depois, repetiram-na mais uma vez.

Imaginei que o vôo 1135 tinha 238 passageiros na lista, e 237 deles estavam ficando irritados. Provavelmente, o sr. Sagamoto estava sentado no saguão do aeroporto, dormindo profundamente devido à adaptação ao fuso horário depois de quinze horas de vôo. "Seu vôo está lhe aguardando. Por favor, apresente-se no portão!" Até mesmo a voz do anunciante parecia aborrecida. A essa altura, se eu fosse o sr. Sagamoto, teria decidido tomar outro vôo, para evitar 237 passageiros irritados. Imaginei a fotografia do senhor Sagamoto e sua história no noticiário: "Vôo transatlântico atrasa devido a um passageiro cansado que adormeceu. Passageiros perdem conexões de vôo por toda a Europa. A economia sofre reveses. Sagamoto foi surrado com travesseiros e cobertores enquanto embarcava no avião. Ele permanece em estado crítico".

Algumas igrejas estão paradas no portão de embarque dos grupos pequenos, porque alguém não está a bordo e recusa-se a voar. Pode ser o pastor, um presbítero-chave ou um membro da equipe pastoral. Ou pode ser que todos concordam em que voar é a coisa certa a fazer; só que todos querem aviões e horários diferentes. Uma igreja assim, "parada", resolveu abordar as perspectivas *igreja com grupos pequenos/igreja de grupos pequenos/igreja formada por grupos pequenos* e chegaram a um consenso sobre como ela quer viver a comunidade. Escolheram um modelo e o adaptaram ao seu contexto, criando um alvo "quando nossos grupos pequenos crescerem". No entanto, ela não consegue fazer o avião decolar, porque não basta ter clareza conceitual acerca da direção e do projeto. Você precisa traduzir esses conceitos para cada ambiente ministerial no qual você espera que os grupos pequenos criem raízes. Todos os ministérios precisam subir a bordo para que se possa decolar. Concordar simplesmente com o processo (vôo) e com o objetivo (Paris) não é suficiente. Devemos voar juntos no mesmo avião e chegar ao destino como uma comunidade.

Na Willow Creek, concordamos com um conjunto de termos que envolve toda a igreja para implantar alvos claros em cada ministério. Enunciamos novos alvos para os grupos pequenos por meio de declarações quantitativas e qualitativas.

Os cinco alvos: Nossos termos para os alvos individuais e organizacionais

Usamos "os cinco alvos" como base para o desenvolvimento espiritual individual. Por exemplo, quando uma pessoa se torna membro de nossa igreja, fazemos perguntas a ela em cada uma das cinco áreas.

- *Graça*. De que maneira alguém se torna cristão no verdadeiro sentido da palavra? De que maneira você se tornou um cristão?
- *Crescimento*. De que maneira você está alimentando pessoalmente seu crescimento espiritual por meio das disciplinas espirituais?

- *Grupo.* Você está ligado a um grupo pequeno de crentes aqui na Willow Creek com o propósito de crescer, de receber e de dar apoio, assim como de prestar contas?
- *Dons.* Você está usando seus dons espirituais e servindo ao Senhor na igreja?
- *Mordomia saudável.* À luz do ensino bíblico, você está apoiando esse corpo com seus dízimos (ou excedendo essa porcentagem à medida que Deus o faz prosperar)?

Essa terminologia comum relativa aos alvos ajuda o indivíduo a confirmar seu compromisso com Cristo e com nossa igreja, bem como os ajuda a avaliar seus próximos passos para o crescimento espiritual. Formulamos nosso currículo dos grupos pequenos em torno dos *cinco alvos*, para que os líderes dos grupos pequenos usem as mesmas idéias e linguagem que usamos na igreja em seus grupos. Esses cinco alvos também são alvos organizacionais. Com relação ao alvo para crescer em graça, enfatizamos a importância de os indivíduos experimentarem e estenderem a graça e, também, descrevemos de que maneira achamos que Deus quer edificar a Willow Creek como uma comunidade cheia de graça.

Alvos qualitativos e quantitativos

Na Willow Creek, somos bem mais específicos que simplesmente dizer que queremos nos tornar uma igreja *de* grupos pequenos. Ao formular as declarações *qualitativas* e *quantitativas* acerca de grupos pequenos, esclarecemos nossos objetivos para a igreja e com relação a cada ministério. É um grande desafio formular e alcançar esses alvos. Por exemplo, em 1995 estabelecemos o alvo de "dar a cada pessoa que considera a Willow Creek sua igreja um lugar na comunidade". Procure fazer isso em uma igreja em que a freqüência nos cultos de final de semana excede 17mil pessoas.

Definimos qualitativamente “um lugar na comunidade”. Isso significava que cada pessoa precisava ligar-se a um grupo com um líder identificado e qualificado. Queríamos que cada pessoa em cada grupo (iniciando com a idade de três anos, no grupo Terra Prometida, que faz parte de nosso ministério para crianças) considerasse seu grupo sua comunidade básica. Isso implicava que cada grupo precisava se tornar uma comunidade em que cada indivíduo receberia o devido cuidado. Isso exigia líderes de qualidade que fariam seu melhor para nutrir cada pessoa espiritualmente.

Com relação à quantidade, queríamos que fosse considerado fora do normal o fato de uma pessoa não estar em um grupo. Se uma pessoa aparecesse na Willow Creek e lhe fizessem a seguinte pergunta: “A que grupo pequeno você pertence?”, e se ela respondesse: “Não faço parte de grupo algum”, essa resposta deveria causar surpresa e desânimo, porque o fato de alguém não estar ligado à comunidade seria considerado fora do normal.

Chegamos a estabelecer um número e um prazo para esse alvo. Por exemplo, em 1995 tínhamos aproximadamente 8 mil pessoas em grupos pequenos e achávamos que poderíamos conectar 20 mil pessoas em grupos pequenos até o final do ano 2000.

Objetivos claros para toda a igreja, formulados em forma de alvos, forçaram-nos a traçar uma linha na areia — a declaração de que a Willow Creek se tornaria um tipo diferente de igreja em cinco anos, à medida que Deus trabalhasse entre nós. Assim, nos cinco anos seguintes, essa linha se tornaria nossa expressão do corpo de Cristo, em que trabalharíamos juntos para alcançar seus propósitos, em South Barrington, Illinois.

Precisávamos ainda dar a oportunidade, ou seja, um papel para cada líder desempenhar com a finalidade de concretizar esse sonho. Após declarar como o futuro poderia ser, caso

Deus nos abençoasse, subdividimos os alvos da igreja para que os envolvidos em cada ministério — os casais, os solteiros, os homens, as mulheres, os estudantes, as crianças, os interessados, os machucados e os voluntários — pudessem compartilhar esses objetivos. Isso tornou nosso sonho tangível. Cada ministério tinha um compromisso com um objetivo ministerial claro.

Falta de alinhamento ministerial

Além de formular alvos claros para toda a igreja, precisávamos também alinhar nossos ministérios, tanto verticalmente (de acordo com a missão da igreja) quanto horizontalmente (uns com os outros). Igrejas sem alinhamento ministerial não transporão a lacuna entre os objetivos claros e a realização do sonho de construir uma comunidade.

Estabelecer alvos e depois especificá-los para cada departamento resulta em conversas interessantes, porque as pessoas precisam começar a seguir a agenda da igreja, em vez de simplesmente seguir sua própria agenda. Essas conversações extraíram o melhor de nossos líderes. O ministério de louvor, o de mulheres, os que são fundamentados no cuidado, o de homens, o de adultos solteiros e o de estudantes — todos estão unidos para tentar construir uma igreja *juntos*. Isso força o alinhamento.

Alinhamento vertical significa sintonizar objetivos de liderança com práticas de liderança. Isso quer dizer: "Nossa igreja conhece nossa direção. Oramos, ouvimos conselhos sábios e nossos principais líderes chegaram a um consenso. Especificamos, descrevemos e diagramamos nossa direção. Prestamos atenção às informações qualitativas e quantitativas para cada ministério e para a igreja como um todo. Agora, cada um deve se unir e trabalhar para alcançar esse alvo".

O alinhamento horizontal coloca todos em sincronia à medida que se movem juntos para o alvo vertical ou para o alvo geral da igreja. O alinhamento horizontal requer que os líderes vão além da comunicação mútua, estando dispostos a coordenar e a colaborar uns com os outros. No início, os ministérios que se encaminham em direção a alvos verticais são semelhantes a uma fanfarra com músicas maravilhosas, mas sem senso de formação e de cadência. Eles pisam nos pés uns dos outros e perdem grandes oportunidades. Mais tarde, aprendem a aproveitar as oportunidades juntos.

Por exemplo, nosso ministério Terra Prometida apresenta oportunidades maravilhosas para um ministério de alinhamento horizontal, porque muitas crianças visitam nosso *campus* a cada ano. Seus pais talvez ainda não queiram participar da igreja e podem simplesmente deixar suas crianças no *campus* ou mandá-las com outra família. Eles podem estar pensando: "A igreja é boa para meus filhos, mas, por ora, não para mim".

Lembra-se do problema do farisaísmo que descrevemos em grupos com uma visão limitada e que estão perdendo de vista as pessoas interessadas no evangelho? Eles abraçaram os cinco alvos para os indivíduos em seus grupos pequenos, mas esqueceram que a Willow Creek promove a comunidade por uma causa. Se, no entanto, encorajarmos os grupos-chave a se realinharem horizontalmente, imagine as possibilidades. Eles podem tirar proveito das oportunidades que o Terra Prometida oferece. Nosso ministério de casais, de homens e de mulheres pode aproveitar as oportunidades que as crianças do Terra Prometida oferecem para alcançar os pais, que ainda não participem da igreja. Apenas precisamos sentar juntos e sonhar.

Até que ponto seus objetivos são claros com relação a cada ministério da igreja? Você criou alvos qualitativos e quantitativos para tornar-se uma igreja de grupos pequenos, na qual as pessoas percebem a importância dos cinco alvos em sua vida diária como seguidores de Cristo? Será que ficou claro para cada participante da igreja sua parte na missão? Será que todos entendem como seu grupo pequeno se alinha com os outros grupos no cumprimento da missão da igreja?

CLAREZA DE NÍVEL SUPERIOR

Formular um objetivo claro tanto para sua igreja quanto para sua orientação com relação aos grupos pequenos e levar esse objetivo a cabo em toda igreja requer uma ética de trabalho de nível superior. Uma vez que o pecado de objetivos ministeriais obscuros é exposto e confessado, o verdadeiro trabalho se inicia. Porém, aqui estão as boas novas. Quando a direção de seus grupos pequenos for estabelecida, expresse isso em um modelo bem formulado, e, a seguir, todos devem se alinhar em torno de alvos específicos: desse modo, você sentirá uma energia marcante. Embora nós na Willow Creek continuemos cometendo alguns "pecados" nessa área, nosso trabalho árduo foi recompensado. Hoje, temos milhares de líderes se movendo na mesma direção.

O próximo capítulo descreverá as estratégias e os instrumentos que nos ajudaram ao longo do caminho. Esperamos que, à medida que use ou adapte essas estratégias e instrumentos, você veja com clareza para onde está indo e como chegará lá com integridade e propósito.

Podemos estar curiosos para saber o que teria acontecido na vida de Jennifer, se a reunião descrita anteriormente neste capítulo tivesse tomado um rumo diferente. O que teria acontecido se a igreja realmente conhecesse seu chamado, se tivesse trabalhado para esclarecer a estratégia e o modelo, se tivesse adaptado os componentes essenciais desse modelo ao seu ambiente e à sua cultura e se tivesse alinhado os ministérios para alcançar esse objetivo? Ela teria terminado sua apresentação, e o conselho teria aumentado sua confiança na liderança exercida por ela. Provavelmente, ela teria voltado para seu escritório a fim de refletir acerca dos próximos passos no processo de grupos pequenos. Ela teria unido as estratégias e os instrumentos para que os líderes pudessem implementar o que os presbíteros, o conselho e o corpo de obreiros haviam concordado de coração. E sua tarefa, apesar dos desafios e dos desgostos ocasionais, possibilitaria que ela viajasse para os destinos ministeriais desafiadores, em vez de permanecer "parada", perdendo tempo no portão. "Por favor, esteja de prontidão enquanto tentamos encontrar um outro vôo devido ao atraso do vôo 1135". Não, muito obrigado! Estamos mudando de linha aérea.

capítulo 2

ESTRATÉGIAS E INSTRUMENTOS PARA DESENVOLVER OBJETIVOS MINISTERIAIS CLAROS

AGORA QUE CONFESSAMOS nossa falta de clareza (e nos arrependemos com penitências e cinzas), agiremos para remediar qualquer falha ou deficiência que descobrimos no último capítulo. À medida que sua igreja for tomando a decisão com relação ao propósito e aos valores básicos de seus grupos pequenos, lembre-se do seguinte: você quer desenvolver objetivos ministeriais claros apropriados ao seu projeto de igreja. O modelo que você escolher, provavelmente incluirá aspectos com os quais você se sente à vontade. No entanto, no fim das contas, você precisa fazer o que você quer fazer, de maneira inequívoca. Lembramos sempre que a estrutura serve as pessoas, e não o contrário.

Após definir uma estratégia e uma estrutura e as aplicar à sua situação, você estará diante de um desafio — a implementação. Em outras palavras, de que maneira você introduzirá seu modelo de grupos pequenos em sua igreja, para que todos entendam como os grupos pequenos se enquadram na missão geral da igreja e para que grupos e ministérios trabalhem juntos? Afinal, se a clareza de objetivos for somente conceitual, você terá vencido apenas a metade do jogo. A verdadeira vitória ocorre quando você planeja os próximos passos práticos para que seu modelo possa viver e respirar.

ESCOLHENDO CRITÉRIOS PARA GRUPOS PEQUENOS

Eu (Bill) e minha família acabamos de nos mudar para um casa nova. Em 1992, fomos convidados para trabalhar na Willow Creek e compramos uma casa que atendia às nossas necessidades. Era uma casa típica de pastor — um imóvel primoroso com cerca de 1861m², uma piscina olímpica coberta, nove quartos e quatro lareiras, incluindo a lareira na ala dos empregados. Falando sério, encontramos uma casa maravilhosa, onde nossa família pôde construir um fundamento para a vida e para o ministério na área metropolitana de Chicago.

Desde essa época, já tivemos mais um filho (na verdade, minha esposa foi quem teve o filho enquanto eu observava), minhas viagens aumentaram à medida que meu ministério expandiu globalmente e o crescimento explosivo de casas na nossa área quadruplicou o tráfego local. Isso tudo nos forçou a mudar para um local mais conveniente.

À medida que ponderávamos sobre outra casa, concentramos nossa atenção em alguns aspectos que pareciam irrelevantes na escolha da primeira casa. Quantos quartos precisamos? Qual deve ser a disposição dos utensílios e do mobiliário na cozinha? Gail terá um espaço em que ela tenha condições de expandir seu ministério? Há um lugar especial — com luz natural e uma bela paisagem — que sirva de inspiração quando eu estiver escrevendo? (Em nossa primeira casa, em Chicago, eu tinha uma mesa no porão, tão próximo da unidade de aquecimento térmico que dava para alcançá-la com minha mão. Diria que nosso relacionamento era normalmente agradável e efervescente, mas ocasionalmente as coisas esquentavam demais!)

Tínhamos a resposta para essas e outras perguntas, mas, depois de uma procura árdua, não havíamos encontrado a casa certa. Portanto, Deus proveu uma casa que preenchia nossos requisitos (tanto os meus quanto os de Gail, os de Ryan e os de Kinsley!). De que maneira reconhecemos a bênção do

Senhor? Começamos com os *critérios do projeto*. Sabíamos que precisávamos de uma casa que ficasse próxima da escola e da igreja, incluindo um espaço para nosso trabalho e que fosse consistente com os alvos de uma família que honra a Deus e a forma como ele nos fez. E estávamos felizes, pois conseguimos esperar até que encontramos uma casa que preenchesse esses critérios.

Ter critérios específicos para determinado projeto é semelhante à planta que está em sua mente enquanto procura uma casa. Você provavelmente conhece esse sentimento — entra em dezenas de casas que têm 80% daquilo que você está procurando e você procura ver se as encaixa com a imagem que você tem em sua mente. "Essa casa seria ideal se você pudesse acrescentar um quarto de estudo, tirar duas paredes e acrescentar um balcão na cozinha". Às vezes pode se tornar uma tarefa muito difícil encontrar a casa que se ajuste ao modelo que está em sua mente — ou a casa não é apropriada ou você sente um desejo, que está latente, mas foi reprimido, de participar de um programa de TV que distribua gratuitamente casas maravilhosas. Como é maravilhoso quando você entra em uma casa e sente: "Esta é a casa ideal!". Você ainda precisa fazer alguns ajustes, mas a planta da casa está de acordo com seus critérios.

Objetivos ministeriais claros em sua igreja requerem uma planta do projeto, a qual ajudará você a construir uma estrutura que esteja de acordo com suas necessidades. Afinal, se buscou a Deus no processo e confiou nele para a tomada de decisão, você *saberá* quando alcançou o fim almejado.

Os seguintes critérios ajudarão você a planejar seu ministério de grupos pequenos na igreja. Eles estão baseados no que aprendemos observando a Willow Creek e outras igrejas, quando escolheram, planejaram e implementaram suas estruturas de ministério de grupos pequenos.

Afinidade

Edificamos nossa infra-estrutura de grupos pequenos em torno da afinidade. Os grupos são formados conforme as semelhanças (mesma idade, interesses ou necessidades), tarefas comuns ou algo que possa unir as pessoas. A afinidade é um ponto de contato, um meio de ajudar as pessoas a participar da vida do grupo. Qualquer motivo que as pessoas encontrem para reunir-se em um grupo serve como ponto de partida. Isso inclui reuniões para famílias, para casais, para solteiros, para homens, para mulheres, para estudantes e para crianças. Nossos grupos de apoio e de cuidado cresceram significativamente à medida que os grupos pequenos para pessoas interessadas no evangelho se beneficiam da busca comum por respostas às questões espirituais. Até mesmo equipes esportivas participam da transição, ao acrescentar uma experiência de grupo às equipes de esportes, incentivando os crentes e envolvendo as pessoas interessadas no Evangelho a participar desses grupos e a se envolver com a igreja. As missões, que denominamos "ministérios de expansão", ocorrem local, nacional e internacionalmente, por meio de equipes formadas em torno de uma afinidade que as encantam e pela qual são apaixonadas. Equipes que servem tornaram-se comunidades que servem. Eis a linha de base: em qualquer lugar onde as pessoas se encontram, construímos grupos.

Não muito tempo atrás, ouvimos falar de uma igreja que iniciou um grupo pequeno com equipes que gostavam de jogar *bridge*, um jogo de cartas. Para sermos honestos, a idéia de um grupo formado por aficionados em *bridge* não evocou imediatamente a imagem de discípulos sentados ao redor do fogo. "Hei, Natanael, você disse três de copas ou três de espadas?" Porém, uma senhora de uma comunidade de idosos aposentados trouxe uma idéia aos líderes de sua igreja: "Todas as terças-feiras eu jogo *bridge* com quarenta mulheres. A maioria delas não conhece a Deus. Será que seria possível começar um grupo pequeno, talvez até dois, depois do carteado e convidar essas mulheres a participar? Poderíamos alcançá-las lá onde elas estão!". A igreja amou a idéia.

Oportunidades para formar grupos pequenos podem ser encontradas em quase todas as curvas da estrada na construção de uma igreja de grupos. Quase qualquer tipo de afinidade pode ser usado para formar grupos, desde que você tenha um líder treinado apropriadamente, que esteja ligado à estrutura de sua igreja e possua práticas e valores corretos de comunidade. (Descrevemos essas práticas e esses valores em detalhes nos livros *Edificando uma igreja de grupos pequenos* e *Leading life-changing small groups* [*Liderando grupos pequenos que transformam vidas*]. Portanto, experimente e explore!

Geografia

Igrejas como a New Hope [Nova Esperança], em Portland, Oregon, usam basicamente as regiões geográficas para ligar as pessoas. Cada um, incluindo os membros da igreja, preenche um cartão de informações a cada semana e o coloca na cesta de ofertas. Os líderes de grupo fazem contato com os recém-chegados que moram em sua vizinhança (organizadas pelo código postal) e os convidam a fazer parte de um grupo pequeno. Outras igrejas fornecem aos recém-chegados uma lista de grupos pequenos em sua área geográfica e sugerem que eles liguem para um líder pedindo mais informações.

Não é incomum planejar grupos pequenos baseados em áreas geográficas. Por décadas, modelos de células foram planejados por bairros ou códigos de endereçamento postal (CEP). Em seu livro *The connecting church* [*A igreja que faz conexões*], Randy Frazee descreve por que e como a Pantego Bible Church, em Dallas escolheu essa abordagem.

Na Willow Creek Community Church usamos subdivisões geográficas para ministérios especiais, combinando afinidade e área geográfica. Para algumas pessoas, atravessar a cidade em razão da afinidade é mais atraente que estar próximo de casa. Sempre que possível, procuramos encontrar as pessoas onde *elas* sentem que têm necessidades. Oferecer as duas opções — afinidade e geografia — ajuda a relacionar mais pessoas. As famílias, normalmente, querem estar na mesma área geográfica devido aos relacionamentos em potencial na escola e na vizinhança. Grupos que se concentram em tarefas, no entanto, podem reunir pessoas de ambos os sexos, de muitas localidades, de idades distintas e de mesma etnia, pois a afinidade é a missão comum, não a geografia.

Fazendo parte de um grupo

Algumas igrejas usam um "sistema de colocação", em que a igreja tem a função centralizadora de colocar as pessoas em grupos pequenos. Outras usam um "sistema de convite", descentralizando a tarefa de relacionar as pessoas, que passa a ser tarefa dos grupos pequenos específicos. É fácil para as igrejas centralizar essa atividade quando busca colocar as pessoas nos grupos tomando por base a área geográfica. Outras igrejas procuram combinar a colocação centralizada e o convite descentralizado, tendo a possibilidade inicial de várias oportunidades de grupos baseados na geografia, muitas vezes associado a um convite estendido por aqueles grupos na sua área geográfica.

Tivemos experiências positivas e negativas com as duas abordagens — a centralizada e a descentralizada. Por muitos anos, os grupos na Willow Creek foram gerados de maneira bastante centralizada, mas hoje os sistemas são mais descentralizados. Cada uma dessas abordagens pode funcionar; mas o que realmente importa é que você tome uma decisão clara.

Se você decide usar um sistema centralizado para ligar pessoas a grupos de afinidade, procure fazer com que as pessoas não fiquem relatando muitas preferências. Em uma das igrejas, eu (Bill) era o pastor de grupos pequenos e o "guru" responsável por colocar todas as pessoas em grupos. Não imite meu erro, a não ser que você queira que seu ministério acarrete os mesmos sentimentos que uma "cirurgia oral" — sem anestesia — provoca. Orava todas as semanas para que o Espírito de Deus entrasse na minha sala como um vento forte, e espalhasse a pilha de solicitações pelos quatro cantos da terra. Relutantemente, apanhava uma solicitação e lia: "Gostaria de participar de um grupo pequeno para mulheres solteiras que se reúnam fora da cidade às terças-feiras à noite e que estude o livro de Romanos". A próxima solicitação era de um casal convertido há trinta anos: "Gostaríamos de participar de um grupo de casais com cristãos maduros e comprometidos, que se reúnam semanalmente, orem por todos os missionários individualmente e estudem o livro de Apocalipse — versículo por versículo".

Fiz o melhor que pude para encaixar cada pessoa no grupo de sua preferência, mas às vezes eram necessários meses para que conseguisse encontrar um grupo para todas as pessoas que haviam feito uma solicitação. Então, depois de encaixar alguém, recebia, inevitavelmente, telefonemas do grupo ou da pessoa. "O que você está fazendo? Essa não foi a minha solicitação. Esse grupo de mulheres solteiras acabou de acrescentar três homens, ele se reúne às quintas-feiras e está estudando a vida de oração dos monges celibatários!". Essa era a realidade nua e crua. Não conseguia manter-me atualizado com a demografia de todos os grupos pequenos (horário, local, tópicos, afiliação), e as pessoas muitas vezes já haviam perdido o interesse quando finalmente eu encontrava um grupo para elas.

Para ser franco, havia alguns grupos para os quais não queria enviar ninguém, em razão da liderança despreparada ou dos membros "bizarros" que os formavam. Enviei pessoas para esse tipo de grupo, e elas nunca mais voltaram para a igreja (um tipo de grupo pequeno "buraco negro"). Todavia, descobri grupos com bons líderes e com dinâmicas saudáveis que muitas vezes convidavam pessoas naturalmente por meio de conexões relacionais. Esse sistema descentralizado fazia mais sentido para mim.

Pertencendo a um grupo pequeno

Em uma *igreja com grupos pequenos*, a afiliação normalmente é opcional. Porém, nos modelos *igreja de grupos pequenos* ou *igreja formada por grupos pequenos* é essencial para o ministério, ou um componente quase obrigatório para participar da igreja pertencer a um grupo pequeno. Em algumas igrejas, se você quer ser membro, precisa estar em um grupo.

Damos grande importância à participação em um grupo pequeno na Willow Creek, mas permitimos que a pessoa se torne um "membro participativo" da igreja, mesmo que ainda não freqüente um grupo. Monitoramos os que ainda não estão em um grupo, enquanto começam a participar de vários ministérios na igreja, e, depois, procuramos incentivá-los a participar formalmente da vida de um grupo. Queremos que eles percebam que consideramos normal fazer parte de um grupo, mas não somos rígidos a ponto de obrigá-los a participar. Você, definitivamente, se sentirá um peixe fora da água se não pertencer a um grupo.

Líderes de grupo

O esquema aqui é claro e simples. Na Willow Creek, não existe grupo sem líder. Isso não quer dizer que estamos certos e que a abordagem de grupos sem líderes é errada. Simplesmente quer dizer que, para nós, esse aspecto está claro. Gostamos de dispor de uma pessoa como referência, a pessoa que terá a responsabilidade pelo grupo, que concordará em criar um ambiente de cuidado, que manterá os membros com a visão acurada quanto à missão e à estratégia da igreja e que incentivará as pessoas a darem os passos seguintes no desenvolvimento espiritual.

Algumas igrejas adotam um modelo de liderança compartilhada para os grupos. Embora essas igrejas possam ter experimentado certo sucesso com esse modelo, vimos, de modo geral, poucos frutos em igrejas que não estão comprometidas com desenvolvimento de bons líderes.

A estrutura das reuniões

Posso arriscar e, desse modo, outra vez simplificar demais, mas a estrutura das reuniões parece tender para um desses dois caminhos. Por um lado, a igreja, ou o departamento ao qual os grupos estão agregados, cria um padrão para as reuniões. Por outro, muitas igrejas apresentam aos líderes uma estratégia geral sobre como elaborar uma reunião, mas também dão a eles certa liberdade para escolher um padrão para as reuniões de grupo.

Já visitamos igrejas de células que basicamente definem o padrão das reuniões para os grupos. Todos os grupos da igreja seguem o mesmo padrão. Um exemplo desse modelo são esses quatro aspectos: encontro (bem-vindo), exaltação (adoração), edificação (palavra) e evangelização (ação/obras). (V. descrição mais detalhada no livro de Joel Cominskey, *How to lead a great cell group meeting* [*Como liderar uma reunião de célula bem-sucedida*]). O padrão é importante porque os grupos *são* a igreja em muitos casos, e os padrões asseguram que uma atenção apropriada seja dada a todos os componentes desejados no processo de grupo. Apenas pense nos seus cultos de final de semana e perceba a importância de um padrão.

Na Willow Creek, com algumas exceções, permitimos que o líder trace o padrão, com certa supervisão no que concerne a como ele pode estruturar uma reunião. Repetindo, não se trata de uma questão de certo ou errado, porque em alguns lugares as pessoas precisam de algo mais estruturado ou desejam isso. No ciclo inicial da vida de um grupo, é importante prover mais estrutura, para que os líderes possam criar certo sentido de segurança e familiaridade e para que, assim, os membros sintam que o grupo é seguro. No entanto, o grau de estruturação da reunião fica por sua conta.

Currículo

O uso de um currículo de grupo pequeno deve ser opcional, recomendado ou prescrito? Tornamos a escolha do currículo opcional, a ser determinada pelo grupo, como parte de sua aliança. Nossa equipe de obreiros de tempo integral planeja o formato do grupo e do currículo para os ministérios, para dessa forma suprir necessidades específicas, como, por exemplo, a recuperação de um divórcio. Com qualquer grupo novo, muitas vezes é melhor começar com um currículo que ressalte a importância de tornar-se um grupo. Um bom exemplo é a *Série Interações*, de Bill Hybels, um estudo de seis semanas sobre a comunidade.

Basicamente, nossos treinadores ajudam os líderes a fazer a escolha mais sábia para o benefício do grupo. O risco dessa abordagem é que o líder ou o grupo pode estar propenso ao ensinamento falso, como aconteceu no decorrer de nossa transição de um currículo prescrito para um currículo opcional. Um bom acompanhamento por parte dos treinadores pode interceptar o problema e, quanto mais usamos essa abordagem opcional, menos esse problema ocorre. É uma questão de treinamento de liderança. Se você está preocupado com o ensinamento falso mas quer dar aos líderes certa liberdade, ofereça uma lista recomendada de materiais aprovados dos quais eles podem escolher um ou mais deles.

A Willow Creek desenvolveu e publicou uma grande variedade de estudos, que os líderes usam e apreciam. Nossa livraria prima pela qualidade e expõe as melhores séries de estudos disponíveis de editoras cristãs. Torna-se fácil recomendarmos recursos específicos para nossos grupos devido ao nosso currículo interno e às ofertas de nossa livraria. Por conseguinte, um número cada vez maior de nossos grupos está usando o mesmo material.

Algumas igrejas, especialmente as que seguem o modelo de células, usam a mensagem de seu pastor como base para o currículo do grupo. Elas iniciam com uma mensagem pregada no culto, convertem essa mensagem em um estudo para o grupo, distribuem o estudo para todos os grupos e os grupos o utilizam durante a reunião semanal. Portanto, o currículo é basicamente prescrito e a igreja se beneficia, porque todos se movem na mesma direção com os mesmos assuntos, doutrinas ou temas. A vantagem dessa abordagem é que os membros não são expostos a uma multiplicidade de mensagens e de temas a cada semana. Dessa forma, você evita uma sobrecarga de mensagens. A desvantagem é que os grupos têm uma possibilidade menor de abordar as necessidades e os tópicos importantes para eles, muitos dos quais não fazem parte da série de mensagens pregadas. Mais uma vez, adotamos a abordagem "tanto/quanto". Providenciamos esboços de nossas mensagens do meio da semana como opção, mas permitimos que eles escolham o currículo que melhor atende às necessidades do grupo.

Na verdade, você quer que a estrutura de seu grupo pequeno tenha objetivos ministeriais claros. Por isso deve definir como serão realizadas as escolhas do currículo e por que modificará sua decisão de tempo em tempo de acordo com as circunstâncias. Esteja certo de contar aos líderes do grupo e aos participantes como você escolhe o currículo e por que você optou por ele.

Monitorando os grupos

Adotamos um modelo de baixo controle e de alto monitoramento para acompanhar nossos grupos pequenos. Isso significa que provemos somente diretrizes nominais (controle) para os membros dos grupos, materiais de estudo, duração e local das reuniões. Na realidade, monitoramos os grupos ao enfatizar o treinamento do líder e sua formação espiritual, além de reunir uma série de informações. Os treinadores e os obreiros de tempo integral fazem perguntas acerca dos grupos, conduzem pesquisas sobre os grupos, além de interagir regularmente com os líderes dos grupos a respeito do que está acontecendo em sua pequena comunidade. Os treinadores ou os pastores participam das reuniões dos grupos pequenos para afirmar os líderes e experimentar os grupos em ação. Assim, ouvimos e descobrimos suas necessidades.

Sua escolha a respeito do grau de monitoramento do grupo determinará quais estruturas e sistemas de liderança você precisará. Treinamento, relatórios e outras possibilidades, todas incluídas neste livro, fluem de suas decisões acerca do monitoramento das atividades do grupo.

Evangelização

Na maioria das situações da *igreja com grupos pequenos*, a evangelização é possível por meio dos esforços do grupo, mas fica por conta do líder ou do membro do grupo. Não existe uma estratégia da igreja para reforçar a evangelização. No outro extremo do espectro, ficamos admirados como a *igreja formada por grupos pequenos,* ou em células, encoraja a evangelização. Muitas vezes, a evangelização faz parte da descrição de tarefas do líder. Os grupos simplesmente sabem que sua experiência de grupo incluirá a evangelização. Algumas igrejas deixam claro que a missão essencial de cada célula é encontrar duas pessoas que não conhecem a Cristo, trabalhar para desenvolver relacionamentos com elas por um ano, envolvê-las no grupo e levá-las a Cristo. Se você deseja desenvolver grupos pequenos que sejam muito ativos na área da evangelização, estude as igrejas em células como a Bethany

Wold Prayer Center [Centro Mundial de Oração Betânia], em Baton Rouge, Louisiana, em que a evangelização em cada célula faz parte integral da estratégia.

Estamos encorajando cada vez mais a prática chamada "a cadeira vazia". Esta encoraja um grupo a convidar alguém que pode ou não ser um cristão, mas que ainda não tem a experiência de comunidade. Aprendemos que leva muito tempo e é preciso muito esforço para conscientizar grupos não evangelísticos a aumentar seu desempenho na evangelização. Observamos algo que ocorre com a maioria dos cristãos: os grupos normalmente diminuem seus contatos evangelísticos ao longo do tempo.

Se você deseja que seus grupos cheguem até os perdidos, comece a ressaltar essa missão com clareza e reforce-a com freqüência. Os grupos geralmente deixam a desejar quanto à intensidade desejada de evangelização, a não ser que os líderes ressaltem e modelem a evangelização pessoal e continuamente.

TRABALHANDO PARA OBTER O CONSENSO

Qualquer que seja a estrutura de igreja que você escolher — *igreja com grupos pequenos, igreja de grupos pequenos* ou *igreja formada por grupos pequenos* — você precisará fazer escolhas claras acerca dos critérios descritos acima. Cada modelo de grupo pequeno tem seus pontos fortes e fracos. Não existe uma escolha *certa* — exceto aquela em que você deve deixar claro os objetivos ministeriais. Só desse modo você poderá determinar em que ponto sua igreja se encontra hoje e para onde ela está indo.

Estivemos pessoalmente envolvidos em igrejas em que a falta de clareza gerou frustração penosa e uma mordomia ineficaz dos recursos do Reino — pessoas, tempo e dinheiro. Os líderes pensavam que estavam desenvolvendo um modelo de *igreja de grupos pequenos*, mas todos estavam operando com uma mentalidade de *igreja com grupos pequenos.* Algumas igrejas usam a linguagem da *igreja de gru-pos pequenos*, mas só utilizam as práticas da *igreja com grupos pequenos.* Isso fica evidente quando os pastores e os líderes não estão ativamente edificando grupos em sua área ministerial, o dinheiro não está sendo alocado no treinamento de líderes, a vida comunitária por meio dos grupos pequenos não está sendo ensinada do púlpito como parte integral de discipulado e estrutura comum de grupo não está sendo implementada em toda a igreja. O trabalho de cada um torna-se mais fácil quando a igreja claramente decide, entende e se compromete com alvos específicos.

Nessa última década, nossa experiência na Willow Creek e nosso trabalho com outras igrejas nos proporcionaram uma visão privilegiada de igrejas que têm direção e projetos claros. O ministério cresce mais eficazmente e com maior rapidez em um ambiente de certeza e de consenso. Após definir o propósito e o projeto dos grupos pequenos em sua igreja, você pode enfrentar o desafio de alinhar cada grupo estrategicamente e de acordo com os relacionamentos.

Alinhamento vertical: estabelecendo vínculo com a missão da igreja

O alinhamento vertical é um desafio estratégico, um processo de planejamento ministerial para toda a igreja. Esse alinhamento ajuda cada ministério da igreja, inclusive os grupos pequenos, a se mover na mesma direção e a elaborar um conjunto de objetivos comuns para a igreja.

Sob a liderança de Greg Hawkins, pastor executivo da Willow Creek, essa igreja começou um processo de planejamento estratégico e ministerial para que todos os nossos ministérios se movessem na mesma direção. Depois de formular um plano estratégico para toda a igreja com alguns objetivos básicos comuns, em janeiro de 1996 começamos um ciclo de planejamento semi-anual. Nesses últimos anos, em junho e dezembro, nossos ministérios têm elaborado alvos específicos e feito esboços de atividades, dando assim sua contribuição para o plano geral. Visto que realmente cremos que Deus nos chamou para aproveitarmos as oportunidades e cumprirmos nossas responsabilidades como igreja, é absolutamente essencial que trabalhemos unidos para estar alinhados na direção de Deus. Embora a experiência de alinhamento criasse alguma controvérsia interna e muito questionamento, ela amadureceu até tornar-se uma estrutura e um processo que produz elevada energia, aprendizado compartilhado e progresso. (O apêndice 1 dá exemplos de planos ministeriais.)

Por exemplo, na área de evangelização (graça — um dos cinco alvos), criamos um objetivo *qualitativo* para incentivar nosso *campus* a alcançar tantas pessoas para Cristo quantas fossem possíveis de 1995 até 2000. Nossas dependências são instrumentos dados por Deus, colocados à nossa disposição como mordomos para o impacto do Reino. Nossa atividade evangelística inclui não somente o esforço pessoal dos membros e dos grupos, mas também o uso estratégico de nossas dependências para eventos e cultos. Estabelecemos um alvo *quantitativo* para o fim de 2000 — 20 mil pessoas participando semanalmente dos nossos cultos de final de semana. Poderíamos ficar reclinados na cadeira, observando os registros de freqüência, mas aprendemos que certas atividades poderiam aumentar nossa eficiência evangelística. Ao oferecer o treinamento chamado *Cristão contagiante* para melhorar a evangelização pessoal de nossa congregação, aumentamos a probabilidade de as pessoas evangelizarem em sua vizinhança, nas escolas, no local de trabalho e na família. Pedimos para cada ministério elaborar estratégias de como envolver mais participantes nesse treinamento. Alguns ministérios estabeleceram a meta de envolver 100% dos obreiros de tempo integral, 70% dos treinadores e 50% dos líderes no treinamento. Monitoramos o progresso ministerial por seis meses, para descobrir o que funcionou e o que deixou de funcionar, assim como vimos Deus trabalhar por meio dessas pessoas treinadas para trazer frutos evangelísticos.

Visto que alinhamos verticalmente nossos ministérios e seus grupos pequenos, alcançamos nosso alvo de inspirar muitas pessoas a trabalhar em prol do potencial redentor de nossa igreja. À medida que os departamentos experimentavam novas idéias para a evangelização, para a formação espiritual, para a vida no grupo e para o serviço, aumentamos nossa capacidade de servir as pessoas e as outras igrejas. Foi um prazer ver os objetivos ministeriais claros passarem de estratégias no papel para a realidade prática na vida das pessoas envolvidas!

Alinhamento horizontal: edificando a igreja juntos

Embora o alinhamento vertical requeira uma solução estratégica, o alinhamento horizontal exige uma solução relacional. Alinhamento horizontal significa que toda a igreja funciona como uma equipe para alcançar objetivos gerais. Isso é extremamente difícil. É um trabalho diário de superação de velhos padrões de trabalhos individuais, para abraçar uma nova mentalidade de trabalho em equipe: "Vamos realizá-lo juntos!".

Você pode imaginar a importância do alinhamento horizontal para uma igreja grande como a nossa. Porém, esse alinhamento tem a mesma importância em igrejas menores. Em uma igreja com 150 pessoas, nem todos os ministérios têm um obreiro de tempo integral, mas todos têm um líder. Comitês, equipes, conselhos e grupos, todos têm potencial para causar confusão e contradição sem um alinhamento.

Tentamos muitas abordagens para esse alinhamento, mas obtivemos nosso melhor resultado quando colocamos os responsáveis pelos diversos ministérios da Willow Creek em uma equipe. Mais recentemente, isso significa reunir doze pessoas todas as semanas para trabalharem juntas nos desafios ministeriais. Cada responsável por um dos ministério tinha planos para alinhar verticalmente seu ministério com os objetivos gerais da igreja. Contudo, precisávamos que eles alinhassem esses planos uns com os outros enquanto realizavam suas atividades.

Quando eu (Russ) estava liderando essa equipe, dizia com freqüência: "Amigos, quando entrarem por aquela porta, tirem o chapéu de seus ministérios — o chapéu do ministério de homens ou de mulheres, o chapéu do ministério de missões ou evangelização. Tirem seu chapéu porque, aqui, somos o 'conselho ministerial' da Willow Creek Community Church. Precisamos encontrar um jeito de realizar o ministério *juntos*".

Levou tempo. Foi um trabalho árduo. No entanto, ao longo do tempo, até mesmo sob minha falha liderança, a equipe foi crescendo no trabalho em conjunto. Esses líderes se tornaram mais sensíveis quanto às necessidades uns dos outros. Começaram a se relacionar por conta própria quanto a questões relevantes ou quando ocorriam "curtos-circuitos". Com o tempo adaptamos a linguagem de Ron Nobles, um voluntário chave. Ron é consultor independente, que trabalhou com a Amoco Oil Corporation. Sua experiência em ajudar a alinhar e a organizar uma corporação grande e complexa foi inestimável para nós à medida que procurávamos fazer uma igreja grande funcionar de maneira coesa. Ele definiu nossas metas de alinhamento horizontal como comunicação, coordenação e colaboração.

Comunicação

O ponto de partida para um alinhamento ministerial foi a simples comunicação entre os ministérios. Os responsáveis por estes descreviam o que planejavam fazer e quando isso aconteceria. Ao saber mais das atividades uns dos outros, nosso potencial de interferência e conflito foi reduzido, especialmente em eventos ministeriais pré-agendados.

Uma comunicação eficaz nos ajudou a evitar conflitos de calendário que pudessem comprometer as instalações de um ministério ou que requeressem que a grande família da Willow Creek tivesse de enviar seus membros para diversos locais ao mesmo tempo. É fácil antever que grandes igrejas enfrentariam esse tipo de problema. Porém, ao investigar o estresse dos diversos ministérios em igrejas menores, observamos que a falta de comunicação entre eles causa os mesmos problemas.

Coordenação

Quando os ministérios ou os departamentos aperfeiçoaram sua comunicação, a coordenação também melhorou. Coordenação quer dizer que dois ou mais ministérios organizam e promovem atividades individuais para o ganho coletivo.

Nosso ministério com crianças, o Terra Prometida, de tempo em tempo promove um evento chamado Mega-Acampa dentro. Mega, como o chamamos, oferece às crianças mais velhas a oportunidade de trazer seus amigos não-crentes a um evento evangelístico seguro. O ministério Terra Prometida usufrui grandemente desses eventos, reunindo mais de oitocentas crianças de quarta e de quinta série. Uma boa coordenação proveu ganhos ainda maiores, porque nosso ministério de evangelização trabalhou *junto* com o Terra Prometida para oferecer um seminário aos pais na noite em que começou o Mega.

Estávamos vibrando, pois esse evento apresentou oitocentas crianças ao nosso ministério. Estávamos ainda mais entusiasmados ao ver que mais de 1 600 adultos participaram de nosso seminário para pais, iniciando dessa forma sua jornada para conectar-se com nossa igreja e com um grupo pequeno. Essa coordenação colocou o alinhamento horizontal em um novo patamar. Estávamos surpresos e felizes, pois já que os pais vinham para deixar seus filhos no nosso *campus*, por que não oferecer alguma coisa que pudesse servir a eles? Precisa apenas de duas células cerebrais para ter esse tipo de idéia. (Graças a Deus, Bill e eu temos pelo menos três células cada um!)

As oportunidades para a coordenação na maioria das igrejas são mais numerosas do que podemos imaginar. Embora a comunicação dependa de um fórum para descrever a atividade ministerial, a coordenação exige criatividade para perceber as oportunidades apresentadas por atividades ministeriais dessemelhantes.

Colaboração

O alvo mais importante no alinhamento ministerial horizontal é a colaboração, que ocorre quando os líderes de departamentos individuais encontram uma maneira de todos saírem ganhando. Estamos observando mais colaboração na Willow Creek.

Nossos responsáveis por ministérios descobriram que diversos ministérios estavam criando grupos pequenos no local de trabalho. Nosso departamento de evangelização iniciou grupos pequenos para as pessoas interessadas e necessitadas nos locais de trabalho, como ocorreu com nossos ministérios para homens e mulheres executivos. Outros nichos iniciaram grupos semelhantes, cada um sem muita relação com a outra área ministerial. Com o tempo, no entanto, por meio de uma comunicação crescente e com experiências de coordenação, esses ministérios variados começaram a colaborar. O resultado foi: 1) um aprendizado compartilhado a respeito de como "grupos no local de trabalho" funcionam melhor e 2) mais frutos à medida que diversos ministérios trabalhavam juntos para conectar homens e mulheres de negócios à Willow Creek.

Se a comunicação precisa de fórum e a coordenação exige criatividade, a colaboração requer serviço mútuo. Os líderes precisam compartilhar a agenda e decidir como tirar o máximo da prática de cada um para atingir o objetivo ministerial comum. Nosso esforço recente, denominado "Cobertores cobrem a cidade", possibilitou que diversos ministérios trabalhassem juntos com parceiros do centro decadente em dezenas de áreas necessitadas, mobilizando grupos pequenos e recursos em um esforço que envolveu toda a igreja para servir e ajudar os necessitados. Sem essa coordenação, os grupos poderiam ter competido entre si por pessoas e por projetos enquanto procuravam cumprir sua missão. Em vez disso, cada ministério fez seu melhor.

A SABEDORIA PARA ALCANÇAR CLAREZA

Imagine um grupo de amigos abrindo um restaurante. Eles constroem o restaurante, providenciam mesas e cadeiras, colocam os pratos, copos e talheres, para depois abrir as portas. À medida que as pessoas chegam, um dos donos recepciona um visitante dizendo que é bem-vindo ao novo restaurante alemão. O outro dono interrompe surpreso, dizendo: "Pensei que estivéssemos abrindo um café italiano!". Já o terceiro dono diz: "Não, isto é um *bistrô* francês". O quarto dono esconde seu embaraço e permanece quieto, sem falar; pois pensara que o estabelecimento fosse um *sushi bar*. Só depois os amigos constrangidos percebem que nunca tinham realmente chegado a um conclusão sobre que tipo de restaurante seria e, na pressa de abrir o restaurante, se esqueceram de criar um cardápio.

Essa história pode parecer estúpida, mas, infelizmente, muitas igrejas abriram um "restaurante de grupos pequenos" sem antes decidir que tipo de estabelecimento seria. Os visitantes estão chegando e não existem cardápios à disposição. Quando aqueles que participam desses "restaurantes de pequenos grupos" começam a reclamar, a reação é de surpresa. Qual a conclusão? Restaurantes não funcionam. É claro que a conclusão está errada. O verdadeiro problema é muito diferente — falta de clareza com relação a decisões elementares que requerem uma resolução antes que as portas sejam abertas.

Tanto quanto depender de você, corrija tudo que foi omitido ao cometer o primeiro pecado (objetivos ministeriais obscuros). Conseguir ser claro é um desafio, mas isso pode ser alcançado quando as pessoas certas persistem na conversação certa. Objetivos ministeriais claros demandam energia e necessitam de direção. Esses objetivos ajudarão os líderes a batalhar pelo movimento de grupos pequenos em sua igreja com alegria e determinação. Até que você cometa o segundo pecado. (Ah, sim. Este é um mundo caído.)

capítulo 3

SEGUNDO PECADO

Falta de liderança de ponta

SINTOMAS da falta de liderança de ponta

- O ministério de grupos pequenos não tem um líder designado e apaixonado.
- Um membro da equipe pastoral muito ocupado foi designado para ser o responsável pelo ministério de grupos pequenos.
- Em vez de ter um líder, todos procuram fazer uma parte do trabalho.
- O líder de ponta não possui uma clara descrição das tarefas e dos objetivos ministeriais.

OS PRIMEIROS DOIS PECADOS apresentados neste livro são semelhantes ao dilema da galinha e do ovo. Qual vem primeiro — o líder ou a missão? Quando iniciam com o ministério de grupos pequenos, algumas igrejas começam com o líder — um líder de ponta —, uma pessoa que deve incorporar a visão da iniciativa e ajudar a responder às perguntas discutidas nos dois primeiros capítulos. O líder de ponta ajudará a igreja a descobrir a direção que o ministério de grupos pequenos está tomando. Outras igrejas precisam primeiro elaborar os objetivos ministeriais claros antes de chegar à conclusão sobre que pessoa deverá ter a responsabilidade de lutar pela causa da comunidade na congregação.

A questão importante não é: o que vem primeiro, e sim: "Temos um 'casamento'?". Missão e líder devem trabalhar juntos. Esclarecer a missão e escolher a liderança certa pode ser um processo penoso. As boas novas são que, uma vez que conseguiu vencer com sucesso esses dois primeiros pecados, você pode estar confiante de que terá um líder que pode guiar a igreja usando um conjunto claro de objetivos.

Sem uma liderança perspicaz, o desastre é iminente. Como foi citado no livro *The sacred romance* [*O romance sagrado*], de Brent Curtis e John Eldredge:[1]

> Em seu ensaio *An expedition to the pole* [*Uma expedição para o pólo*], Annie Dillard descreve as provisões que os exploradores do século XIX carregavam em sua busca para alcançar o Pólo Norte:
>
>> Cada navegação à vela levava uma máquina a vapor auxiliar e um suprimento de carvão para doze dias, tendo em vista uma viagem projetada para durar de dois a três anos. Em vez de levar mais carvão [...] cada navio separou um espaço para uma biblioteca de 1200 volumes, "um órgão manual que tocava cinqüenta melodias", jogos de louça fina para os oficiais e para os homens, taças especiais de vinho e talheres de prata. [...] A expedição não levou roupa especial para o Ártico, somente o uniforme da Marinha Real.
>>
>> Anos mais tarde, um grupo de esquimós encontrou os restos mortais congelados da expedição, homens vestidos com seus uniformes elegantes, puxando um bote salva-vidas carregado de talheres de prata e um pouco de chocolate.

[1]Nashville: Thomas Nelson, 1997, p. 155.

> A ingenuidade dessa expedição é quase incompreensível, mas talvez nos motive a estar mais bem preparados para nossa jornada.

A jornada dos grupos pequenos é igualmente árdua e requer um líder de ponta perspicaz que vai equipar apropriadamente esse ministério. O líder de ponta é alguém que abraça a responsabilidade de aprimorar grupos pequenos na igreja. A maioria das igrejas reconhece que necessita de uma pessoa-chave para ser a responsável pelo ministério de crianças, outra para liderar o departamento de jovens, outra ainda para inspirar o programa de música, quer essas pessoas sejam obreiros pagos, quer sejam voluntários. Cada segmento ou departamento da igreja recebe a liderança que precisa para funcionar de acordo com a direção de Deus. Porém, as coisas funcionam um pouco diferente na arena dos grupos pequenos.

Na Willow Creek, Bill Hybels, nosso pastor titular, tomou o devido cuidado para não cometermos o pecado da falta de liderança de ponta. Ele diz o seguinte:

> A falta de um líder de ponta responsável pelos grupos pequenos condenaria esse ministério antes mesmo de ele decolar. Quando você procura um indivíduo para supervisionar o ministério de grupos pequenos, quais as qualidades, características e experiências que você quer que essa pessoa tenha? A ascensão e a queda dependem da liderança. Para as igrejas que cogitam iniciar um ministério de grupos pequenos, o aspecto mais importante é reconhecer quem Deus ungiu para essa missão. Quem será o homem ou a mulher que personificará e partilhará a visão, que é capaz de organizar e implementar o ministério de grupos pequenos? A escolha desse indivíduo coloca os dominós em movimento para tudo que acontecer a seguir.
>
> Na Willow, tivemos diversas pessoas na liderança de nosso ministério de grupos pequenos no decorrer dos anos,

> mas sempre procurei me certificar de que tivessem o dom espiritual da liderança. Essa é uma posição muito importante para a igreja. Não se trata simplesmente de uma função administrativa, nem apenas uma função de pastoreio, mesmo que esse aspecto seja o alvo principal dos grupos pequenos. Essa pessoa tem de catalisar toda a igreja pela causa dos grupos pequenos. E sua liderança deve ter uma "ampla esfera de ação", para que possa ter acesso a todos os departamentos da igreja, a fim de alcançá-los com a visão de grupos pequenos.

Como Bill Hybels ressalta, em vez de supervisionar um segmento definido do ministério da igreja, o líder de ponta de grupos pequenos tem a responsabilidade de estabelecer um *objetivo* definido para toda a igreja. Sempre que uma função ministerial (como comunidade, evangelização ou formação espiritual) abarca arenas múltiplas de ministério em que outros têm autoridade, as dinâmicas de liderança se tornam complicadas. Como em uma corporação de recursos humanos ou de departamentos financeiros, que sustentam o desempenho da companhia com pessoas e dinheiro, as funções de liderança projetadas para servir toda a igreja são tão eficazes quanto os líderes que respondem por ela. Líderes de ponta ineficazes são como moscas que perseguem o gado, zunindo em torno dos líderes que estão concentrados em missões individuais. Líderes de ponta que servem de forma eficaz ajudam a igreja a alcançar seu potencial máximo.

Identificar e situar esse líder determinará a eficácia da iniciativa de grupos pequenos em uma igreja. É fácil pecar nessa arena, quer por falhar ao designar adequadamente um líder de ponta, quer por negligenciar os critérios de desempenho.

O PECADO QUE NÃO COMETEMOS

O ano de 1992 marcou o início da transição da Willow Creek Community Church de uma igreja *com* grupos pequenos para uma igreja *de* grupos pequenos. Uma vez que o presbitério, o conselho e a equipe administrativa (os três grupos de liderança da igreja) tiveram uma visão clara acerca da direção do ministério de grupos pequenos, designamos um líder. Aparentemente, tomamos a decisão certa ao nomear Jim Dethmer como nosso líder de ponta para os grupos pequenos. Ele fez um grande trabalho nessa nova empreitada. Certamente, seu desafio não era pequeno, pois mais de 15 mil pessoas necessitavam de um grupo pequeno. Ele começou a formar as equipes, administrar o caos da mudança, lançar a visão para a igreja e "pegar a onda" do sucesso inicial.

Jim, no entanto, deixou nosso corpo de obreiros depois de conduzir o processo de transição por dois anos. Foi muito difícil lidar com sua saída. Depois disso, convidamos Jon Wallace para ser nosso líder de ponta. Jon, da Azusa Pacific University (APU), foi "emprestado", por dezoito meses, à Willow Creek. Sabíamos que ele tinha o potencial de liderança (tinha doutorado pela Harward em administração organizacional), mas nos perguntávamos como iríamos persuadi-lo a ficar mais de dois anos conosco. Será que ele e sua família trocariam a poluída cidade de Los Angeles pelos invernos "refrescantes" de Chicago? Sem chance. Jon escolheu a poluição quente em vez da neve fria. Na verdade, ele tem uma grande paixão por estudantes universitários e estava ansioso para retornar ao seu chamado original. Ele acabou se tornando o presidente da APU.

Assim, em fevereiro de 1995, estávamos determinados a dar continuidade ao nosso projeto de grupos pequenos. Oito mil pessoas já haviam sido reunidas. Um corpo de liderança estava se formando, e o vento soprava a nosso favor. Contudo, precisávamos encontrar um terceiro líder de ponta em três anos. Certamente, não era o projeto ideal para nenhum esforço ministerial vindo à luz.

A maioria dos observadores definiria nossa situação como um desastre na área da liderança, especialmente em razão de o próximo líder escolhido não ter experiência com grupos pequenos e, o pior de tudo, precisar tomar uma decisão por demais desafiadora em termos de carreira — a metamorfose de advogado para ministro. Quando o nome de Russ Robinson foi mencionado, várias pessoas coçaram a cabeça.

Hoje, quando olhamos para trás e refletimos a respeito de nossa experiência com vários líderes de ponta, parece que de alguma forma — puramente pela graça de Deus — conseguimos passar pelas dificuldades. No entanto, mudar de líder três vezes em três anos poderia ter acabado com nosso esforço antes de decolarmos. Sabíamos que havia o dedo de Deus nisso — de maneira determinante. Tínhamos um corpo de obreiros de tempo integral e uma equipe de voluntários que trabalhou ainda mais arduamente quando a liderança mudou. E nossa liderança mais antiga persistiu até ver a mudança ocorrer.

Então, como deu certo, apesar de nossos problemas? Embora mudássemos de líderes de ponta mais rápido do que o presidente de um time de futebol demite um técnico, nunca trabalhamos sem um líder de ponta. Durante toda a transição, sempre houve um responsável designado para o movimento de grupos pequenos dentro da Willow Creek Community Church. À medida que revemos cada um dos sete pecados esboçados neste livro, esse foi um pecado que não cometemos. Sempre houve um líder de ponta agitando a bandeira da comunidade.

Se você deseja dar atenção especial para a área de adoração e de música, nomeie um líder de louvor. Se você quer grandes pregações e ensino, nomeie alguém que se destaque nessas áreas e dedique sua energia para esse fim. E se você espera que o aspecto da comunidade seja firmemente implantado em sua congregação por meio de grupos pequenos, é melhor nomear um líder de ponta. Esse líder precisará de concentração, de autoridade, de recursos, de apoio espiritual. Terá de ser escolhido com cuidado e, após iniciar suas atividades, deverá ser avaliado. Seu desenvolvimento será promovido na medida de seu desempenho. Talvez haja alguns atalhos na edificação de uma grande igreja. Se isso for verdade, esteja certo de uma coisa: escolher e preparar um líder de ponta para o ministério de grupos pequenos nunca fará parte desses atalhos.

BRINCANDO DE ROLETA COM RELAÇÃO AO LÍDER DE PONTA

Somos consultados por muitas igrejas que claramente escolheram seus objetivos ministeriais de grupos pequenos, mas falharam ao escolher adequadamente um líder de ponta. Os sintomas são fáceis de detectar. A pessoa, ou pessoas, supostamente encarregada pelo ministério de grupos pequenos carece de entusiasmo para a tarefa. Os voluntários sentem-se frustrados; os treinadores e os líderes de grupos pequenos são negligenciados. Em algumas igrejas, surgem modelos de grupos pequenos concorrentes. Em outras, todos parecem ter clara consciência do propósito do grupo pequeno e de como os grupos se encaixam na estrutura global da igreja. No entanto, o progresso não acontece.

Esses sintomas sugerem um diagnóstico simples, normalmente determinado por uma dessas duas decisões erradas. Como descrevemos no livro *Edificando uma igreja de grupos pequenos*, algumas igrejas simplesmente acrescentam a liderança de ponta de grupos pequenos às responsabilidades existentes de algumas pessoas do corpo de obreiros ou dos voluntários. Outras igrejas tentam disseminar a responsabilidade e esperam que todos ajudem a carregar a carga. Após a publicação de nosso último livro, percebemos ainda outras falhas nessas decisões.

Sobrecarregando os sobrecarregados

Se sua igreja é culpada desse pecado, você provavelmente tem uma justificativa na ponta da língua. Talvez observe que sua igreja não tem condições para contratar mais um obreiro pago ou, quem sabe, talvez você tenha poucos líderes leigos realizando muito trabalho. Existe uma forte tentação de acrescentar a missão de construir a comunidade a um ministério já existente, e essa estratégia pode ser bem-sucedida no curto prazo. Porém, a probabilidade de sustentar o *momentum* na construção de grupos é mínima. Os motivos se tornam evidentes quando essa estratégia é aplicada.

A falta de paixão será o primeiro sinal. Na maioria das situações, o novo líder de grupos pequenos já "está com as mãos cheias". Por exemplo, você pode colocar o ministério de grupos pequenos no prato do pastor de jovens e descobrir que seu trabalho com os jovens, principalmente com os estudantes, ocupa todo o seu horário. Os superintendentes da educação cristã darão preferência à supervisão das aulas ou dos eventos, por se sentirem mais confortáveis nessas áreas. Ou o comitê de discipulado receberá a incumbência de liderar o ministério de grupos pequenos e, provavelmente, elegerá um subcomitê de grupos pequenos. Esse tipo de empenho não torna essas pessoas más ou "descomprometidas" com a visão. É simplesmente natural para elas dar preferência à sua paixão original. Nas raras ocasiões em que a paixão pelo ministério de grupos pequenos prevalece, a perda é meramente transferida, porque esse líder começará a negligenciar suas tarefas originais.

Se sua igreja resolveu encarar o desafio do líder de ponta de grupos pequenos, adicionando a responsabilidade a um líder — pago ou não — envolvido em outra área ministerial, verifique a paixão desse líder. Se você perceber que a paixão por um dos ministérios está minguando enquanto o outro viceja, para que um dos ministérios comece a sofrer as conseqüências é só uma questão de tempo.

Outro problema com a abordagem que envolve "acrescentar uma tarefa" é quase inevitável: a dedicação conjunta resultará em uma distribuição inadequada de recursos cada vez maior. A pessoa começa a tomar decisões de ministério que estão em harmonia com as necessidades de seu ministério primordial, em vez de levar em consideração as necessidades de toda a igreja. Em vez de implementar a estratégia certa baseada em objetivos claros com o consenso da liderança principal, a visão de liderança se tornará "nebulosa" devido à preferência ministerial pessoal. Por exemplo, o pastor auxiliar com experiência na área de aconselhamento tenderá a passar mais tempo curando os feridos e menos tempo desenvolvendo líderes.

Com a abordagem que envolve "acrescentar uma tarefa", não só os recursos serão mal administrados, mas as pessoas também ficarão cada vez mais frustradas. Os ministros voluntários receberão menos atenção à medida que o líder for tentando alocar tempo e energia no ministério de grupos pequenos. Os voluntários suspeitarão que se seu líder não tivesse tão sobrecarregado com tarefas menos importantes, eles receberiam a devida atenção. E o líder de ministério sentir-se-á culpado por não ser capaz de atender tão bem às necessidades das pessoas como antes.

Finalmente, o desapontamento dos treinadores e dos líderes de grupos pequenos se tornará evidente. O responsável pelo ministério de grupos pequenos estará diante de um dilema: ou atende às necessidades das pessoas ou administra o novo ministério. Sua capacidade de conservar relacionamentos existentes e construir uma nova estrutura diminuirá. Líderes e treinadores sentir-se-ão negligenciados, perderão a esperança e, provavelmente, jogarão a toalha da liderança. Perder treinadores e líderes será o início do fim. O sonho da comunidade, que era tão claro e atraente, desaparecerá.

Divida e tropece

Com a estratégia "divida e conquiste", ninguém fica especificamente responsável por carregar a bola dos grupos pequenos.

Todos supõem que ter uma estratégia clara (construir uma igreja *de* grupos pequenos) é suficiente para levar o esforço adiante. Todo o corpo de obreiros e os voluntários têm a tarefa de fazer com que seus ministérios fiquem repletos de grupos pequenos, porque o futuro foi anunciado.

Semelhante a Israel diante de uma liderança falha, cada um faz "o que parece reto aos seus olhos". Cada departamento segue uma maneira própria de abordar a vida de grupo, a escolha da liderança e do treinamento, além do desenvolvimento espiritual. Quando os voluntários passam de um ministério para outro, eles começam do zero, aprendendo um novo sistema. O envolvimento de toda a igreja torna-se um sonho impraticável. Ninguém está agitando a bandeira dos grupos pequenos, nem lançando uma visão unificadora nem monitorando níveis de compromisso e de treinamento. Logo surge uma variedade de modelos de grupos pequenos, cada um refletindo as preferências dos líderes de determinado ministério. O modelo a ser adotado — igreja *com* grupos pequenos, igreja *de* grupos pequenos, ou igreja *formada por* grupos pequenos — torna-se irrelevante à medida que cada estratégia unificadora é espalhada ao vento.

E você pode esquecer o alinhamento ministerial. Quando os departamentos se comunicam não há entendimento, pois é como se estivessem falando linguagens diferentes. A coordenação torna-se uma competição, reforçando ainda mais as estratégias independentes. A colaboração é ofuscada por obreiros de tempo integral e por líderes leigos cujas identidades se tornam mais importantes que o que a igreja deveria se tornar como comunidade.

Se estamos parecendo muito alarmistas, você está ouvindo bem. As conseqüências realmente são sérias, quando se acrescenta uma liderança de ponta para o ministério de grupos pequenos às responsabilidades já existentes ou quando se divide a tarefa entre muitos. As experiências reais em situações de consultoria servem como precedentes penosos para tornar esse diagnóstico urgente. Em casos graves, as igrejas simplesmente desistiram da idéia de que uma comunidade rica e duradoura pode ser experimentada em sua congregação. Afinal, em muitas igrejas, você tem direito a apenas uma tentativa quando se trata de ministério de grupos pequenos. Algumas congregações têm boa memória, portanto, a segunda tentativa só poderá ocorrer depois de cinco ou dez anos.

Na área em que você acha que exageramos, examine sua situação com cuidado quando surgirem os primeiros indicadores de problemas. Bill Hybels muitas vezes exorta: "A tarefa do líder é interceptar a entropia". O propósito do diagnóstico precoce é evitar que situações ruins se tornem piores.

Você talvez se pergunte: "Será que igrejas menores realmente necessitam de um líder de ponta para o ministério de grupos pequenos?". A resposta é sim! Porém, como você lida com isso depende da importância que você dá a esse ministério. Observamos congregações com menos de 250 pessoas, com apenas dois obreiros de tempo integral, em que um deles tinha a responsabilidade única de cuidar do ministério de grupos pequenos. Os grupos pequenos nessas igrejas estão prosperando, porque elas estão desenvolvendo seu ministério por meio de uma estratégia de grupos pequenos reconhecida e monitorada por um líder de ponta dedicado. E esse líder provê visão, administração, discernimento, estratégia e solução de problemas para lidar com os aspectos do ministério que seriam problemáticos, caso uma estratégia não específica para grupos pequenos fosse usada.

Em outras situações, um leigo com talento e chamada para esse ministério pode causar enorme impacto, especialmente se for protegida e não tiver de participar de outros envolvimentos ministeriais. (Você sabe como é tentador envolver um líder talentoso em vários ministérios.) Obreiros não pagos podem contribuir de maneira singular para dar forma à influência que outros podem ter quando lideram ou supervisionam grupos pequenos.

Recentemente, percebemos o impacto que os obreiros não pagos têm em igrejas que solucionaram a questão do líder de ponta. Um dentista em Nova Jersey exerceu a liderança na área de grupos pequenos para sua igreja até que um obreiro de tempo integral finalmente fosse contratado. Douglas reduziu o tempo de atendimento dedicado aos seus pacientes para ter mais tempo para liderar o ministério de grupos pequenos, para desenvolver líderes e para integrar a vida de grupo na estrutura ampla da igreja.

Brenda, uma mulher de negócios, ajudou a construir o ministério de grupos pequenos na igreja wesleyana da qual fazia parte, dedicando boa parte de sua energia a essa causa. Quando o pastor de grupos pequenos saiu da igreja, pediram que ela continuasse a liderar o ministério (como obreira de tempo parcial), enquanto a igreja procurava um substituto. Não demorou muito para perceberem que Brenda era a pessoa certa para o cargo. Ela agora passa relativamente pouco tempo no antigo negócio e exerce uma liderança de ponta para grupos pequenos.

Um veterinário que veio a Cristo por meio de sua igreja local começou a dispensar um dia por semana ao ministério de grupos pequenos. Visto que os grupos pequenos em sua igreja lhe haviam transformado dramaticamente a vida pessoal, ele começou a servir como líder de grupo. Logo, essa igreja de oitenta membros chegou a trezentos, com mais de doze grupos, e ele foi convidado, por seu pastor, para tornar-se o líder de ponta do ministério de grupos pequenos. Ele agora divide o tempo entre a prática veterinária e a liderança voluntária dos grupos pequenos. Essas pessoas exercem uma influência notável como servos remunerados ou não.

Tivemos de falar de modo enérgico com as equipes de liderança de igrejas que desenvolveram objetivos de grupos pequenos claros, mas não estão progredindo. Mais de uma vez, nossa resposta foi direta e, talvez, grosseira: "Vocês têm um problema de liderança de ponta, pois continuam pedindo nossa ajuda. Isso ocorre em razão de não estarem dispostos a tomar a decisão difícil (ou de não terem coragem) de tirar uma pessoa de outro ministério. Vocês precisam de uma pessoa para estar exclusivamente à frente do ministério de grupos pequenos. Se vocês não tiverem disposição para tomar essa decisão pela causa da comunidade, terão de viver com esses resultados insatisfatórios".

ENCARANDO A TAREFA DO LÍDER DE PONTA

No meu (Bill) terceiro ano da faculdade, uma contusão durante a pré-temporada de futebol americano, diminuiu minhas chances de participar do time titular na minha posição preferida. Com sessenta caras na equipe e 22 novatos, tive de batalhar para voltar ao time na minha posição original. Eu me esforçava nos treinamentos, mas não percebia nenhuma mudança real durante os jogos, a não ser na equipe que dava o pontapé inicial. Eu não pensava muito a respeito e lamentava não ter a oportunidade de jogar como *linebacker* [no futebol americano, o jogador de defesa que fica logo atrás da primeira fila e procura derrubar o jogador adversário, de preferência aquele que está com a bola]. Porém, em um jogo, nossa equipe deu o chute inicial e corri em direção à equipe adversária procurando derrubar alguém. Havia uma brecha na parede dos bloqueadores adversários que estavam defendendo o corredor que levava a bola. Assim, decidi passar por aquela brecha a toda velocidade para tentar provocar uma colisão e um amontoamento de jogadores. No entanto, naquele mesmo instante, o corredor que estava com a bola também mudou de direção e procurou passar pela mesma brecha. Batemos cabeça com cabeça a toda velocidade, devidamente protegidos por capacetes, e ricocheteamos para trás.

Quando finalmente consegui ficar em pé, não conseguia ouvir coisa alguma e enxergava tudo duplamente — dois treinadores, duas equipes do nosso lado e duas traves em cada lado do campo —, uma verdadeira visão dupla. Enquanto manquejava para o lado do campo, os torcedores aplaudiam e meus companheiros de equipe gritavam, mas não ouvi coisa alguma até que minha cabeça parou de zumbir e meus olhos voltaram a enxergar normalmente. Os treinadores bateram nas minhas costas, dizendo: "Grande golpe! Belo lance!". Na semana seguinte, estava de volta à minha posição original. Gostaria de ter percebido antes que uma jogada como aquela me colocaria de volta no time mais rapidamente que um bom treino. Porém, ninguém me passara os "critérios de desempenho". Precisei descobrir por conta própria como agradar os treinadores para voltar a participar ativamente do jogo.

Ter um líder de ponta é uma coisa; mas ter o líder de ponta certo, fazendo as coisas certas, é outra. À medida que o movimento de grupos pequenos nas igrejas se espalha pelo mundo, muitas igrejas escolhem seu líder de ponta. Estamos entusiasmados com a iniciativa e com a abordagem dessas igrejas. Mas como você avalia o desempenho de um líder de ponta? Todos os envolvidos precisam entender a descrição das tarefas do líder de ponta, para que ele possa realizá-las com eficácia.

A descrição das tarefas do líder de ponta ou o perfil do ministério deve prover uma base para avaliação. Discutiremos as qualidades do líder de ponta mais especificamente no próximo capítulo. Porém, o tópico a seguir ajudará você a diagnosticar falhas no desenvolvimento de critérios do desempenho para seu líder de grupos pequenos. Os critérios de desempenho do líder de ponta deveriam, no mínimo, incluir as seguintes tarefas.

Estar à frente do movimento de grupos pequenos

Como responsável pela comunidade, o líder de ponta deve ser visto como o superego da vida de grupo na igreja. Os líderes de ponta motivam a congregação a colocar uma prioridade no desenvolvimento de relacionamentos amorosos, quer do púlpito, quer por meio de uma conversa pessoal. Denominamos isso "agitar a bandeira do ministério".

Porém, ser líder de ponta envolve mais que propor um ponto de vista ou aumentar a participação em grupos pequenos. O líder de ponta é o estrategista principal, pois une a congregação com a missão e lida com as situações que ameaçam tirar a igreja dos eixos. Deve ter alguma aptidão natural para dinâmicas, um sexto sentido acerca do que possa estar faltando no quadro atual de grupos pequenos. Líderes de ponta necessitam de um reservatório de conhecimento acerca de modelos de grupos pequenos para que possam compreender e discutir com facilidade os objetivos ministeriais.

Os líderes de ponta devem supervisionar o processo de mudança. Eles defendem o ponto de vista de grupos pequenos ao insistir, ao criar a adesão a uma opinião, ao estabelecer o consenso e ao celebrar o sucesso. Eles reconhecem a diferença entre a mudança por motivos sensatos e a mudança irrelevante, motivada tão-somente pelo fato de se dizer que algo foi mudado. Paciência e tenacidade imprimirão a estratégia coerente na estrutura da igreja. Oração, ouvir os envolvidos e conselho sábio ajudarão o líder de ponta a determinar o tempo adequado e o ritmo da mudança.

O líder de ponta deve estar à frente da causa com um público múltiplo, como os presbíteros, os diáconos e o conselho da igreja, para que a visão permaneça clara e os recursos sejam alocados. Dependendo do tamanho da igreja, o líder de grupos pequenos deve influenciar os obreiros de tempo integral e os líderes de opinião para o sonho da comunidade. O líder de grupos pequenos será o elo entre os membros da igreja, os recém-chegados e, até mesmo, as pessoas socialmente desajustadas, com dificuldades para encontrar um grupo que não terão vontade de destruir.

Identificação, triagem e colocação de líderes

O ministério de grupos pequenos aumenta ou diminui nos ombros de grandes "pessoas do povo". Visto que seu trabalho é relacional e eles têm responsabilidade de pastoreio, os líderes de grupos pequenos exercem grande influência. E liderar grupos pequenos é inteiramente voluntário. Embora no ministério de projeto ou de serviço as tarefas sejam simplesmente prescritas para os voluntários e os riscos relacionais sejam bastante baixos, o líder de ponta precisa ser muito mais criterioso na escolha de líderes para grupos pequenos.

É muito importante definir os papéis de liderança de grupos pequenos e treinar os membros para esses papéis. Uma pessoa pode ser um bom líder de grupo pequeno, mas não ser bem-sucedida como treinador. Outra pode ser um bom líder de grupo, mas precisa do desafio de progredir, ou seja, de tornar-se um aprendiz de treinador. Às vezes, o casal transferido de outra igreja pode estar pronto para ser treinador imediatamente (o sonho de todo pastor!). Todavia, esse casal pode se tornar um pesadelo para a liderança. Às vezes, você tem a sensação de que pessoa está secretamente — ou abertamente — dizendo: "Ei, está na hora de você perceber que estou pronto para a liderança". O líder de ponta de grupos pequenos deve ser sagaz e responder: "Ouça, não tenha tanta pressa. Faria bem você passar pelo aprendizado, ganhar confiança e avaliar sua necessidade de desenvolvimento".

A qualidade do ministério de grupos pequenos depende da "triagem" de liderança e de colocação. Os líderes de ponta devem supervisionar o processo de triagem e de colocação de todos os "jogadores" cruciais por todo o sistema, para que saibam quem está escolhendo e aprovando líderes em cada ministério. É essencial manter critérios claros para identificar treinadores e líderes, como também é essencial o envolvimento no processo de colocação, sempre que possível.

Certifique-se de que as pessoas se relacionem

A Willow Creek é conhecida pela excelência de sua programação nos cultos públicos e em outros eventos. Os líderes gostam de criar eventos de ministério dinâmicos. Nossos obreiros empresariais e voluntários inventam novas maneiras de suprir as necessidades espirituais da comunidade e criam energia — comovente, divertida ou ambas — em muitas grandes reuniões.

Esse é o problema. Um bom evento, com um grande público, torna-se a medida de sucesso ministerial. Há tanto entusiasmo e energia que você acredita que tudo está indo bem. E sempre é mais fácil conferir números que medir transformação ou a edificação da comunidade. Sabemos que uma verdadeira mudança pode ocorrer por meio de eventos e de cultos, caso contrário, não os realizaríamos. Porém, quando realizamos a transição para grupos pequenos — um modelo intensivo de ministério — paramos de medir nosso sucesso pelo número de pessoas que participaram da apresentação formal do programa. Em vez disso, começamos a medir nosso sucesso pelo número de pessoas que se relacionaram com grupos pequenos como resultado desse evento.

Para aqueles que estão familiarizados com os conceitos da "metaigreja" de Carl George, assimilar pessoas em grupos pequenos é o objetivo do "tanque de peixes", em que você reúne pessoas para que elas sejam "pescadas" para os grupos pequenos. Aqui está o perigo dos eventos da Willow Creek. Alguém começa a planejar um evento ministerial. Eles começam com intenções puras — um tanque de peixes para grupos e líderes em potencial —, mas o entusiasmo com o evento passa a ser a abordagem. Mais tarde, as pessoas dizem: "Incrível! Você deveria ter participado de nossa reunião! Foi fantástico! Muitas pessoas participaram, e Deus estava presente!".

Tínhamos o hábito de responder: "Parece que foi realmente emocionante!". Agora, eu (Russ) tenho a divertida tarefa de jogar um balde de água fria, ao perguntar: "E quantas pessoas vocês esperam encaixar em grupos pequenos como resultado desse evento?". Essa pergunta pode produzir respostas que resultam em desapontamento. No entanto, precisa ser feita. O líder de ponta precisa deixar claro que as pessoas se ligam à comunidade por meio dos grupos pequenos. Se isso não está ocorrendo, precisamos replanejar nossos eventos.

Bill Hybels costuma dizer: "A liderança é um empurrão". O relacionamento das pessoas só acontece com um empurrão por parte da liderança, porque garantir a união de cada pessoa que sua igreja pode tocar é um trabalho árduo. Contudo, você precisa desafiar tanto o indivíduo quanto a igreja para alcançar os objetivo dos grupos pequenos. Os capítulos 13 e 14 oferecem mais detalhes sobre como assimilar mais participantes da igreja em grupos pequenos.

Monitore a eficiência do grupo

Outra tarefa essencial para o líder de ponta é monitorar a eficiência do grupo. Descobrir o que está acontecendo durante o encontro normal do grupo pequeno é um de nossos maiores desafios. Rastrear a quantidade é uma tarefa árdua, e monitorar a qualidade é especialmente difícil em uma igreja grande como a nossa. No entanto, a eficácia ministerial depende da qualidade da comunidade em milhares de casas a cada semana, bem como em reuniões informais entre os encontros do grupo.

As barreiras na coleta de informações são inúmeras, mas precisamos descobrir a verdadeira história. Além de supervisionar nossos treinadores e obreiros de tempo integral, realizamos avaliações, entrevistas com líderes e com grupos que discutam a abordagem. Em igrejas menores, o líder do ministério de grupos pequenos pode reunir informações por meio de conversas casuais com líderes e visitas a grupos. Os líderes de ponta *precisam* saber. Nenhuma informação, na realidade, significa *má* notícia.

O CAFÉ DA MANHÃ DE LÍDERES

Uma sala de estar aconchegante não muito longe do *campus* da Willow Creek Community Church foi o local de uma refeição singular. O encontro patrocinado por Mindy Caliguire, atualmente uma líder de ponta na área de formação espiritual, atraiu convidados que tinham uma coisa em comum. Semelhante a Mindy, com sua bandeira do ministério de formação espiritual, cada um de nós naquele café da manhã era responsável por desenvolver um aspecto da vida de nossa igreja, envolvendo cada departamento para influenciar a evangelização, a extensão — ou missão —, os grupos pequenos e o voluntariado. Visto que era uma reunião matinal, havia somente uma refeição adequada: cereais!

Enquanto comíamos nosso cereal com leite, compartilhávamos nossas alegrias e desafios ao trabalhar por essas causas importantes. Todos sabíamos por que precisávamos de um líder de ponta para cada causa e sentíamo-nos responsáveis para servir bem nossa igreja. Percebemos mais uma vez que somos agitadores de bandeiras e estrategistas, agentes de mudança e influenciadores. A não ser que possamos mobilizar as pessoas, envolvê-las nos papéis certos, monitorar sua eficiência e discernir o próximo movimento do Espírito Santo em nosso meio, a Willow Creek não alcançará seu potencial redentor.

Ficou claro naquela manhã que temos um núcleo de líderes responsáveis e que estão posicionados para desenvolver a comunidade de grupos pequenos para toda a estrutura da Willow Creek. Nossos líderes podem exercer uma influência extraordinária por meio de suas iniciativas, pois estão se unindo a Deus na aventura de ver pessoas ligadas, criadas à imagem de Cristo e servindo a igreja e a comunidade com vistas a que se exerça o poder eterno.

Como diretor de grupos pequenos, eu (Russ) saí daquele café da manhã desafiado pelo entusiasmo e pelo amor de meus companheiros. E percebi mais uma vez a influência marcante que o líder de ponta pode ter quando a igreja tem clareza quanto à direção que deve tomar. Imagine igrejas ao redor do mundo inspiradas pela energia de homens e mulheres que defendam a causa da comunidade. Trata-se de um retrato da igreja que prevalece.

capítulo 4

ESTRATÉGIAS E INSTRUMENTOS PARA ESCOLHER LÍDERES DE PONTA EFICAZES

TODOS VIMOS O PODER que um jogador-chave pode exercer em uma equipe ou em um grupo. Pode ser o violinista principal que inspira uma orquestra inteira, o líder do *campus* que transforma a atmosfera da faculdade ou da universidade ou o craque de um time cuja paixão e habilidade abre oportunidades para os companheiros de sua equipe se tornarem campeões. O mesmo pode ser verdade para o líder de ponta de grupos pequenos em uma igreja local. A pessoa certa que trabalha de acordo com objetivos claros e comuns pode revolucionar a igreja local. Já vimos isso acontecer muitas vezes. Você, no entanto, precisa da pessoa certa, alguém que tenha as qualidades essenciais para a posição e capacidade para desempenhar a tarefa.

QUALIDADES ESSENCIAIS PARA O LÍDER DE PONTA

Visto que nós dois fomos líderes de ponta e tivemos a oportunidade de avaliar outros nesse cargo, identificamos as qualidades essenciais para os líderes de ponta eficazes. A pessoa que será um líder de ponta não precisa ter todas essas qualidades para ser bem-sucedida. Nenhum de nós possui todas elas. Contudo, entender essas qualidades essenciais ajudará você a discernir lacunas e a formar uma equipe para preencher essas lacunas.

Ao rever este capítulo, lembre-se de que estamos apresentando um quadro complexo. As pessoas que nos ouvem ensinar, especialmente aquelas que são responsáveis pelo ministério de grupos pequenos, às vezes sentem grande apreensão quando explanamos o assunto. Elas rapidamente concluem, talvez com razão, que somente Jesus preencheria os padrões que apresentamos. Na verdade, essas qualidades não devem ser consideradas padrões. Elas são instrumentos que garantem que você avaliou com cuidado a pessoa a quem está confiando sua posse mais preciosa — seu ministério de grupos pequenos. As Escrituras nos dizem que devemos ter "um conceito equilibrado" de nós mesmos (Rm 12.3), uma exortação justa devido à aventura de alto risco que é a construção de uma comunidade relacional.

Dons espirituais

Na Willow Creek, passamos muito tempo refletindo acerca de dons espirituais, falando a respeito da combinação dos dons espirituais de cada indivíduo, identificando os dons necessários para cada papel e analisando como esses dons se complementam com os membros de outras equipes para criar o impacto ministerial que esperamos ter. (v. *Rede ministerial*, o recurso de treinamento acerca dos dons espirituais da WCCC). Sempre iniciamos com dons espirituais quando estamos procurando um líder de ponta. Procuramos entender, quando estamos considerando um deles em potencial, se Deus preparou esse candidato para tal tipo de ministério e se o dotou devidamente.

Já vimos muitas igrejas cometerem o mesmo erro de Samuel, que ao atentar para a "aparência" (1Sm 16.7) de Eliabe, pensou que estava diante do que seria o próximo rei de Israel. A escolha de líderes de ponta fundamenta-se com mais freqüência no currículo que nos dons espirituais. Esteja atento: o sucesso do ministério de grupos pequenos de sua igreja requer que você acerte no processo de triagem dos dons espirituais. Uma coisa é ter um registro da corrida, mas outra bem diferente é estar correndo no estádio certo. O sucesso de um candidato em tarefas ministeriais anteriores pode indicar fidelidade, frutos e compromisso, mas não garante um ajuste ideal. Ao abordar somente o indicador "externo" do desempenho passado, você pode deixar passar pessoas cujos dons espirituais seriam adequados para a tarefa. Avaliar e afirmar os dons espirituais de alguém proporciona à igreja uma oportunidade de olhar para o coração de um candidato, confiando na sabedoria e no projeto de Deus mais que em nossa sabedoria e desejo.

Percebemos que líderes de ponta de grupos pequenos eficazes, muitas vezes, possuem os dons de liderança, de administração e de discernimento. Combinar papéis e dons ou distinguir os dons espirituais de alguém é algo subjetivo, por isso esse exercício não pode predizer inteiramente o sucesso de um líder em potencial. No entanto, rever dons é uma maneira de olhar para o coração e determinar quão bem Deus preparou alguém para o ministério.

Liderança

Como o livro *Rede ministerial* explica, o dom de liderança é "a capacitação divina de lançar uma visão, motivar e direcionar pessoas para o cumprimento harmonioso dos propósitos de Deus".[1] Esse dom ajuda as pessoas a visionar o futuro, a perceber seu papel quanto a moldar esse futuro e a caminhar juntas para a nova direção.

Se o líder de ponta não tem o dom da liderança, teremos certa falta de metas, o que resulta em frustração por todo o ministério. O responsável pelos grupos pequenos deve

[1]Bruce BUGBEE, Bill HYBELS e Don COUSINS, São Paulo: Vida, 1996, p. 52.

claramente conservar o curso, levando o povo — inclusive outras pessoas com dons de liderança — para o alvo pré-determinado. Líderes capacitados unem as pessoas, cativando-as pela oportunidade de fazer parte de algo maior que elas mesmas. Um ministério de grupos pequenos bem-sucedido prospera em visão, motivação e direção — aspectos essenciais para atrair outros líderes para a linha de frente e ter um impacto na vida das pessoas. Você precisa de um líder de pessoas *e* de líderes.

Eu (Bill) lembro-me de ter perguntado a um pastor de grupos pequenos em potencial de uma igreja em franco crescimento: "Você tem paixão por grupos pequenos?". Ele pensou e respondeu: "Bem, tenho paixão por mudança de vida. Sou conselheiro cristão há dez anos e gosto muito de ver a vida das pessoas sendo transformadas. Já que os grupos transformam vidas, a igreja entendeu que eu deveria liderar essa nova área". Mau começo. A igreja precisava de um líder apaixonado, que amasse desenvolver líderes (não simplesmente indivíduos) *e* que pudesse conduzir outros a uma visão geral de grupos pequenos.

Vemos também igrejas que nomeiam um indivíduo para liderar seu ministério de grupos pequenos baseado em sua capacidade de pastorear. Essa pessoa pode ter um histórico bem-sucedido como grande líder de grupo ou até mesmo como treinador de grupos pequenos, mas mesmo assim pode lhe faltar o dom da liderança.

Administração

Mencionar o dom de administração muitas vezes evoca imagens de arquivamento, de digitação e de trabalho envolvendo detalhes burocráticos. Os que descobrem esse dom muitas vezes pensam: "Ah, não! Detesto detalhes!". Não demora muito e eles percebem que esse dom está associado ao dom da liderança e não é o que eles haviam pensado. O dom bíblico de administração é "a capacitação divina para entender o que faz uma organização funcionar, e como uma habilidade especial para planejar e executar os procedimentos que realizam os alvos do ministério".[2] Não tem a ver com realizar tarefas, pois diz respeito a trazer ordem, processos e sistemas para os objetivos ministeriais.

Um termo do campo de negócios secular funcionalmente equivalente seria "gerenciamento". Isso refere-se à habilidade de realizar a tarefa diariamente. A administração bíblica traduz visão em prática, motivação em energia aplicada e direção em resultados concretos. A pessoa com esse dom trará ordem onde havia desordem, por meio de sistemas e de processos, resultando em um desempenho coerente em qualquer iniciativa. Esse "arquiteto organizacional" pode colocar as pessoas certas nos lugares certos, honrando o projeto de Deus para as pessoas e melhorando os resultados ministeriais. Ele perceberá por que algo não funciona e proporá um plano para resolver o problema.

Se a igreja escolhe uma pessoa que possui os dons de pastoreio e de encorajamento mas não possui os dons de liderança e de administração, a missão provavelmente sofrerá. Os líderes podem sentir-se amados, mas sentem a falta de uma estratégia e de táticas coerentes. Os resultados serão desordem, decisões ineficientes, soluções improdutivas e pessoas confusas e frustradas.

O dom de administração pode ter enorme influência quando as pessoas têm a experiência da visão transformada em realidade, criando um sentimento de realização, trabalho em equipe e *momentum*. O sistema de grupos pequenos bem dirigido e bem administrado pode produzir inúmeros frutos e proverá uma sensação de ordem e coerência na igreja. Quando você nomeia um líder com a combinação dos dons

[2]Ibid., p. 48.

de liderança e de administração, seu ministério de grupos pequenos crescerá.

Discernimento

O terceiro dom importante para a liderança de ponta bem-sucedida é o discernimento, que é "a capacitação divina para distinguir entre a verdade e o erro, discernir os espíritos diferenciando entre o bem e o mal, entre certo e o errado".[3] Uma pessoa que possui o dom de discernimento pode avaliar as dinâmicas de uma situação espiritual ou olhar para dentro das pessoas e entender as dinâmicas relacionais.

O ministério de grupos pequenos é bastante relacional. Qualquer pessoa que lidere esse ministério deve tomar constantes decisões acerca de líderes, quanto à prontidão para seu próximo serviço e suas falhas ocultas. Desavenças relacionais, inevitáveis quando as pessoas se encontram, requerem a intervenção de alguém que consiga ler nas entrelinhas dessas desavenças.

Visto que os grupos pequenos muitas vezes incluem o ensino em um ambiente descentralizado, existe a possibilidade de ocorrerem erros teológicos ou má orientação espiritual. O responsável pelos grupos pequenos que possui o dom de discernimento sabe como separar o trigo doutrinário do joio. À medida que a sociedade entrega para a igreja pessoas vivendo cada vez mais em desarmonia, a necessidade por discernimento aumenta proporcionalmente. Pessoas que podem ocupar papéis de liderança em sua igreja, são passíveis de ter deficiências de desenvolvimento, tanto espirituais quanto psicológicas, e alguém precisa discernir essas fraquezas e tratá-las apropriadamente.

Liderança, administração e discernimento trabalham juntos para capacitar o líder de ponta de grupos pequenos a liderar

[3]Ibid., p. 48.

com eficiência. Se o dom de discernimento, ou de administração, não é evidente, então envolva essa pessoa com uma equipe que forneça apoio nas áreas em que há pontos fracos. No entanto, não se engane: todos os três dons são necessários, principalmente quando o ministério cresce e se expande. Escolha bem, e o ministério de grupos pequenos em sua igreja florescerá, independentemente do modelo de igreja que adotou — igreja *de* grupos pequenos, igreja *formada por* grupos pequenos ou igreja *com* grupos pequenos.

Traços de liderança

Depois de tentar dirigir o enorme navio chamado Willow Creek Community Church e procurar unir a congregação inteira em grupos pequenos, eu (Russ) fiquei, muitas vezes, espantado e confuso. Foi quando encontrei Ron Nobles, o consultor empresarial que mencionei anteriormente. Nossas conversas mostraram-me quanto ele e outros semelhantes a ele poderiam ajudar-nos a vencer algumas de nossas mais complexas batalhas organizacionais. Ao longo do tempo, é claro, formamos um grupo pequeno de serviço. Eu liderava esse grupo que se encontrava todas as sextas-feiras e era formado de executivos de negócios, de algumas das maiores empresas do mundo, que ocupavam seu tempo buscando resolver as complexidades e os desafios. Nosso grupo ficou conhecido afetuosamente como RATS [ratos], um acrônimo para "Russ's Alternative Team Strategies" [Estratégias Alternativas da Equipe de Russ]. Pedi que esse grupo nos ajudasse a determinar as aptidões e as habilidades essenciais que nossos melhores líderes deveriam possuir. Ron e outros participantes do RATS nos ensinaram acerca dos traços de liderança.

Traços são características ou capacidades inatas. Eles não fazem mais parte somente do ramo da ciência social. Uma pesquisa sistemática a respeito desses padrões internos acabou por fornecer novas percepções sobre como líderes eficazes funcionam. Pesquisadores identificaram várias "habilidades básicas" e explicaram como elas são desenvolvidas. Usamos o *Leadership competency inventory* [*Inventário de habilidades para a liderança*], desenvolvido pelo Grupo Hay.

Esse inventário, aplicado a milhares de líderes em centenas de organizações com ou sem fins lucrativos, revela quatro traços básicos entre os líderes mais eficazes. Os traços inatos (como os denominamos em nossa igreja) são: orientação estratégica, pensamento conceitual, curiosidade intelectual e mentalidade voltada para os outros. Mesmo que sua igreja não decidira escolher líderes com esses traços específicos, você deve definir os traços que seu líder de ponta, aquele considerado ideal, deve possuir.

- *Orientação estratégica* ajuda os líderes a traduzir esforços desorganizados em resultados organizados para toda a igreja. Essa característica capacita alguém a unir partes organizacionais para que todos trabalhem juntos enquanto alcançam o propósito de Deus para a igreja.
- *Pensamento conceitual* é a habilidade de relacionar os fatos aparentemente díspares em explanações úteis. Assim, as circunstâncias abstratas e complexas não confundem os pensadores conceituais. Em vez disso, eles absorvem uma variedade de dados e informações, para, a seguir, esclarecer o que realmente está acontecendo.
- *Curiosidade intelectual* é o desejo de entender o que fazem as coisas funcionar. É a capacidade de passar por vários ambientes e fazer perguntas a fim de conseguir a informação necessária e entender as dinâmicas ministeriais. Os dotados de curiosidade intelectual são coletores implacáveis de informação e continuam "cavoucando" em busca de mais dados até conseguir resolver situações complexas.

- *Mentalidade voltada para os outros* é semelhante ao serviço de orientação ao consumidor no mundo dos negócios. Como diz um empresário: "O freguês sempre tem razão". O líder de ponta voltado para os outros se relaciona com os indivíduos nos termos *deles*. Esse tipo de líder se importa mais em suprir as necessidades das pessoas que em encaixá-las em programas preconcebidos. A mentalidade voltada para os outros significa entrar no território dos outros e colocar-se nos sapatos deles.

Uma pesquisa recente fornece evidências sensatas com relação a um debate antigo: "Os líderes nascem ou são feitos?". A pesquisa indica que a maioria dos líderes ou possui esses quatro traços ou não os possui, e o grau desses traços não muda muito com o decorrer do tempo. Você pode treinar pessoas para ocuparem um cargo de liderança — por meio de planejamento estratégico, pensamento criativo, coleta de informação e gerenciamento de serviço. No entanto, os melhores líderes nascem com potencial para a excelência. O treinamento meramente desenvolve os traços já existentes. É por isso que você deve pensar em procurar um líder de ponta que nasceu com os traços que acabamos de descrever.

Como ocorre com os dons espirituais, não entendemos a identificação desses traços como um teste infalível da eficiência de um líder atual ou em potencial. Esses traços, no entanto, dão a você uma estrutura para entender por que certo líder não pode construir um ministério além de determinado patamar. Entender a falta de certos traços em um líder de ponta ajudará você a formar uma equipe que servirá de apoio às suas fraquezas.

Experiência comprovada

Dons espirituais e traços são ingredientes primários, mas não negligencie a experiência comprovada. O que essa pessoa fez em outras igrejas ou organizações? Em outras palavras, ela já construiu algo organizacional que tenha envolvido pessoas e estrutura? Se um líder de grupos pequenos em potencial não tem um histórico na área organizacional, como você poderá estar certo de que ele será capaz de desenvolver a organização que sua igreja precisa? Sua melhor aposta é encontrar alguém com um histórico comprovado em trabalhar com pessoas, que saiba identificar e coordenar líderes, além de ser capaz de motivar todos a trabalhar juntos para um alvo comum. Experiência comprovada foi fundamental para nós antes de nos juntarmos à Willow Creek.

Eu (Russ) comecei a fazer parte do corpo de obreiros da Willow Creek Community Church com deficiências ministeriais reais, visto que nunca exercera um papel pastoral vocacional. Poucos advogados estão habilitados a construir uma organização. Graças a Deus, fui uma exceção, pois Deus me fez um edificador. Estava servindo como presbítero com Bill Hybels, que sabia que eu abrira uma firma de advocacia. Em sete anos, minha firma cresceu tanto, que passamos de apenas um advogado para onze profissionais, além de outros 25 funcionários. Sabia o que era necessário para prover direção, liderança, visão, identificar as pessoas, avaliá-las, colocá-las nos lugares certos e fomentar o crescimento.

Eu (Bill) formara equipes em diversos cenários e ajudara a desenvolver uma organização eclesiástica desde seu início. Assim, nós dois sabíamos o que era necessário para iniciar um empreendimento e como desenvolvê-lo. Você quer pessoas que tenham certa paixão e com uma vocação inequívoca para o ministério; mas também necessita de alguém com alguma experiência na área organizacional e de liderança. A experiência dele o ajudará a lidar com os desafios que uma igreja enfrenta na construção de uma estrutura de grupos pequenos.

Alguém que já desenvolveu uma organização tem muitas chances de ser bem-sucedido na função de líder de ponta em um ministério de grupos pequenos na sua igreja. Um dos motivos é o bom senso. Eles já cometeram alguns erros e, provavelmente, não os repetirão. Seus instintos já foram aguçados por suas experiências. Os baques e as feridas de circunstâncias anteriores já lhes aumentaram a capacidade de avaliar as situações e entender as pessoas.

Vida espiritual

Você também deve examinar a vida espiritual de seu líder de ponta em potencial. Para ser claro, toda a vida é espiritual mas, queremos concentrar-nos naquelas áreas que envolvem o relacionamento de alguém com Deus. É com vista a esse relacionamento que um líder deve tornar-se um exemplo para os outros e dar o tom ao ministério. Portanto, a vida espiritual do líder será essencial para modelar uma vida contagiosa que honre a Deus e para desenvolver uma atmosfera ministerial.

A visão de 2Timóteo 2.2 serve de *modelo*: "As palavras que me ouviu dizer na presença de muitas testemunhas, confie-as a homens fiéis que sejam também capazes de ensinar outros". Será que essa pessoa formará outros líderes espirituais, capazes de formar outros líderes espirituais, que formarão uma terceira geração de líderes? Algumas pessoas têm fortes dons de liderança e de administração, os traços certos e um histórico comprovado, mas falta-lhes maturidade espiritual. Sua aparência exterior impressionante pode ocultar fraquezas profundas e não resolvidas na área do caráter, o que potencialmente pode levar à destruição.

Embora você não esteja procurando a perfeição (ou nós não teríamos empregos), é, no entanto, preciso escolher alguém que esteja crescendo espiritualmente e no relacionamento com Cristo. Qualquer coisa menos que isso é inaceitável. Como Paulo recomenda em 1Coríntios 11.1, escolha alguém que siga o exemplo de Cristo — porque outros seguirão os exemplos do líder.

Só um líder com uma paixão inspirada pelo Espírito pode criar uma *atmosfera ministerial* adequada. Essa paixão é o resultado de horas de oração, recolhimento solitário e outras práticas espirituais para discernir a orientação do Espírito. Você quer um líder que dependa do Espírito Santo e creia que Deus pode resolver qualquer crise. Ao procurar um líder com a habilidade tática e estratégica para formar uma comunidade em sua igreja, lembre-se de que seu alvo não é criar uma organização vistosa e impressionante. Em vez disso, você deseja que o tema central de João 17 se torne realidade — que a igreja se torne unida. Na verdade, ansiamos por ver essa visão tornar-se realidade na Willow Creek e nas igrejas ao redor do mundo. Para que essa visão se torne realidade na sua igreja, alguém — um líder guiado pelo Espírito — precisará modelar uma vida espiritual autêntica e criar um ambiente em que a dependência do Espírito Santo seja normal.

Sugerimos que você procure um seguidor veterano de Cristo, alguém cujo caráter seja impecável, cuja liderança tenha sido provada e cuja maturidade esteja estabelecida. As disciplinas espirituais dessa pessoa deverão estar bem consolidadas *antes* que se torne um líder de ponta, porque ela precisará de todo recurso interno disponível.

HABILIDADES CRUCIAIS PARA LÍDERES DE PONTA

Além das qualidades de liderança essenciais, seu líder de ponta também necessitará de habilidades básicas para ocupar esse cargo. Essas habilidades cruciais incluem: comunicar a visão, formar uma equipe e entrevistar líderes. Essa lista não é exaustiva, e as habilidades podem ser desenvolvidas por meio de treinamento e experiência.

COMUNICAR A VISÃO

Quando eu (Russ) me tornei o líder de ponta de grupos pequenos, estava acostumado com uma organização de 25 pessoas, em que estabelecer a visão era simples. No entanto, uma igreja tem múltiplas plataformas que servem para as pessoas comunicarem a visão, incluindo o púlpito, as salas de aula, os grupos, as equipes e os comitês. Existem mais pessoas, líderes e voluntários para mobilizar, e os riscos são maiores. O crescimento espiritual de pessoas e o destino eterno delas estão em jogo. Assim, procurei instrumentos que fomentassem as habilidades dos líderes para que eles pudessem transmitir a visão. Infelizmente, encontrei poucos instrumentos.

Três recursos que nos ajudaram foram o livro de George Barna, *O poder da visão*, um vídeo de John Maxwell intitulado *Casting a corageous vision* [*Lançando uma visão corajosa*] e fitas de áudio sobre esse assunto intituladas *Defining moments* [*Momentos definidos*], da Willow Creek. Tive também a alegria, um verdadeiro luxo, de participar de uma igreja liderada por um homem de muita visão e de classe superior, Bill Hybels. Tenho o privilégio de sentar-me na primeira fila na clínica prática de como lançar uma visão. Procure pessoas de visão e estude o que elas dizem, como dizem, a quem dizem e quando dizem. Descubra fitas-cassete e vídeos de líderes de grande visão.

O líder de ponta do ministério de grupos pequenos deve ser hábil na comunicação diária da visão para grupos grandes e pequenos. Lançar a visão cria certo sentido de urgência entre os membros da igreja.

Edificar uma equipe

Seu líder de ponta considera a equipe mais importante que suas habilidades ministeriais ou aspirações pessoais? Ele é capaz de delegar o ministério a outro? Ele sabe ajudar os *outros* a deixar de lado a agenda pessoal pela causa da missão? Se esse for o caso, esse líder de ponta é um formador de equipe. Para que os grupos pequenos prosperem, os líderes de ministério terão de sacrificar desejos pessoais para o bem geral da missão. E eles precisam motivar outros a contribuir com seus melhores esforços e idéias para o ministério.

Talvez um líder de jovens tenha de considerar como integrar grupos na reunião de jovens, realizando menos atividades e permitindo que os estudantes orem juntos e se encontrem com um líder de grupo pequeno de adultos. Professores deverão avaliar o tempo gasto com o grupo grande e com o ensino, assim como o tempo gasto no desenvolvimento da comunidade na aula, e conceder tempo para discussões em grupo. No longo prazo, o conteúdo discutido nas sessões de ensino criarão raízes no coração e na mente do povo à medida que é dado tempo para processar o material e para considerar as aplicações práticas do que é proposto. Tempo para trocar pedidos de oração e oportunidades para cuidar dos outros acrescentará um componente rico ao ambiente da sala de aula, além de promover a formação de comunidades voltadas para os outros nesse ambiente também. Dessa forma, todos os líderes ministeriais podem contribuir para um esforço comum em que toda a igreja estará envolvida na formação de grupos, ou seja, todos trabalhando como uma equipe para um alvo comum.

Você precisa de ajuda para formar equipes? Encontre um grande treinador para monitorá-lo, porque as pessoas que lideram equipes vencedoras extraem o melhor dos jogadores para o bem de toda a equipe. Eles não permitem que uma pessoa arruíne a comunidade, ao exercer domínio de forma a excluir os outros.

Entrevistar líderes

Usamos o termo "entrevistar" de propósito, embora a maioria dos líderes trabalhe como voluntário. Colocar as pessoas certas nos lugares certos, avaliando-as e orientando-as para a visão e para o ministério, requer que você faça perguntas hábeis: "Será que temos a pessoa certa?", ou: "Será que escolhemos e preparamos cada pessoa de maneira apropriada?". Ao entrevistar um líder em potencial, você precisa de um discernimento aguçado enquanto sonda a mente e o coração.

Recursos humanos profissionais podem oferecer instrumentos para a entrevista. Consulte esses profissionais para ajudá-lo a formular boas perguntas e a definir as atitudes que está buscando. Aprenda também técnicas de entrevista para avaliar o comportamento do candidato.

QUALIDADES E HABILIDADES FUNDAMENTAIS SE COMPLEMENTAM

Espere o pior se você tentar fraudar o sistema, quando estiver escolhendo um líder de ponta. Como já dissemos, as qualidades e habilidades que descrevemos não estão completas nem devem ser necessariamente usadas para desqualificar candidatos. No entanto, também sabemos que as igrejas obtêm melhores resultados quando usam a oração e os princípios de escolha saudáveis. Deus sempre tem líderes escolhidos para enfrentar os problemas e os desafios associados com sua vontade para a igreja. Todos os líderes têm falhas, e muitos são bem relutantes. Entretanto, quando os líderes têm o dom de liderar, permanecem espiritualmente submissos a Cristo e executam habilmente o plano. Desse modo, Deus move-se no meio de seu povo de um modo determinante, que o honra e traz glória ao seu nome.

A liderança tem importância. Ela tem importância quando escolhemos aquele que será responsável por conduzir a aventura de seu ministério de grupos pequenos para o futuro. Ela tem importância para os líderes de grupos pequenos que encorajarão e pastorearão pessoas com vistas a uma devoção plena em Cristo. E ela tem importância para os treinadores de líderes que pastoreiam e apóiam esses líderes no desempenho de seu papel. É para esse papel crítico — treinar líderes de grupos pequenos — que voltaremos nossa atenção agora. Afinal, também cometemos alguns pecados nessa área.

capítulo 5

TERCEIRO PECADO

Estruturas de treinamento insatisfatórias

SINTOMAS de estruturas de treinamento insatisfatórias

- O pastor de grupos pequenos está próximo de um esgotamento.
- Limites de pastoreio abrangentes demais.
- Treinadores não têm uma idéia clara a respeito de seu papel e de suas responsabilidades.
- Treinadores são vistos como canais de ministério, não como pessoas.

MORAMOS FORA DO CENTRO da cidade de Chicago. Para a maioria dos veteranos da metrópole, Chicago é, acima de tudo, o lar dos Chicago Bears. Desde que venceram a Liga Nacional de Futebol Americano, em 1985, quando o time do Chicago Bears ensinou ao mundo várias jogadas inéditas que surpreenderam o público. Eles, realmente, se tornaram parte da identidade de nossa comunidade.

Quando ocorrem falhas no campo de futebol, os fãs se tornam nostálgicos acerca "dos bons tempos" de 1985 e, em especial, mencionam saudosamente o Treinador. No lado oeste do lago Michigan, o treinador traz à memória apenas um ser humano: Mike Ditka. Quaisquer que sejam suas fraquezas, esse treinador é um rei, e não há competidores para o trono. A bravura e o sucesso de Ditka rendeu-lhe uma devoção e estima imortal entre os jogadores e os fãs. Os campeões recebem esse tipo de reconhecimento. Equipes que carecem de grandes treinadores raramente conhecem uma temporada vencedora.

O mesmo é verdade para as "equipes" de grupos pequenos. Estabelecer objetivos claros e escolher o líder de ponta certo não é suficiente. Vencer o jogo de grupos pequenos requer que cada líder receba um treinamento consistente. Líderes se sobressaem e se sentem valorizados quando alguém investe em sua vida e ministério.

Porém, o líder de ponta que falha ao desenvolver um sistema de treinamento adequado — definido por um limite de pastoreio dentro de uma estrutura piramidal — acabará se esgotando. Além disso, sem uma estrutura de treinamento apropriada, líderes de grupos e treinadores sentir-se-ão sobrecarregados, a comunidade de grupos pequenos entrará em colapso e grupos-tarefa não receberão um discipulado apropriado.

Independentemente do modelo de grupo pequeno que você adota, é necessário uma estrutura de treinamento quando houver mais de dez grupos. Aprendemos com a experiência de Moisés e de Jetro em Êxodo 18 (quando a tarefa de resolver conflitos se tornou grande demais) e com a igreja primitiva em Atos 6 (quando as viúvas foram negligenciadas) que os líderes que tentam cuidar de um número excessivo de pessoas deparam com a exaustão e com o colapso ministerial. Moisés e a igreja primitiva precisaram nomear líderes para que pudessem manter um nível de pastoreio adequado.

Apesar desses exemplos bíblicos, muitos líderes de ponta procuram fazer tudo sozinho. E os resultados não são nada agradáveis.

ESGOTAMENTO

Esgotamento. Esse termo, muito comum na década de 1970, passou de mero eufemismo a uma crise nacional de saúde. Substituímos nossa necessidade desesperada por descanso com estratégias de "sonecas poderosas" e observamos nossa privação de sono constante degenerar em uma síndrome crônica de fadiga. O esgotamento está vivo e ativo entre os pastores e os leigos, principalmente porque eles violam o princípio do "limite de pastoreio".

Eu (Bill), inconscientemente, no meu primeiro papel como pastor de grupos pequenos, plantei uma situação catastrófica para mim mesmo. Com 45 grupos caseiros e mais dezesseis grupos especializados, não conseguia cuidar devidamente de todos os líderes. Além disso, realizava casamentos, respondia pelo ministério de educação de adultos e participava da equipe de liderança da igreja. É claro que as coisas começaram a ficar difíceis. Nunca imaginara que me tornaria um candidato ao esgotamento, mas não demorou muito para me sentir sobrecarregado. A excitante viagem ministerial estava indo de encontro às rochas. Logo minhas disciplinas espirituais começaram a entrar em declínio, e eu evitava atender chamadas telefônicas de qualquer pessoa que tivesse problema — simplesmente não tinha energia para lidar com eles. Líderes em potencial estavam sendo negligenciados, e os que já ocupavam o cargo de líder haviam sido esquecidos. Estava começando a faltar às pessoas que me havia proposto servir — tudo porque violara dramaticamente meu limite de pastoreio.

Bem, talvez alguns de vocês creiam que, por ser ministério, vocês *precisam* sofrer nas mãos do povo, certo? Vocês são uma "oferta queimada" colocada sobre o altar do ministério. Como um apóstolo Paulo dos dias de hoje, você poderia vangloriar-se de suas provações. "Pediram cinco vezes que renunciasse; perdi três vezes no tênis; uma vez fui apedrejado (isso aconteceu na década de 1970!); três vezes minha proposta naufragou; passei um dia e uma noite nas profundezas (no porão da igreja — estávamos remodelando meu escritório); viajava constantemente (nem sempre por escolha própria). Enfrentei perigos dos presbíteros, perigos dos diáconos, perigos do próprio coral, perigos no púlpito, perigos dos membros da igreja, graves perigos no batistério! Trabalhei arduamente; muitas vezes fiquei sem dormir (especialmente quando o sr. Burns estava escalado para cantar). Passei fome e sede, além de jejuar muitas vezes (normalmente em nossas reuniões, denominadas 'ajuntamentos de panelas')".

Bem, pode não ter sido tão ruim assim, mas será que você não se sente melhor quando consegue tirar isso de seus ombros?

Líderes de ponta muitas vezes negam suas fraquezas. Eles não vêem que estão repetindo o erro de Moisés. Em vez disso, apóiam-se no senso heróico de sua missão e procuram transformar-se no Super-Homem ou na Mulher Maravilha. Ao tentar transpor toda a estrutura de grupos pequenos com um simples pulo, voam como uma bala de encontro a uma locomotiva poderosa, chamada limites humanos.

Finalmente, esses líderes de ponta admitem que são bem mais parecidos com Moisés do que com o Super-Homem ou a Mulher Maravilha. O esgotamento dos líderes de ponta, bem como a frustração entre os líderes de grupos pequenos e o laicato, ocorre porque os líderes de ponta ignoraram os limites de pastoreio saudáveis e não construíram uma pirâmide de treinamento.

Limites de pastoreio saudáveis

À medida que os líderes de ponta agitam a bandeira de grupos pequenos em toda a igreja e os grupos começam a prosperar, logo fica evidente que não terão condições de cuidar de todos os novos líderes de grupos pequenos. Eles arriscam exceder seu limite de pastoreio — a habilidade de uma pessoa de responder com eficiência ao cuidado e às necessidades de desenvolvimento dos que eles pastoreiam. A solução é acrescentar um patamar na estrutura de liderança entre os líderes de grupos pequenos e o líder de ponta — o patamar dos treinadores (ou qualquer outro nome que você deseje dar a eles). O líder de ponta pode agora ter em mira seu pastoreio e seus esforços de desenvolvimento nos treinadores que, por sua vez, farão o mesmo pelos líderes de grupos pequenos. Os treinadores se tornam os pastores dos pastores, líderes dos líderes.

Durante a primeira década do ministério de grupos pequenos da Willow Creek (quando o ministério de grupos pequenos era um departamento), tínhamos supervisores para alguns líderes, mas não monitorávamos nem compreendíamos o limite de pastoreio. Alguns membros de tempo integral, responsáveis pelos grupos pequenos, cuidavam ocasionalmente de mais de cem grupos. Era um desastre anunciado. Muitas igrejas cometem erros semelhantes e correm o risco de perder líderes de grupos pequenos. Felizmente, quando decidimos nos tornar uma igreja *de* grupos, escolhemos um modelo que incluía o patamar dos treinadores.

Os treinadores normalmente são membros da congregação que têm os dons e a experiência de treinar meia dúzia de grupos pequenos e seus líderes. Eles capacitam e apóiam o ministério de outros que estão "no campo" do ministério. Os treinadores sentem alegria e satisfação em observar outros líderes produzirem frutos na vida dos membros do grupo pequeno. Praticamente, todos esses treinadores são voluntários, exceto no caso de alguns que cuidam de certos ministérios de serviço.

O número de líderes de que um treinador pode cuidar depende das exigências ministeriais e do trabalho secular do treinador, de sua família e de outras responsabilidades. Seguindo o exemplo da sabedoria de Jetro em Êxodo 18 — usando a proporção de um para cinco e um para dez para assegurar cuidado para todos sem que alguém cuide de um número excessivo de pessoas — concluímos que a maioria dos treinadores deveria cuidar de no máximo cinco líderes. Muitos de nossos treinadores são responsáveis não somente pelo pastoreio de líderes, mas também por *não* liderar um grupo pequeno, para que possam concentrar-se nos líderes.

Quando uma igreja ignora a importância do treinamento próprio, a comunidade de grupos pequenos tende a desfazer-se. Vimos a diferença, em primeira mão, na nossa igreja. Bons treinadores se encontram com os líderes, oram por eles, visitam seus grupos e os reúnem para aprenderem uns com os outros. Treinadores deficientes tratam seus líderes como tarefas a serem cumpridas, em vez de pessoas a serem desenvolvidas. "Ligue-me se precisar" — esse é o lema do treinador negligente. Infelizmente, o treinador negligente pode afetar a qualidade de vários grupos.

Quando você liga os líderes a um treinador é como se você estivesse ligando ramos à vinha. Se esta é fraca ou não está ligada, os ramos sofrem. Ou, se um grande número de ramos são enxertados na vinha, esta não consegue suportá-los e eles murcham e morrem. Bons treinadores que recebem um limite de pastoreio passível de ser administrado podem produzir dez a vinte vezes mais frutos ao longo de seu ministério.

No entanto, esse ministério não é fácil. Uma das coisas mais difíceis a fazer é desenvolver e apoiar os bons treinadores. Em muitas igrejas, a ênfase em iniciar grupos muitas vezes é maior que em construir estruturas de pastoreio, assim os treinadores muitas vezes são as últimas pessoas que estão em sua mente nas primeiras fases. Ou parece que você não consegue encontrar alguém que pensa que é qualificado para a tarefa. Ou, em muitos casos, poucos pastores são treinados para um ministério de desenvolvimento. A maioria deles aprendeu a expor a Bíblia e a aconselhar membros; mas poucos receberam os instrumentos e a experiência necessários para formar líderes. É por isso que dedicaremos algum espaço para esse aspecto neste capítulo. Sabemos que isso é difícil, portanto, procuramos oferecer certo encorajamento e soluções para sua situação.

A pirâmide inevitável

Mapear sua estrutura de grupos pequenos, mostrando quais treinadores supervisionam quais líderes de grupos pequenos, é uma maneira fácil de verificar se você está cometendo o pecado da estrutura de treinamento deficiente. Seu diagrama deve se parecer com uma pirâmide. Igrejas e organizações pareclesiásticas que usam grupos pequenos de maneira eficiente compartilham uma estratégia comum — uma estrutura de "líder de líderes" em forma de pirâmide. Algumas pessoas rotulam essa estrutura de "metaigreja" e outros de igreja em células. Você pode espiritualizá-la (de maneira positiva) ao inverter a pirâmide para que reflita o aspecto do serviço como o valor básico da qualidade de liderança que Cristo exemplificou. Mas, de qualquer forma, continua sendo uma pirâmide.

A pirâmide toma forma à medida que você ajusta o tamanho de sua organização, não importa o tipo. As igrejas não podem escapar disso, porque em algum ponto elas devem ser organizadas para cumprir sua missão e para responder aos desafios do crescimento.

Visto que um ministério cada vez maior de grupos pequenos depende tanto da liderança, as dinâmicas da pirâmide se desenvolvem mais rapidamente e têm conseqüências graves se ignoradas. Você peca e paga caro por isso. Ignore a pirâmide e você experimentará Êxodo 18 e Atos 6; da mesma forma que Moisés e os líderes da igreja primitiva, você se desgastará.

Quanto maior a igreja ou o ministério de grupos pequenos, tanto maior a pirâmide e o número de patamares.

Na Willow Creek, por exemplo, temos o patamar de treinadores que cuidam dos líderes de grupos pequenos. Temos também o patamar dos líderes de divisão (ou distrito), os membros do corpo de obreiros de tempo integral que pastoreiam aproximadamente dez treinadores, que por sua vez supervisionam os líderes de grupos pequenos. Mas, independentemente do número de patamares que sua igreja acrescente, a proporção do limite de pastoreio deve permanecer constante.

Uma experiência recente na Willow Creek Community Church ressaltou o benefício de ter uma pirâmide com limites de pastoreio claramente definidos para os treinadores de grupos pequenos. Lee foi líder de grupo pequeno por algum tempo. Durante uma época de desafios espirituais e emocionais, uma calamidade terrível atingiu sua família. A catástrofe fez Lee considerar a possibilidade de deixar a liderança do grupo. Seus treinadores (uma equipe formada por um casal) vieram socorrê-lo. Eles, periodicamente, providenciavam refeições, ajudavam com os filhos e serviram Lee e sua família de maneira simples, mas profunda.

Os treinadores puderam ajudar Lee porque tinham um limite de líderes manejável para supervisionar. A forma como os treinadores dedicaram sua vida fez com que Lee se entusiasmasse com relação à liderança do grupo. Visto que outros o ajudaram a carregar seu fardo, um líder, que de outra forma poderia ser considerado frágil, foi rejuvenescido, em vez de ficar esgotado. À medida que Lee cuidava das pessoas de seu grupo pequeno, um treinador cuidava dele — reforçando o valor da comunidade em todos os patamares da pirâmide.

AME-OS E DEPOIS LIDERE-OS

Simplesmente colocar treinadores em seus lugares com um limite de pastoreio apropriado não é o fim da história. Negligenciar treinadores pode levar a uma multidão de pecados. A

Willow Creek Community Church, muitas vezes, cometeu pecado nessa área, por isso sabemos como uma estrutura deficiente de treinadores pode ser custosa.

Creia ou não, treinadores precisam de cuidado e de orientação tanto quanto os líderes de grupos pequenos (e temos de admitir que nosso comportamento muitas vezes revelou nossa incompreensão desse fato). Os treinadores precisam receber tudo aquilo que devem prover para os líderes. Eles também precisam de ajuda para desenvolver atitude e técnicas de treinamento apropriadas.

Treinadores são pessoas, não canais de informação

Temos a tendência de esquecer que os líderes também são pessoas. Em nosso zelo de ver funcionando a iniciativa ministerial seguinte, às vezes negligenciamos nossos treinadores. Considerados uma linha vital para manter o ministério, os treinadores logo se tornaram canais por meio dos quais podemos distribuir as responsabilidades ministeriais. Em outras palavras, a estrutura de treinamento tornou-se um conjunto de canais de informação, uma série de dutos espirituais impessoais usados para transmitir o projeto ministerial mais recente.

Parece contradição: uma "estrutura de pastoreio". A estrutura é necessária, mas o sabor de pastoreio precisa ser mantido por todo o sistema. Os treinadores precisam ser afastados de suas responsabilidades ministeriais para que sejam desenvolvidos, cuidados e apoiados continuamente. O treinador deve ser visto da mesma forma que o líder — como uma pessoa com necessidades, objetivos e interesses. Devemos nos lembrar de que a estrutura serve de apoio às pessoas; as pessoas não servem de apoio à estrutura.

Eu (Bill) servi como treinador no ministério para homens na Willow Creek. Embora eu fosse um possuidor intergaláctico, altamente conceituado, de todo conhecimento acerca de grupos pequenos para a rede global cada vez maior da Willow Creek Association (Russ escreveu esta parte), ainda precisava ser tratado como uma pessoa comum no ministério. Sei como a gente se sente quando alguém telefona e diz: "Vamos almoçar juntos?"; ou: "Como você está? Como está indo seu grupo de treinadores?"; ou ainda "Como vão seus líderes?". Sempre que recebia esse tipo de ligação, ficava feliz de saber que alguém estava interessado nas minhas necessidades e queria que eu me tornasse mais eficaz, além de se dispor a responder minhas perguntas. Na realidade, eu queria que houvesse uma ligação entre o ministério e a vida pessoal, que uma conversa sobre minha família e meu casamento tivessem a mesma importância que meu trabalho ministerial. Todos nós queremos isso.

Atitude de treinamento

Os treinadores também precisam da atitude certa para ministrar aos líderes de grupos pequenos com eficácia, a mesma atitude que os líderes de divisão precisam ter com relação aos treinadores. Costumávamos discutir se o treinador precisa ser primeiro um líder ou um "pastor de ovelhas". Nosso instinto nos dizia que o líder de grupo pequeno precisa se concentrar mais no pastoreio. Talvez, influenciado pela testosterona da liderança, pela qual a Willow Creek tende a ser conhecida, achávamos que os treinadores precisavam primeiro passar pela experiência da liderança de grupo. Finalmente, questionamos nossos líderes quanto ao treinamento e à supervisão que recebiam.

Eis aqui o que aprendemos. Nossos líderes querem muito passar por mais treinamento. Eles querem mais do que recebem atualmente dos treinadores, principalmente quanto a um relacionamento pessoal, a ligação de uma vida a outra. Querem um "pastor" que seja acessível, alguém intimamente familiarizado com a vida deles.

O aspecto fundamental é que os líderes desejam ser pastoreados em primeiro lugar. O ensino e o treinamento vêm em segundo, e a liderança (visão, instruções acerca do que fazer, como administrar seu ministério, e assim por diante), por último. Nossos líderes têm uma boa idéia do que torna o treinamento mais bem-sucedido. Basicamente, respeita uma regra de liderança que abraçamos, ou seja, a proporção "80% de alimento para 20% de liderança". Como dizemos com freqüência: "Você precisa alimentar os líderes 80% do tempo para ganhar o direito de liderá-los nos outros 20%". Percebemos que precisávamos obter a autoridade relacional para tornar nosso povo discípulo e liderá-lo. Colocado de forma mais simples: "Ame-os e depois lidere-os!".

Os treinadores da Evergreen Community Church, em Burnsville, Minnesota, demonstram o tipo certo de atitude. "Precisa haver organização na igreja", diz Mark Bowen, pastor do ministério de grupos pequenos da Evergreen. No entanto, ele acrescenta: "Mas também devemos compreender a igreja como uma 'família'. A igreja precisa de estrutura, mas as pessoas precisam de família. Nossos melhores treinadores estão ligados por meio de relacionamentos, não estrategicamente. Se os treinadores não exercem sua função com uma disposição para cuidar, interessar-se, encorajar e pastorear, os líderes de grupo se sentirão usados". Os treinadores da Evergreen mostram seu cuidado por meio de visitas ao grupo duas vezes ao ano e do relacionamento com os líderes individualmente duas vezes por mês. O limite de pastoreio é monitorado cuidadosamente: três líderes para cada treinador, se este estiver liderando um grupo, e não mais de cinco se, exclusivamente, treinam. Visto que a Evergreen exige que os treinadores tenham liderado e criado um novo grupo, o relacionamento com os líderes que eles criaram (e que agora estão supervisionando) é muito forte. "A tarefa do treinador é amar esses líderes", Mark conclui.

TRÊS BARREIRAS PARA MANTER GRANDES TÉCNICAS DE TREINAMENTO

A técnica de treinamento complementa a atitude de treinamento. Por termos falhado nessa área, agora sabemos quanto as técnicas são importantes. Eu (Russ) falei aos nossos treinadores e líderes em nosso encontro anual de grupos pequenos. O tema desse final de semana era "Primeiro e dez", objetivando a volta aos aspectos básicos no ano ministerial. Desafiei cada pessoa a seguir os aspectos fundamentais do ministério. Assim, defini cada papel na estrutura de grupos pequenos da Willow Creek e falei acerca desses papéis, incluindo o dos treinadores. A reação confirmou o que eu suspeitava. Nossos treinadores não estavam bem instruídos quanto às técnicas de treinamento. Havia muita gente que "fazia de conta", em vez de executar os aspectos fundamentais que tornam um trabalho em equipe bem-sucedido. Eles precisavam ser relembrados acerca das técnicas básicas de treinamento e de supervisão.

Portanto, pedi aos treinadores que refletissem acerca de uma pergunta enquanto seus líderes de grupos pequenos ouviam. "Se vocês fossem seguir os aspectos fundamentais em seu papel como treinador", perguntei, "de que maneira pastoreariam, desenvolveriam e serviriam seus líderes de grupos pequenos?". Queria que os líderes ouvissem e entendessem o que seus treinadores estavam tentando fazer.

A seguir, retomei os aspectos básicos que havíamos adotado quando implementamos nossa estratégia atual de grupos pequenos. A maneira básica de os treinadores cumprirem seu papel é por meio de reuniões interativas de líderes, visitas (participando de uma reunião de grupo pequeno para apoiar o líder e encorajar o grupo) e o "um a um" (encontros pessoais com o líder). Embora reconheça que esses aspectos fundamentais não retratem toda a responsabilidade dos treinadores, ressaltei esses três como as atividades principais que produzirão um ministério saudável. Violar esses aspectos fundamentais seria como carregar a bola de futebol americano (que é oval) com uma mão; parece emocionante, mas a bola escorregará e cairá no chão, em vez de o corredor passar a linha final com ela e fazer um *touchdown* [comparado a um gol no futebol].

Depois, analisei as barreiras — estagnação, mal-estar e superficialidade — que impedem os treinadores de executar os três aspectos fundamentais.

Estagnação na reunião de líderes

Carl George, o "guru" dos grupos pequenos, de quem tiramos a maior parte de nossa estratégia inicial, diz que a reunião de líderes é a coisa mais difícil que um treinador tem de fazer. Por quê? Por duas razões: a primeira, porque poucos treinadores sabem dirigir bem uma reunião de líderes, e a segunda, porque essas reuniões são difíceis de agendar. Essa não é uma reunião semanal regular para líderes e muitas vezes é marcada uma vez por mês, interferindo na agenda de vários líderes.

É necessário que haja visão e planejamento para que a experiência da reunião de líderes seja valorizada pelos participantes. Uma grande reunião de líderes requer criatividade, comunicação ativa e aptidão acima da média para que ocorra o desenvolvimento espiritual e o estímulo. Aprendemos a aumentar a freqüência e a eficiência das reuniões de líderes ao criar "super-reuniões". Em vez de colocar toda a carga de uma reunião bem-sucedida nas costas do treinador, um membro da equipe pastoral organiza uma reunião trimestral de vários grupos de líderes com seus respectivos treinadores. Nesse recinto, podemos aliviar os treinadores do planejamento ministerial e das responsabilidades de treinamento. O resultado é uma comunidade maior, mais energia, recursos mais amplos e mais interação. O ritmo das reuniões de líderes regulares e "super-reuniões" ao longo da temporada parece servir bem ao líder de grupo pequeno.

Quando os treinadores planejarem suas reuniões, sugerimos que usem o *Coaches handbook* [*Manual do treinador*], da Willow Creek ou o livro *Leading life-changing small groups* [*Liderando grupos pequenos que transformam vidas*] como conteúdo útil para as reuniões. Quando essas reuniões de líderes são bem planejadas, elas podem se tornar uma arena de edificação complementar de habilidades para os líderes de grupos pequenos.

Mal-estar durante as visitas nos grupos pequenos

Os treinadores que visitam os grupos pequenos de seus líderes às vezes se sentem como pessoas que vão a um casamento sem terem sido convidadas. Todos estão curiosos: "Quem é você e por que está aqui? Nós o conhecemos?". Encorajamento é o melhor remédio para o mal-estar dos membros do grupo pequeno. Os treinadores visitam o grupo para observar e avaliar, mas essas visitas são mais eficazes quando o treinador vai como um encorajador apaixonado. Quando o treinador cumprimenta os membros de maneira carinhosa à medida que chegam para a reunião, anima o grupo, procura elogiar o líder diante do grupo e ora com o líder antes e depois da reunião, ele contribui para aumentar o bem-estar.

Superficialidade no "um a um"

Quando os treinadores se encontram com os líderes de grupo "um a um", eles são tentados a limitar-se aos assuntos administrativos. Iniciam com discussões seguras acerca das escolhas do currículo, freqüência no grupo e assuntos relacionados com a igreja. De que maneira os treinadores superam a barreira da superficialidade? Aprendendo a amar esses líderes. Fazendo perguntas pessoais. Qual é a linguagem de amor deles? Onde existem conflitos? De que maneira eles podem se desenvolver mais? De que modo você pode servir a eles e à família deles? Simples atos de serviço mostram aos líderes quanto os treinadores se importam com eles.

Reuniões cativantes, visitas e encontros pessoais são os aspectos básicos do treinamento. Juntamente com um espírito de pastoreio, oferecem uma estrutura eficaz para um ministério que produz frutos e é doador de vida. Se os treinadores conseguissem fazer com que essas reuniões com os líderes conservassem seu caráter inspirador e proveitoso, encorajassem as pessoas em suas visitas ao grupo e usassem os encontros pessoais para servir ao líder e fazê-lo desenvolver-se, eles veriam o restante do ministério entrar nos eixos.

Avalie suas estruturas de treinamento de acordo com os limites de pastoreio apropriado, com suas atitudes de treinador e com suas técnicas de treinamento. Tome nota das falhas que encontrar, porque oferecemos instrumentos e recursos no capítulo seguinte. Entretanto, antes queremos analisar uma situação específica de treinamento e de supervisão.

O DESAFIO DE TREINAR E ACOMPANHAR OS LÍDERES DE GRUPOS-TAREFA

É um desafio criar uma estrutura de treinamento e de acompanhamento de alta qualidade, especialmente quando você se comprometeu em criar grupos pequenos e equipes de serviço em toda a igreja. Se já é difícil desenvolver um ministério de treinamento para grupos por afinidade, com grupos de homens ou de casais, é ainda mais difícil desenvolver treinadores para grupos-tarefa. A maneira como você faz isso pode afetar a qualidade de tudo, desde o ministério com crianças até as equipes de som e de luz para os cultos de fim de semana.

Cindy Manning é uma líder de divisão (ou de distrito) da Willow Creek, membro da equipe pastoral que cuida de aproximadamente dez treinadores, que, por sua vez, supervisionam líderes de grupos pequenos. Ela trabalha com grupos que dão suporte aos cultos do meio de semana e de fim de semana, tais como os porteiros, os recepcionistas e as pessoas que atendem no setor de informação. Seu objetivo é completar fielmente a tarefa ao mesmo tempo em que ajuda essas equipes a desenvolver senso de comunidade. De que maneira você cumpre essa missão de modo a formar treinadores e pastores? Sua história responde a essa pergunta desafiadora.

> Comecei a participar de um grupo pequeno na Willow Creek na minha turma de aeróbica, que fazia parte do Ministério de Esportes. Tinha três objetivos — ficar em forma, ouvir boa música cristã e fazer alguns amigos. Porém, à medida que crescia na minha jornada com Deus, percebi que poderíamos fazer muito mais com essa comunidade de mulheres, que participavam fielmente das atividades. Elas gostavam de estar lá, e mesmo assim eu sentia que não estávamos fazendo tudo que poderia ser feito, que não estávamos cultivando a oportunidade para realmente unir as mulheres. Estávamos construindo pontes para as pessoas, ajudando-as a se conhecerem mutuamente. Mas não tínhamos uma estrutura que nos permitisse caminhar lado a lado com o *propósito* de desenvolvê-las espiritualmente. Em pouco tempo, Deus enviou outras pessoas para nossa equipe que também abraçaram essa idéia, e fiquei muito agradecida. Realizamos a transição dessa parte de nosso ministério de esportes para ligar pessoas em grupos pequenos. Agora, todo esse ministério se baseia em um projeto de grupos pequenos.
>
> As lições que aprendi ali foram de valor inestimável. Por exemplo, de que maneira poderíamos harmonizar a comunidade com o desenvolvimento espiritual em uma atividade que

já reunia as pessoas? Hoje estou servindo em uma área da igreja chamada Ministério de Serviço e sou responsável pela supervisão de um grande número de pessoas que realizam algum tipo de serviço. Temos uma equipe de recepcionistas e de coletores de ofertas, uma equipe responsável pela ceia (que prepara e serve os elementos da ceia), uma equipe médica, uma responsável pela contagem da oferta e até uma equipe especial de interpretação para servir os surdos que freqüentam os cultos. Portanto, temos um amplo espectro de pessoas que vêm a igreja para prestar serviços ao corpo.

É um desafio ajudar as pessoas a perceber a relação entre servir e estar ligado a uma comunidade para que possam crescer em Cristo. Talvez seja irônico ter iniciado meus grupos pequenos no Ministério de Esportes e agora ser líder pastoral desse ministério. Principalmente quando esse ministério passou de trezentas para quase novecentas pessoas que ajudam a cumprir muitas tarefas importantes.

O desenvolvimento de treinadores experientes é prioritário em nosso ministério. O treinador não é apenas um pastor de ovelhas ou um líder, mas alguém responsável pelo desenvolvimento de outras pessoas. Os treinadores, na verdade, trazem clareza, estabilidade e unidade para nosso ministério e estrutura. Vejo-os como aqueles que realmente integram tudo que procuramos realizar. Eles realizam muitas funções que um treinador de futebol americano desempenha no campo ou que um maestro desempenha em uma orquestra. Acredito que o treinador seja uma pessoa essencial para ajudar o ministério a prosperar.

A história de Cindy nos leva a uma conclusão contra-intuitiva. Treinadores que unem uma tarefa a um objetivo espiritual ajudam os líderes a se desenvolver espiritualmente. Desse modo, o que está escrito em Efésios 4.11-13 é posto em prática: as pessoas não crescem apenas por meio do estudo da

Bíblia, mas também pela "obra do ministério". Portanto, os treinadores precisam dar muito apoio e instruções claras. Isso ocorrerá em toda a igreja à medida que você estender a comunidade a todos os segmentos do ministério. Seja diligente ao avaliar sua estrutura de treinamento e supervisão de acordo com a realidade atual e as necessidades futuras. Uma falha nesse aspecto resultará em uma supervisão ineficaz e em negligência para com os líderes de grupos pequenos, causando mais problemas que os que você pode resolver.

TREINADORES SÃO IMPORTANTES — E MUITO!

O líder de grupo pequeno ocupa a posição mais estratégica no processo de transformação de vida. Essa "fórmula" reinou suprema durante os primeiros estágios de nossa transição para os grupos pequenos. Não tínhamos a intenção de desfazer do papel do treinador nem de nenhuma outra função. Ao contrário, essa "fórmula" foi criada para destacar o impacto que um pastor de ovelhas pode ter em cada pequeno rebanho.

Descrevemos o papel do treinador praticamente da mesma forma: "O treinador é a pessoa que ocupa a posição mais estratégica no sistema de transformação de vida." Embora o líder tenha um lugar de destaque na aventura de expansão da obra de Deus na vida de alguém, o treinador tem uma visão de águia com relação à transformação de vida acumulada em vários grupos e líderes. Poucos papéis na igreja provêem servos ungidos com a oportunidade de contribuir como um instrumento de crescimento tão sistemático e multiplicador. Cada líder influenciado por um treinador exercerá influência, por sua vez, em um grupo pequeno.

Uma vez que já esclareceu as questões relacionadas aos dois primeiros pecados — clareza com relação à estratégia e escolha do líder certo —, você está preparado para resolver o aspecto do limite de pastoreio, usando o material de treinamento e de supervisão que esboçamos. Então, isso leva a uma pergunta ou duas. De que maneira você escolhe e prepara esses treinadores? De que modo você os desenvolve? Como você organiza uma estrutura de treinamento que supra as necessidades dos seus líderes? A resposta a essas perguntas você encontra no capítulo 6.

capítulo 6

ESTRATÉGIAS E INSTRUMENTOS PARA RECONSTRUIR ESTRUTURAS DE TREINAMENTO SATISFATÓRIAS

VOCÊ PODE PENSAR que eu (Russ) cresci jogando futebol americano em razão de minha linguagem e analogias no último capítulo. No entanto, esse não foi o caso. Eu era corredor. Não sabia agarrar o adversário, lançar a bola, esquivar-me, passar a bola para o batedor, agarrá-la, derrubar o adversário, dar o chute inicial, rebater a bola, gingar na frente do adversário nem dar um bote. Só sabia correr rápido e em uma direção. Assim, tornei-me um atleta competindo em corridas de velocidade, treinando o ano todo a fim de preparar-me para algumas semanas de competição durante o que chamamos "primavera" em Minnesota, quando nossa equipe podia escapar das nevascas para participar de algumas competições.

Fazer parte de uma equipe de corredores ensinou-me uma lição vitalícia acerca de preparar treinadores. Meus colegas de classe e eu éramos meros "coadjuvantes" na equipe de corredores. No penúltimo ano do ensino médio, tínhamos um treinador que concentrava sua atenção na estrela da equipe, deixando o restante de lado. Nossa equipe, se você pode chamá-la assim, se deu mal naquele ano.

As coisas pioraram ainda mais no ano seguinte. Nosso antigo treinador mudou de escola. Sentimo-nos ofendidos ao conhecer nosso novo treinador, Soltis, porque era professor de educação física do ensino fundamental e estava para se aposentar. Como um professor que ensinava alunos do jardim-de-infância motivaria alunos do último ano do ensino médio? Conformada a se defrontar com outra temporada de fracassos, a equipe via 1975 como mais um ano perdido.

Estávamos errados. Em junho, nossa equipe já tinha vencido diversas competições no estado. Doze corredores classificaram-se para as competições regionais e estaduais. Não fossem umas contusões e uma queda de bastão em uma corrida de revezamento, teríamos sido campeões estaduais. O membro mais importante de nossa equipe era uma pessoa idosa, o professor de jardim-de-infância prestes a se aposentar que se tornou nosso treinador. Naquela temporada, ele transformou um grupo com baixo desempenho em uma equipe coesa de atletas, todos condicionados e determinados, que conquistaram o que nenhum de nós jamais sonhara. Até hoje, um de meus filmes favoritos é *Momentos decisivos*, porque minha aventura na pista de corrida foi parecida (exceto quanto à época) à experiência do time de basquete de Indiana. Aprendi a diferença que um bom treinador pode fazer.

Bons treinadores também podem motivar ou mudar um ministério de grupos pequenos. Mas encontrar, recrutar, desenvolver e apoiar esses jogadores essenciais é um dos aspectos mais desafiadores e, ao mesmo tempo, fator de realização pessoal, pois é responsável por criar uma infra-estrutura bem-sucedida de grupos pequenos.

Eis a dificuldade: treinadores são pessoas, por isso vêm em todo tipo de formato e tamanho. Alguns são surpreendentemente eficazes, tal como o treinador Soltis, outros são cheios de energia, assim como o treinador Ditka, outros ainda são metódicos, como o famoso John Wooden, da UCLA. Treinadores variam tanto em conduta e temperamento quanto em idade e histórico. De que maneira podemos reconhecer um bom treinador? Após fazer boas e más escolhas de treinadores ao longo dos anos na Willow Creek, acreditamos que podemos ajudá-lo nesse aspecto. Este capítulo revelará comportamentos específicos que identificam treinadores em potencial, pessoas que podem pastorear líderes de grupos pequenos. Analisaremos também como treinadores desenvolvem líderes e como líderes de divisão (obreiros em tempo integral) supervisionam esses treinadores.

MARCAS DE TREINADORES EFICAZES

Depois de ter escolhido os treinadores, você poderá usar o *Coaches handbook* [*Manual do treinador*] da Willow Creek, para treiná-los. Porém, como saber quais líderes podem se tornar grandes treina-dores? Descobrimos cinco comportamentos que são marcas seguras de um pastoreio eficaz: cuidar das pessoas, ouvir, encorajar, orar e reproduzir a vida de Cristo.

Cuidar das pessoas

Paulo descreve o modelo do ato de cuidar: "Meus filhos, novamente estou sofrendo dores de parto por sua causa, até que Cristo seja formado em vocês" (Gl 4.19). É óbvio que nem Paulo nem um de nós deu à luz um filho (embora Russ secretamente tenha o desejo de dar à luz para encarar o desafio). Só podemos nos lembrar de nossas esposas sofrendo dores de parto, o tipo de dor que define o padrão supremo de atenção e de concentração intensa. Quando Paulo descreve seu anseio de ver os crentes crescerem para alcançarem a maturidade, ele compara isso com as dores do parto. Sua preocupação por eles é intensa e obstinada, pois deseja seu crescimento, assim como a mãe quer que sua dor termine e traga uma nova vida ao mundo.

O pastoreio envolve esse tipo de cuidado. Bons pastores se esforçam para ver as pessoas chegarem à maturidade. De modo semelhante, o bom treinador demonstra grande e constante afeição por seus líderes de grupos pequenos. Desenvolver pessoas pode ser um processo tão longo e doloroso quanto dar à luz um filho. Treinadores — os que realmente cuidam das pessoas — desejam ver Cristo formado nos líderes e nos grupos que pastoreiam.

À medida que você examina cuidadosamente seu grupo de treinadores em potencial, procure aqueles que vão além da empatia e do entendimento, tendo atitudes afetuosas e amorosas. Quando eles passam da simples palavra de conforto ao "amor" e às "boas obras" (Hb 10.24), você tem candidatos a treinadores.

Eu (Bill) vi isso ao começar a trabalhar com Ken, líder de grupo de homens do meu grupo de líderes, quando servi como treinador. Ele era uma pessoa ativa, que se esforçava para ser semelhante a Cristo em todas as áreas de sua vida. Quando me reuni com Ken, visitei seu grupo e o vi em encontros de líderes, procurando observar se ele também tinha um coração compassivo. Assim, desafiei-o um dia depois do café da manhã. Eu disse: "Ken, observei suas habilidades quanto ao seu discipulado; agora gostaria de ver o outro lado do pastoreio, a parte que diz respeito a cuidar das pessoas, demonstrando compaixão em sua dor e amor em suas fraquezas. Gostaria de ver mais esse lado". Ken foi humilde e acatou minhas palavras. Não demorou muito para observar seu lado compassivo pelos que estavam magoados em sua família, em seu grupo e em nosso encontro de líderes. Ele orou com os homens que passavam por dificuldades, ouviu com atenção sua esposa quando esta se abriu com ele, além de passar algum tempo com outros líderes no ministério que necessitavam de uma palavra de carinho ou de um ouvido atento. Sempre tive convicção de que ele poderia ser treinador um dia — agora tinha certeza.

Ouvir

Ouvir atentamente é difícil. A Bíblia exorta: "Sejam todos prontos para ouvir, tardios para falar" (Tg 1.19). Encontre um bom ouvinte e você encontrou alguém que tem grandes chances de se tornar um treinador. Bons ouvintes têm uma mentalidade semelhante à descrição de Filipenses 2.4; eles estão mais interessados nos outros que em si mesmos.

Criamos na Willow Creek um curso de treinamento básico sobre como ouvir com atenção, porque queremos que cada líder e cada treinador saiba exercer bem essa capacidade, tantas vezes negligenciada. Não deixe de reunir seus treinadores regularmente para ensinar, por meio de um processo de aprendizagem, de demonstração, de prática e de *feedback*, capacidades específicas no que se refere ao ouvir. Os treinadores devem ouvir atentamente os líderes de grupos pequenos se querem ver esses líderes amadurecer. Sempre que você observar um líder carinhoso e atento em ação, você terá um treinador em potencial. Esses líderes tendem a pastoear bem.

Encorajar

Encorajar os outros é o terceiro comportamento de um pastoreio eficiente. Quando nos referimos no último capítulo aos entusiastas que encorajam, não estávamos exagerando a situação. Observe os melhores chefes de torcida de qualquer evento esportivo e você terá um exemplo de um encorajamento consistente, que marca os grandes treinadores. Poucas pessoas recebem o encorajamento de que precisam. Chegue ao seu local de trabalho na segunda-feira pela manhã e você, provavelmente, não ouvirá seus companheiros de trabalho dizer que ficaram sentados sobre cinzas em panos de saco, porque sentiram sua falta, pois valorizam sua contribuição preciosa.

Os treinadores devem inspirar os jogadores em todos os momentos do jogo, quer estejam ganhando, quer estejam perdendo. O encorajamento do treinador é como uma injeção de adrenalina. Jesus entendeu a diferença que o encorajamento do pastor pode fazer em meio a um rebanho desmoralizado e confuso. "Não se perturbe o coração de vocês", ele disse ao encorajar um grupo de discípulos amedrontados no cenáculo (Jo 14.1). Diante da realidade de sua partida, ele falou palavras de verdade e de vida. Lembrou-os de sua missão, certificou-os de sua presença, deu-lhes uma perspectiva eterna acerca da tristeza que sentiam e prometeu-lhes um ministério frutuoso. A seguir, orou por eles (Jo 17).

O que significa a palavra "encorajar"? Encorajar significa "inspirar coragem". O apóstolo Pedro inspirou coragem entre os presbíteros e os membros da igreja que estavam sofrendo:

> Portanto, apelo para os presbíteros que há entre vocês, e o faço na qualidade de presbítero como eles e testemunha dos sofrimentos de Cristo, como alguém que participará da glória a ser revelada: [...] [Sejam] exemplos para o rebanho. Quando se manifestar o Supremo Pastor, vocês receberão a imperecível coroa da glória. [...] Deus se opõe aos orgulhosos, mas concede graça aos humildes. [...] Lancem sobre ele toda a sua ansiedade, porque ele tem cuidado de vocês. [...] Resistam-lhe [ao Diabo], permanecendo firmes na fé, sabendo que os irmãos que vocês têm em todo o mundo estão passando pelos mesmos sofrimentos. O Deus de toda a graça, que os chamou para a sua glória eterna em Cristo Jesus, depois de terem sofrido durante pouco de tempo, os restaurará, os confirmará, lhes dará forças e os porá sobre firmes alicerces. A ele seja o poder para todo o sempre. Amém. (1Pe 5.1-11)

Pedro fundamenta seu apelo aos supervisores no maior sofrimento da história da humanidade — Cristo na cruz. Lembrou os líderes de que, da mesma forma que partilhamos o sofrimento de Cristo, podemos também manifestar coragem na adversidade. O próprio Pedro precisava desse encorajamento para enfrentar a perseguição e o martírio. Ele e as outras testemunhas oculares de Cristo se bateram contra a adversidade, por assim dizer, gritando desafiadoramente: "Vamos lá! Tentem nos tirar do jogo. Vocês não conseguirão".

Pedro encorajou a igreja, lembrando-a de que irmãos e irmãs ao redor do mundo também partilham o sofrimento de Cristo. Por isso, todos devemos criar coragem. Partilhamos seu sofrimento, mas também voltaremos e participaremos de sua glória. Isso sim é encorajamento.

De acordo com Pedro, os líderes de ministério que estão na frente de batalha não devem surpreender-se com a adversidade (1Pe 4.12,13). Ele diz que suportar provações é a maneira de sofrer com Cristo, participar da glória de Cristo e inspirar coragem nos outros. Os treinadores passarão por muitos desafios. A questão fundamental é saber se eles continuarão sendo encorajadores — verdadeiros líderes, independentemente do que acontecer.

Eu (Bill) fui responsável pelo ministério de casais quando cheguei à Willow Creek. Posso ainda citar casais que inspiraram toda a igreja quando mostraram coragem em meio à dor e ao sofrimento. Vimos esses casais perderem entes queridos devido a tumores cerebrais, suportar dolorosas doenças debilitantes, conviver com doenças degenerativas e lutar com um câncer terminal. Diversas pessoas continuam com os mesmos problemas hoje. No entanto, mantêm uma visão corajosa da vida. Bob e Marie, Tom e Debbie, Rhea e Marty (agora com o Senhor) e Ken e Phyllis são líderes, independentemente do que lhes acontece. Três desses casais servem como treinadores. Eles são o tipo de pessoa que você seguiria para qualquer lugar. A Willow Creek Community Church nunca mais será a mesma sem eles.

Recentemente, os médicos descobriram mais tumores de um câncer mortal em Debbie; Ken esteve hospitalizado duas vezes nesses últimos dois meses devido a problemas de coração, que requerem tratamento prolongado e, muitas vezes, frustrante. Quando Debbie recebeu a notícia de sua doença, seus pensamentos concentraram-se no vigésimo primeiro aniversário de sua filha. Ken continua a orar pela Associação Willow Creek na Suécia, sua terra natal, e pelas igrejas daquele país. Ele ficou desapontado por não ter participado de uma conferência de grupos pequenos que realizamos lá recentemente. Esses líderes continuam a expressar seu amor por Cristo e pela igreja mesmo em tempos muito difíceis, levando cada um de nós a nos renovar e aprofundar na fé.

Quando os treinadores demonstram coragem, tornam-se verdadeiros encorajadores. Perseverança em meio às provações desenvolve o caráter como nenhum outro fator (Tg 1.2-4). Ela ajuda os treinadores a cuidar dos outros e a se relacionar com eles de modo muito encorajador.

Orar

A oração está no topo da lista não porque parece espiritual, mas porque as Escrituras e a experiência requerem isso de nós. Tiago diz que a oração de uma pessoa justa "é poderosa e eficaz" (Tg 5.16). O treinador comum armado com oração vale mais que um exército de líderes que não oram. Nossos treinadores são os cristãos mais amadurecidos e experientes de nossa igreja. De acordo com Tiago 5, eles são pessoas justas que, quando oram, ministram a outras pessoas segundo o poder e a eficácia do Espírito Santo. A oração parece um aspecto insignificante para muitas pessoas, uma atividade secundária, que talvez tenha, para elas, apenas valor nominal. Porém, para pastores que treinam líderes, é um componente indispensável.

Eu (Russ) não sei ensinar de forma persuasiva a um treinador que a oração é importante, por isso procuro servir de modelo. Por exemplo, nos últimos anos formei uma equipe particular de intercessores que oram constantemente por mim. Lynn, minha esposa, é responsável pelo ministério de oração em nossa igreja. Muitas vezes, Lynn ensina treinadores e líderes a "tecer os fios de oração no tecido diário do ministério". Eles dependem uns dos outros como intercessores mútuos. Nossos treinadores estão começando a compreender a amplitude desse ensino, constatando como os líderes anseiam por alguém que interceda por eles. Esse aspecto do comportamento do treinador — a oração — assegurará uma influência ministerial significativa na vida de um líder.

Não é de admirar que os treinadores da Evergreen Community Church, em Burnsville, Minnesota, sejam tão eficazes. A cada três ou seis meses, treinadores e líderes participam de um retiro de oração de final de semana, em que intercedem por seu ministério conjuntamente. O momento de oração na sexta-feira à noite é um momento de elevação, do relacionamento do líder com Deus; o sábado é dedicado à oração pelos grupos, inclusive pelos "peixes frescos". Esses retiros de oração são um fator importante na redução da desistência de líderes. Os aprendizes captam a visão de liderança, os líderes entendem o propósito do treinamento e todos começam a confiar em Deus para o crescimento ministerial. O diretor de grupos pequenos Mark Bowen descreve os encontros de oração como o fundamento e a cola ministerial, "o lembrete da razão por que fazemos o que fazemos".

"Começou lentamente", admite Bowen, "mas depois de persistirmos por alguns anos, esse retiro tornou-se uma experiência imperdível, com quase 100% de participação". Atualmente, exige-se que todos os líderes de grupos pequenos participem do evento. Depois que um aprendiz participa do retiro, ele percebe a importância desse evento em sua vida. "Continua a ser uma batalha espiritual; mas só falamos às pessoas para esperar, que algo acontecerá e as impedirá de participar do encontro. Nós as lembramos que, se não 'reservarem um tempo para orar', um dia ficarão 'de parte'", conclui Bowen, de modo risonho. Os treinadores da Evergreen estão usando a oração para pastorear bem.

À medida que você investigar os hábitos de oração de treinadores em potencial, procure por líderes que recebem com agrado a oportunidade de orar por outras pessoas. Invista neles. Tiago quis realmente dizer o que disse: orações eficazes de pessoas justas revertem em resultados que honram a Deus. A oração, associada aos outros comportamentos de pastoreio, aumenta a influência do treinador e encoraja o trabalho do nosso grande Deus.

Reproduzir a vida de Cristo

Uma marca suprema do treinador que pastoreia é a reprodução. Treinadores que se concentram nas estratégias, nos números e nas estruturas mais que no desenvolvimento espiritual de seus líderes são levados pelas circunstâncias e perdem o rumo. A razão principal para treinadores cuidarem, ouvirem, encorajarem e orarem é *para que* Cristo se reproduza em outros. Os melhores treinadores querem desenvolver uma verdadeira comunidade cristã.

Nosso *slogan* para o ministério de treinadores vem de Paulo, que disse a Timóteo que confiasse os ensinos deste apóstolo, Paulo, aos líderes fiéis "que sejam também capazes de ensinar outros" (2Tm 2.2). Muitos chamam esse princípio reprodução espiritual. Com relação aos objetivos de ministério de grupos pequenos, isso significa que os treinadores devem desenvolver outros treinadores *e* procurar reproduzir neles a vida de Cristo. "Lembrem-se dos seus líderes, que lhes falaram a palavra de Deus", exorta o escritor aos Hebreus. "Observem bem o resultado da vida que tiveram e imitem a sua fé" (Hb 13.7).

Tornamos isso possível aos treinadores, ensinando-lhes as habilidades de um pastoreio intencional. Faz parte de nosso investimento no ministério deles. Contudo, também procuramos líderes que estão vindo à luz e que tendem a reproduzir sua vida espiritual e sua liderança em outros de maneira natural, mesmo sem treinamento. Esses líderes se reproduzem ao construir relacionamentos de influência, buscando oportunidades de crescimento nas pessoas e ajudando os outros a crescer. Procure líderes que tendem a enlevar e estimular a maturidade em outros líderes e você terá um treinador em formação.

O DESAFIO PASTORAL DO TREINADOR

O verdadeiro pastoreio ressalta a transformação. Mas, mesmo para os treinadores maduros, o ministério transformacional para líderes ocorre lentamente. Os treinadores podem estar comprometidos em cuidar das pessoas, ouvir, encorajar, orar e reproduzir a vida de Cristo, mas devem aceitar que todo crescimento leva tempo e não ocorre rapidamente. Somos parceiros de Deus nesta empreitada — ver pessoas transformarem-se na imagem de Cristo (Ef 4.12-16; Fp 1.6; 2.12; Cl 1.28,29). Deus está operando, mas seu tempo nem sempre é como o nosso. Seus métodos nem sempre são aqueles que escolheríamos. Considere a tirania do urgente — tarefas que o treinador ou o ministro devem completar — e você entenderá a forte tentação de procurar atalhos em para o desenvolvimento.

O treinador que não dá tempo para Deus trabalhar debilitará o crescimento do líder. Inserimos a frase "ser em vez de fazer" no léxico de liderança da Willow Creek Community Church. Devemos lembrar que a liderança está interessada em primeiro lugar no "ser", permitindo que o "fazer" flua naturalmente de nossa vida em Cristo (v. Jo 15). O ministério dos líderes de grupos pequenos de liderar, pastorear e discipular é menos importante do que seu relacionamento com Cristo. Este deve ser o foco do treinador.

Como saber quando os treinadores entendem o princípio do "ser em vez de fazer"? Tipicamente, esses treinadores conferem ordem à "bagunça" de seus líderes. É como treinar uma criança pequena a fazer suas necessidades no penico. Haverá acidentes antes de alcançar o alvo. Um treinador não pode forçar um líder a acertar tudo, da mesma forma que o pai ou a mãe não podem evitar que a criança faça algum tipo de sujeira. O treinador e os pais usam a influência, mas o treinamento é um processo de tentativa e erro, no qual o sucesso estimula novos comportamentos. É claro que pastorear um líder é diferente de treinar uma criança pequena a fazer suas necessidades no penico. Treinadores de pastoreio logo percebem que, embora Deus esteja do nosso lado, as forças das trevas estão armadas contra nós na batalha pela transformação espiritual.

"Ser em vez de fazer" significa esperar pacientemente pelo crescimento enquanto lidamos graciosamente com um líder que ainda está aprendendo. Ficamos impressionados com aqueles que treinam líderes jovens, como estudantes de doze a catorze anos que lideram as crianças ou os estudantes de catorze a dezoito anos que lideram estudantes mais novos ou colegas de turma, além dos jovens adultos que lideram os diversos grupos da igreja. Como diz Bill Hybels, as pessoas com vinte e poucos anos têm o equivalente a duas décadas de erros sobre eles. Quem quer que os treine e os supervisione precisará de duas décadas para expurgar esses erros e suas conseqüências. Quanto mais inexperientes forem os líderes, mais pacientes os treinadores precisam ser.

O desafio do treinador é depender menos dos métodos e das técnicas e mais do conselho do Espírito Santo. Isso, de forma alguma, invalida o treinamento de treinadores. Como já dissemos, recursos como o *The coaches handbook* [*O manual do treinador*] são inestimáveis. Cada treinador precisa de uma caixa de ferramentas habilidades e recursos. Porém, precisam muito mais da liderança e da orientação do Espírito Santo. Grandes estruturas de treinamento, uma vez planejadas, funcionam bem, porque os treinadores bem treinados andam "pelo Espírito" (Gl 5.25).

O poder do Espírito Santo, associado a objetivos claros e ao treinamento qualitativo, dá origem a treinadores capazes de exercer grande influência. Só o pastor sensível e corajoso é capaz de dizer: "Eu me importo mais com você que com o que você vai produzir para mim". Leva tempo para o treinador ajudar um líder a livrar-se das camadas de pecado e de confusão, a expor suas necessidades e problemas e a submeter-se à graça de Deus. Os treinadores precisam dos olhos, da mente e do coração de Cristo a fim de ver o potencial dos líderes de grupos pequenos para o ministério e para o crescimento.

SUPERVISÃO DE TREINADORES

A exemplo dos líderes de grupos pequenos, os treinadores também precisam de supervisão. Nossa estratégia também requer que supervisionemos os treinadores. Desenvolver e cuidar dos treinadores requer um investimento de recursos e de energia do corpo de obreiros de tempo integral, independentemente do tamanho da igreja. Nossos líderes de divisão são responsáveis por esse investimento. Nossa igreja é tão grande que precisamos de muitos líderes de divisão, cada um supervisionando cerca de dez treinadores. Nossos líderes de ministério de tempo integral, chamados "líderes de área", supervisionam os líderes de divisão.

O tamanho de nossa igreja impede-me (Russ) de cuidar diretamente de todos esses obreiros de tempo integral e dos voluntários. Porém, Bill Hybels pediu-me para realizar uma entrevista breve de meia hora com os líderes de divisão que estão se unindo ao nosso corpo de obreiros de tempo integral, com a finalidade de checar mais uma vez a seleção de pessoal em nosso processo de contratação. Em uma dessas breves conversas com um líder de divisão em perspectiva, fiquei impressionado com sua paixão latente pelo ministério. Estou consciente, porém, de que a paixão pode superar as estratégias, por isso procurei adverti-lo quanto a isso. Temia que esse candidato se esquecesse de pastorear os treinadores e se envolvesse em assuntos de ministério irrelevantes, os quais pertenceriam à esfera de ação de outros obreiros e voluntários.

Para que a estrutura funcione, devemos trabalhar com o propósito de uni-la, formando um grupo coeso. É a expressão prática de como "todo o corpo, ajustado e unido pelo auxílio de todas as juntas, cresce e edifica-se a si mesmo em amor, na medida em que cada parte realiza a sua função" (Ef 4.16). Não podemos nos dar o luxo de que alguém perca a missão "comunidade", especialmente os membros do corpo de obreiros de tempo integral. A estratégia básica é o desenvolvimento do líder, não a atividade ministerial.

Líderes de divisão podem ter a função mais agradável do mundo — se eles se concentrarem em identificar e desenvolver treinadores. Imagine escolher para o ministério os líderes que você deseja desenvolver e depois se dedicar a eles, servindo-os de maneira amorosa. Se isso não for suficiente, você pode observá-los cuidando dos líderes que criam grupos de transformação de vida. Isso é incrível! E você ainda recebe um salário para desempenhar essa função!

Eu (Russ) lembro-me do dia em que essa estratégia tornou-se clara para mim. Em vez de me distrair, tentando orquestrar o ministério de grupos pequenos para toda a igreja, comecei a despejar minha vida na vida de nossos "líderes de área". Ficou claro para mim que receberia meu salário para gastar a maior parte de meu tempo com algumas das pessoas mais maravilhosas de todo o planeta. Quanto mais fazia isso, mais eu me sentia mal, pois achava que era como se estivesse trapaceando de alguma forma. Ia para casa, pensando: "Isso parece um tanto ilegal".

Começamos a usar essa estratégia de maneira sistemática com todos os líderes de área e seus respectivos ministérios, algo que denominamos "regra de dois terços". Os líderes de divisão deveriam gastar cerca de dois terços de seu tempo, direta ou indiretamente, com os treinadores. Isso serviria para encorajar os líderes de divisão a rever sua agenda semanal e a observar como seu tempo estava distribuído com relação à "regra dos dois terços". Lembre-se, o treinador pastoreia seus cinco líderes durante as reuniões, nas visitas e no contato individual. Os líderes de divisão, que supervisionam dez ou mais treinadores, precisarão de dois terços de seu tempo para pastorear esses treinadores com eficácia, desenvolvendo-os (assim como seus aprendizes de treinador) para que o ministério possa ser reproduzido com sucesso.

Queremos que os líderes de divisão escolham os treinadores com cuidado. Para verificar a qualidade dos treinadores que estão sendo escolhidos e desenvolvidos, simplesmente pergunte: "Você consegue enxergar um de seus treinadores ocupando seu lugar um dia?". Essa é uma boa regra prática. Não é uma regra infalível, mas é um indicador. A não ser que alguns treinadores sejam capazes de crescer a ponto de ocupar a posição de líder de divisão, alguma coisa está errada com o critério ou com o processo de escolha.

Eu (Bill) tive um professor que martelou um princípio para que o assimilássemos: "Nunca realize um ministério sozinho; sempre tenha um Paulo e um Timóteo em seus relacionamentos de ministério". Um Paulo era alguém que estava à sua frente, um orientador experimentado. Um Timóteo era alguém que você levava cosigo para desenvolvê-lo e influenciá-lo. Os líderes de divisão devem tratar os treinadores como Timóteos, incluindo-os em atividades de ministério regulares. "Ministério é aprendido na prática, não por meio do ensino teórico", afirma um dito conhecido. Porém, muitas vezes realizamos o ministério sozinhos, por estarmos atarefados ou por falta de planejamento, perdendo as oportunidades de passar o bastão de 2Timóteo 2.2 a outros. John Burke, que nos serviu no final dos anos de 1990, usava com freqüência a frase: "Leve um Timóteo", para lembrar os líderes de divisão de levarem um treinador quando dirigissem uma reunião ou se encontrassem com um líder. O treinador pode "captar" os comportamentos úteis durante as visitas a grupos pequenos ou nos encontros individuais com um líder. O treinador pode aprender muito apenas observando o líder de divisão entrevistar um líder em perspectiva, tratar de um conflito ou dirigir uma reunião de líderes. E o treinador pode levar um aprendiz de treinador consigo, para que os "Timóteos levem Timóteos, que levam Timóteos".

O LEGADO DO LÍDER

Todos os anos, em setembro ou em janeiro, reunimos nossos treinadores e líderes para um evento planejado com o intuito de ganhar o coração deles para mais um ano de ministério. Às vezes, usamos todo um final de semana; outras vezes, uma sexta-feira à noite e uma manhã de sábado. Queremos edificá-los e esclarecer a missão. Depois de doze meses de corrida árdua, nossa equipe de liderança precisa de uma parada para reabastecimento. No trabalho da igreja, há um grande desafio — evitar a rotina ou evitar que as pessoas liguem o piloto automático. A última coisa que você quer ouvir é o seguinte: "Bem, mais um ano de ministério já passou". Isso não parece muito instigante, pois soa como algo tão interessante quanto observar a tinta secar. Quando a criatividade mingua e a paixão desvanece, os líderes abordam o ministério como os trabalhadores de produção em série que esperam pelo apito das seis horas da tarde. Na verdade, reunimo-nos para alimentar e inspirar uns aos outros.

O encontro também nos une em uma missão comum como um núcleo de liderança. Voltamos para casa com ordens claras de marcha, com uma nova visão, com a paixão renovada e com o propósito compartilhado. Cada encontro é marcado por um tema ou uma frase que traduza a essência de nosso ministério para a próxima temporada.

Em um desses eventos, escolhemos o tema "A legalidade do líder", para reforçar 2Timóteo 2.2 e lembrar, a cada um dos participantes, o chamado para reproduzir-se na vida de um Timóteo. Para marcar esse momento, entregamos um bastão inscrito com o versículo de 2Timóteo 2.2 e a frase "Entregue nas mãos de alguém". O símbolo motivou cada um de nós — corpo de obreiros, treinadores e líderes — a treinar outros que, por sua vez, podem passar o bastão a outros.

Os treinadores, enquanto servem, passam os bastões ministeriais todos os dias. Contudo, a troca pode ser malfeita. Os bastões podem cair no chão, e, em conseqüência disso, as corridas serão perdidas, a não ser que desenvolvamos treinadores que carreguem as marcas de bons pastores e lhes demos o cuidado e a atenção que merecem. Quando falhamos ao visionar e apoiar nossos treinadores, o bastão simplesmente representa um ideal ilusório, e 2Timóteo 2.2 fará parte da pilha de outros versículos descartados.

Escolha os treinadores que correrão a boa corrida *e* passarão o bastão a outros. As igrejas estão desordenadas devido aos bastões que caíram, e, na maioria das vezes, nós, os líderes da igreja, somos os culpados. Supere as estruturas deficientes de treinamento, escolhendo as pessoas certas para os lugares certos. Ame, desenvolva e apóie-os, e seu ministério de grupos pequenos prosperará. Negligencie os treinadores e você se tornará uma daquelas "ofertas queimadas". E esse não será um cheiro agradável ao Senhor.

capítulo 7

QUARTO PECADO

Negligência no desenvolvimento contínuo de liderança

SINTOMAS de negligência no desenvolvimento contínuo de liderança.

- Muitas pessoas não têm um pastor identificado.
- Ninguém conhece o potencial de desenvolvimento da liderança na igreja.
- Existe pouco ou nenhum ensino acerca de papéis da liderança e dos dons.
- Os líderes principais não estão servindo de modelo no desenvolvimento da liderança.

"NUNCA ESQUECEREI minha primeira experiência de liderança na Willow Creek Community Church", diz Jon Bodin, antigo diretor de nosso ministério de casais e atual diretor do ministério de grupos pequenos na Central Christian Church, em Las Vegas, Nevada. "Converti-me em 1981 e logo fui ligado a um grupo pequeno. Não demorou muito, e o líder decidiu que todos se revezariam para liderar o grupo pequeno. Isso parecia interessante até que o líder olhou para mim e disse: 'Jon, na próxima semana você fará o estudo a respeito da vida de Davi'. Eu disse simplesmente: 'Tudo bem. Só tenho uma pergunta a fazer. Quem é Davi?'. Era sério. Não tinha a menor idéia de quem Davi era. Assim, ele explicou para mim que Davi era um grande líder do Antigo Testamento. Ao que retruquei: 'Isto me leva à segunda pergunta. O que é o Antigo Testamento?'".

Naquela época, a Willow Creek realizava um teste rigoroso para escolher um candidato a líder. Nossa primeira pergunta para todo líder em potencial era a seguinte: "Você sabe embaçar um espelho?". Às vezes, referimo-nos a isso como a "estratégia viva" para desenvolver líderes. Se você respira, você é um candidato.

Realizamos várias melhorias desde aquela época, mas continuamos a pecar regularmente ao longo do caminho. Os sintomas são dolorosamente óbvios. Quando o desenvolvimento de liderança contínuo é negligenciado, você terá dois problemas crônicos: pessoas sem pastor e falta de líderes preparados e qualificados. Isso ocorre quando as igrejas falham ao avaliar a "fertilidade" da liderança e ao desenvolver uma cultura de liderança, além de falharem acerca do dom e do papel da liderança ou ao esperar que os líderes-chave da igreja sirvam de modelo no desenvolvimento da liderança.

DEFININDO O PECADO

Jesus entendeu a necessidade de líderes. "Jesus ia passando por todas as cidades e povoados, ensinando nas sinagogas, pregando as boas novas do Reino e curando todas as enfermidades e doenças. Ao ver as multidões, teve compaixão delas, porque estavam aflitas e desamparadas, como ovelhas sem pastor" (Mt 9.35,36).

É difícil olhar para o povo de Deus e não sentir o coração partido em razão de suas necessidades de liderança pastoral. Deus deseja que seu rebanho seja bem cuidado. Quando você for responsável pelo ensino, pela assimilação e pelo cuidado das ovelhas sem pastoreio, ficará sempre de antena ligada para possíveis líderes.

Porém, ter um número insuficiente de líderes não é um pecado. O pecado mortal é recusar-se a assumir a responsabilidade no desenvolvimento contínuo de liderança.

Como ocorre com a maioria de vocês, muitas vezes não tínhamos um número suficiente de líderes qualificados. Os que se acham envolvidos no ministério estão bem familiarizados com a falta de líderes. Quando dirigimos a palavra a um grupo de pastores, perguntamos com freqüência: "Quantos de vocês precisam de mais líderes?". Depois que todos levantam as mãos com um sorriso no rosto, perguntamos: "Quantos de vocês estão dispostos a pagar por eles?". Muitos pastores nos dariam dinheiro no ato, porque sabem que o ministério de grupos pequenos cresce ou decresce, dependendo do número de líderes e da qualidade deles. Em seguida, explicamos o alto custo para investir no desenvolvimento da liderança contínua. Felizmente, é menos dispendioso do que uma insuficiência crônica de líderes. A insuficiência crônica de líderes bloqueia sua estratégia, frustra seu líder de ponta, enfraquece grandes treinadores e fecha a porta para os grupos abertos.

Na Willow Creek, nossa insuficiência de líderes se originava de dois problemas principais: o primeiro problema era resultado de muitos cristãos novos. Nos primeiros quinze anos da Willow Creek, nossa época de *igreja com grupos pequenos*, esses grupos eram nossa única maneira de desenvolver a congregação dominada por neófitos. Colocávamos pessoas em grupos às centenas todos os anos e dávamos aos seus líderes apenas uma ordem: "Produza pessoas que possam liderar mais grupos de neófitos". Os líderes usavam um currículo estruturado de dois anos (hoje conhecido como a série *Walking with God* [*Caminhando com Deus*]) para fazer dos membros discípulos. Depois de concluir esses dois anos, alguns "graduandos" acabavam saindo dos grupos e outros começavam a liderar seus próprios grupos. Entrementes, os primeiros líderes começavam grupos com novos cristãos. Esse método ajudou a atenuar nossa insuficiência de líderes.

O segundo problema surgiu quando declaramos: "Comunidade para todos!". Subitamente, não só precisávamos ajudar os cristãos recém-nascidos a tornarem-se seguidores devotos de Cristo: precisávamos de líderes suficientes para dar a cada um — quer cristãos novos, quer graduandos da série *Walking with God* — um lugar em um grupo. Um problema agradável, mas desafiador.

Nossa história deixou uma coisa clara. Sempre que nos defrontamos com um estrangulamento ministerial, sabemos que a causa foi a insuficiência de líderes. Se a insuficiência persistisse, era porque tínhamos negligenciado o desenvolvimento contínuo de liderança. Confessamos nosso erro — também pecamos nessa área.

Qualquer igreja comprometida com grupos pequenos deve levar a sério o desafio do desenvolvimento da liderança, estabelecendo uma abordagem sistemática para o crescimento do corpo de liderança. Caso esteja no ministério cristão, você contará com insuficiência de liderança. Semelhante à morte ou aos impostos, a insuficiência de liderança sempre o acompanhará. Mas, visto que Deus quer que todo o seu povo seja pastoreado, você não pode fraudar essa regra dos grupos pequenos. Negligenciar o desenvolvimento contínuo de liderança certamente resultará em conseqüências desastrosas.

AVALIANDO SUA FERTILIDADE

Permita-me ser (Russ) pessoal. Lynn e eu tivemos uma experiência que serve de metáfora para avaliar a fertilidade de nossa igreja quanto a desenvolver líderes. Como muitos casais, tivemos problemas em ter filhos. Estávamos casados havia seis anos quando resolvemos começar uma família, mas depois de alguns anos sem gravidez, sabíamos que algo estava errado. Depois de uma sucessão de médicos, injeções, exames, testes, procedimentos, remédios de fertilidade e tentativas frustradas, recebemos a notícia que nenhum casal que aspire ter um filho deseja ouvir. *Não podíamos* ter filhos. Tínhamos um problema de fertilidade. Não era possível remediá-lo. Na verdade, nossa agência de adoção exigiu que mostrássemos um atestado médico declarando nossa infertilidade para sermos aceitos no processo de adoção. Assim, para nosso pesar, fomos declarados inférteis, abrindo as portas para a adoção.

Deus está no controle, mas ele também tem senso de humor, além de ter prazer de atuar nas impossibilidades. Depois de uma adoção bem-sucedida, mais tarde tivemos dois filhos maravilhosos — biologicamente! Visto que os testes médicos revelaram que uma gravidez normal seria impossível, fomos surpreendidos nas duas oportunidades. Até mesmo nossos médicos consideram o nascimento deles um milagre.

Da mesma maneira que algumas igrejas esperam e oram por líderes, poderíamos ter esperado por milagres. Porém, como pais que aspiram ter filhos, queríamos saber por que estávamos tendo problemas de reprodução, para poder avaliar a situação e agir. Apesar de sermos surpreendidos posteriormente, saber de nosso potencial de fertilidade ajudou-nos a tomar decisões para realizar nosso desejo de ser pais.

Sua igreja tem gerado o número suficiente de líderes? A insuficiência de líderes parece crônica? Talvez, você tenha um problema de fertilidade, e não terá certeza enquanto não avaliar sua visão geral, assim como o processo de desenvolvimento de líderes. Para que o ministério de grupos pequenos continue próspero, você precisa perguntar-se constantemente: "O que estamos fazendo para reproduzir nossa liderança?". Analisaremos agora suas possibilidades de desenvolvimento de líderes.

UMA CULTURA DE DESENVOLVIMENTO DE LIDERANÇA

Sua igreja tem uma cultura, um conjunto de crenças e práticas que as pessoas aceitam e apóiam. Essa cultura determinará sua habilidade em identificar e desenvolver futuros líderes. Nós dois fizemos essa descoberta quando ainda éramos jovens líderes. (Queremos dizer jovens em anos de igreja — embora anos de igreja sejam como idade de cachorro. Um ano de serviço equivale a sete anos em qualquer outro trabalho!)

Cada um de nós tornou-se cristão por meio da influência de organizações pareclesiásticas. Visto que organizações como os Navegadores, a ABU (Associação Bíblica Universitária), a Cruzada Estudantil para Cristo e a Intervarsity trabalham com estudantes universitários, eles ressaltam o aspecto da liderança. Líderes se formam todos os anos e devem ser reproduzidos. Portanto, espera-se que os líderes ajudem a desenvolver a próxima geração de líderes. Faz parte da cultura do ministério.

No início de nossa experiência de igreja, procurávamos pessoas que lideraram grupos pequenos dentro de organizações pareclesiásticas. Orávamos: "Ó Senhor, envie-nos mais dessas pessoas treinadas. Eles realmente sabem como liderar grupos pequenos!". Queríamos que outras pessoas realizassem o trabalho pesado, para depois aproveitar o melhor e o mais brilhante deles. Era uma abordagem do tipo "ache um líder". Não tínhamos em vista um processo de desenvolvimento de líderes.

À medida que fomos amadurecendo no ministério, percebemos que deveríamos imitar a cultura dessas organizações, em vez de simplesmente herdar-lhe os líderes. Eu (Bill) dediquei boa parte de meu tempo adotando uma cultura que mantinha líderes fluindo para duas igrejas nas quais trabalhei antes de vir para a Willow Creek. No entanto, a pressão para encontrar tantos líderes para milhares de pessoas nos tirou do caminho do desenvolvimento por uma temporada.

Voltamos ao modelo "identifique um líder e envolva-o", negligenciando o desenvolvimento contínuo. Esse modelo serviu-nos por um tempo, porque tivemos o privilégio de colher os frutos maduros dos esforços de outros. Logo, no entanto, nossas necessidades superaram o número de líderes de qualidade. Isso me levou de volta para as convicções básicas iniciais.

Enquanto avaliávamos nosso desenvolvimento de liderança para toda a igreja, comprometemo-nos a criar um ministério que identificaria, treinaria e enviaria líderes. Queríamos que nossa cultura mudasse só de pedir: "Gostaria de ter novos líderes" ou: "Estou orando por novos líderes" para: "Vamos desenvolver novos líderes. Vamos preparar e treinar esses líderes". Esperança e orações devem se tornar intenção e compromisso; pois é dessa forma que emerge a cultura de desenvolvimento de liderança.

Manter uma cultura de liderança fértil requer um vencedor, alguém que abrace a causa, da mesma forma que a iniciativa de grupos pequenos precisa de um líder de ponta. Se esse é um valor essencial, ele precisa de um vencedor, alguém que agite a bandeira. Os ministérios da igreja agitam suas bandeiras, como candidatos em campanhas políticas. Cada um diz: "Somos importantes. Prestem atenção em nós!". Se ninguém representa o desenvolvimento de liderança, ele se perderá no mar das iniciativas competitivas.

Você consegue identificar esse vencedor em sua igreja? Pode ser o líder de ponta de grupos pequenos, ou, se é você essa pessoa, talvez queira desafiar outra pessoa a se responsabilizar pelo desenvolvimento da liderança. Seu compromisso de tornar sua igreja desenvolvedora de líderes, será determinado pelo fato de ela ter ou não essa pessoa que agita a bandeira.

Se você escolhe um líder de ponta para o desenvolvimento da liderança, ele provavelmente se sentirá como João Batista, uma voz solitária que clama no deserto. As pessoas muitas vezes não entendem sua proposta e surpreendem-se: "Do que você está falando? Tudo que precisamos são de mais quatro líderes para manter o programa da escola dominical funcionando". Caso só queiram abrir mais cinco grupos pequenos, o responsável pelo desenvolvimento da liderança deveria dizer: "Devemos pensar no longo prazo. Não podemos ser imediatistas e apenas providenciar mais cinco líderes de grupos pequenos. E se pensássemos em produzir cinqüenta ou quinhentos líderes de grupos pequenos nos próximos cinco anos?". Essa é uma mudança de paradigma gigantesca que você pode começar a introduzir com o tempo. Porém, alguém precisa agitar a bandeira.

Finalmente, se você realmente quer pisar em um território novo, creia que um dia enviará líderes para outras igrejas. Em vez de desejar e orar para importar líderes, você deveria trabalhar para preparar e exportar líderes ao redor do mundo, para poder servir igrejas com recursos limitados. Seu ministério pode se tornar um ministério de envio de líderes. Só duas coisas são necessárias: visão e uma cultura de desenvolvimento de liderança. E isso realmente pode ser feito.

ENSINANDO A RESPEITO DE LIDERANÇA

Uma igreja nunca desenvolverá uma cultura de liderança a não ser que ensine a respeito do dom e do papel da liderança. Embora os dons sejam um conceito bíblico e Paulo nos diga para não sermos ignorantes a esse respeito (1Co 12.1), poucas igrejas e seminários dão atenção a eles. Felizmente, isso está mudando. As igrejas estão começando a convidar pessoas para o ministério, fundamentando-se nos dons espirituais e no plano de Deus.

O dom de liderança

Já aprendemos que não podemos identificar e produzir líderes na Willow Creek, a não ser que ressaltemos coerentemente o dom de liderança. Esse é um procedimento de equilíbrio delicado, no qual nem sempre fomos bem-sucedidos. Uma ênfase excessiva a um dom espiritual pode ser prejudicial para o corpo, pois acaba por negar o papel essencial e igualitário de todos os dons. Isso acaba resultando em "inveja" por determinado dom, criando divisão, em vez de unidade. A igreja pode criar um ambiente fértil para a liderança, ao discutir esse dom sem lhe dar uma atenção indevida.

A Willow Creek incorporou o uso e a ênfase dos dons espirituais em nossos "Dez valores básicos" — a lista de dez afirmações usadas para unificar nossos esforços e para definir nossas características distintas como igreja. Um desses valores diz o seguinte: "Cremos que a igreja deve operar como uma comunidade unificadora de servos, em que homens e mulheres exercem seus dons espirituais". Porém, também declaramos: "Acreditamos que as igrejas devem ser lideradas por homens e mulheres que possuam o dom de liderança". Assim, promovemos o dom de liderança quando ensinamos acerca de todos os dons. Isso ajuda a igreja a permanecer ciente da necessidade de identificar e de desenvolver liderança.

Alguns membros de igreja não sabem que têm o dom de liderança. Muitos confundem o dom bíblico com nosso conceito de liderança, a saber, o exercício de poder e de autoridade sobre outros. Poucos entendem a visão bíblica de liderança como uma expressão de serviço. Pode parecer um pouco arrogante dizer que somos líderes, de modo que uma humildade disfarçada impele os que possuem esse dom a se ocultar. Nosso alvo é ensinar a expressão bíblica desse dom e tirar as pessoas capacitadas de seu "esconderijo".

Ainda existem outros líderes relutantes que precisam de um desafio, porque nunca alguém chegou a eles para dizer-lhes que poderiam ser líderes. Seus professores, seus pais, seus amigos, seus supervisores e seus treinadores falharam em reconhecer sua habilidade ou em confirmá-la por meio da seguinte asserção: "Você é um líder". Essas são palavras que trazem honra a Deus e vida ao corpo. Com que freqüência essas palavras são proferidas em nossa igreja? Você já as ouviu? Caso afirmativo, você sabe o que significa ser reconhecido como líder e ser desenvolvido apropriadamente. Por isso, por favor, avalie seu ensino a respeito do dom de liderança. Sua igreja está esperando pelo seu potencial de liderança.

PAPÉIS DE LIDERANÇA

Além dos dons, é importante tratar do *papel* da liderança, tanto dentro quanto fora da igreja. Quando falamos acerca da liderança dentro da igreja encontramos outra barreira. A maioria das pessoas não consegue enxergar-se como líderes *espirituais*. A resposta típica na Willow Creek é: "Eu? Um líder espiritual? Semelhante ao Bill Hybels? Sem chance".

Existe um contexto para o papel de liderança na igreja e esse contexto é a ênfase bíblica no sacerdócio de todos os crentes. Quando as pessoas entendem que somos chamados para o ministério e que todos têm um papel a exercer na edificação da igreja, tudo muda. Assumir uma responsabilidade no Reino torna-se algo normal, em vez de incomum. Infelizmente, alguns teólogos ainda expõem uma visão limitada do ministério, permitindo que apenas os seminaristas ordenados o realizem. Outros crêem que o ministério se limita à pregação e à ministração dos sacramentos e consideram todo o resto ministério de segunda classe. Para mais detalhes a respeito desse assunto, leia *The new reformation* [*A nova reforma*], por Greg Ogden.

Quando uma igreja associa ensino bíblico acerca do sacerdócio de todos os crentes com o ensino a respeito dos dons espirituais, fica claro que o Espírito é responsável pela distribuição dos dons. Todos somos responsáveis pela administração de nossos dons para a glória de Deus e para contribuir com seu propósito. Ele garante que as pessoas certas terão os dons certos para praticar as boas obras (ministério) que ele ordenou (Ef 2.8-10).

A última sessão de nosso *Rede Ministerial* é empolgante e animadora para todos os participantes. Encorajamos cada pessoa em nossa igreja a participar dessa aula. Depois de aprender ou refinar o conjunto dos dons espirituais, os participantes formam diferentes grupos, dependendo de seus dons espirituais. Um por um apóiam uns aos outros, e todo o grupo observa como Deus escolheu distribuir os dons. É impressionante, mas existem pessoas que representam todas as categorias de dons. Aqueles com o dom de liderança podem ouvir pela primeira vez: "Acredito que Deus designou você para ser um líder. Talvez, um dia, você chegue a ser um líder". As pessoas mostram-se à altura da situação quando iniciam sua jornada no desenvolvimento da liderança.

Para encontrar os líderes ocultos na congregação, Bill Hybels ministrou uma série de palestras em nossos cultos, que durou quatro semanas, para buscar pessoas interessadas. Ele descreveu arenas diferentes na qual a liderança é exercida, incluindo os negócios, a família e a igreja. Toda semana Bill nos lembrava que todos somos chamados para algum tipo de liderança, embora a duração e a intensidade possam variar. Quando Bill concluiu a última sessão, perguntou se alguns corações foram tocados naquelas semanas de ensino. Se fosse o caso, as pessoas interessadas poderiam desejar ouvir mais a respeito do que as Escrituras ensinam com relação à liderança. Assim, convidou essas pessoas a gastar dez minutos com ele em uma sala para receber mais informações. Muitas responderam ao convite, evidenciando que o ensino de Bill contribuíra, ao "chacoalhar a árvore" para ver se algum fruto cairia dela, para criar uma cultura de liderança. Talvez nunca tivéssemos descoberto algumas dessas pessoas se não tivéssemos recebido aquele ensino acerca do dom e do papel de liderança.

LÍDERES DEVEM SERVIR DE MODELO NO DESENVOLVIMENTO DE LIDERANÇA

Você não pode simplesmente declarar: "Vamos desenvolver líderes!", ou apenas ensinar acerca do desenvolvimento da liderança. É preciso desenvolver uma estratégia. Se sua igreja ensina corajosamente e com freqüência a respeito de liderança, mas você não observa a reprodução de líderes, o problema pode ser que seus líderes não estejam servindo de modelo no desenvolvimento da liderança. Em outras palavras, não ensine apenas. Sirva de exemplo!

A vida de Neemias é o exemplo clássico de como passar das palavras para a ação, da visão para a realidade. Deus deu a ele uma visão para iniciar a reconstrução de Jerusalém. A nação de Israel precisou reconstruir Jerusalém para restaurar a glória de Deus. Neemias, no entanto, fez mais que proclamar sua visão. Ele colocou rodas nela, ao unificar o povo em torno daquela visão e ao criar um plano.

Recentemente, a Willow Creek formou uma pequena força-tarefa para estudar o desenvolvimento de liderança, para que pudéssemos construir um padrão comparativo e medir nosso progresso. Depois de reunir-se com diversos líderes e estudar suas abordagens, a equipe reuniu-se com Bobby Clinton, professor do Seminário Fuller e autor do livro *The making of a leader* [*A formação de um líder*]. Um jovem estudante e uma jovem professora se uniram a nós em torno da mesa, tornando a reunião mais que memorável. Não foi necessariamente o que eles falaram que fez a diferença. Foi o fato de que essas pessoas eram exemplos vivos do investimento de liderança do dr. Clinton. Ele não estava apenas descrevendo um bom "jogo de liderança"; estava participando do jogo — do começo ao fim. Os pupilos à mesa proporcionaram uma evidência viva de uma estratégia em funcionamento.

É fácil avaliar sua atividade atual de liderança. Suas pessoas-chave (pastor titular, obreiros de tempo integral, líderes leigos) estão investindo tempo e energia em grupos de homens e de mulheres que representarão a próxima geração de líderes? Se a resposta for sim, sua igreja está se saindo bem na criação de um ambiente de desenvolvimento de liderança fértil.

Se a resposta for não, quer dizer que as estratégias que introduziremos no próximo capítulo o ajudarão, mas essa ajuda será limitada até que os novos comportamentos se tornem parte da maneira como você realiza o ministério. Você verá claramente onde existe necessidade de mudança, depois de diagnosticar sua cultura de liderança em vigor, seu ensino com relação a esse assunto e os hábitos atuais de seus líderes.

Quando um líder dá um passo à frente e ordena: "Siga-me", essas palavras fortes penetram no coração dos ouvintes, mas naqueles em quem Deus está trabalhando. Quando nossos líderes e pastores-mestres falam acerca das pessoas que estão desenvolvendo como líderes, nossa fertilidade na área de desenvolvimento cresce. O ministério de grupos pequenos prospera quando líderes-chave na igreja modelam a atividade na área de desenvolvimento que eles esperam reproduzir na congregação.

Para testar como os líderes estão pessoalmente servindo de modelo para o desenvolvimento da liderança, observe se eles delegam responsabilidades para as reuniões e eventos. Infelizmente, alguns líderes são inseguros e não conseguem delegar a liderança ou simplesmente ignoram esse tópico. Jon Bodin lembra:

> Quando estava emergindo e desenvolvendo-me como líder, sentia-me inseguro. Nunca esquecerei meu primeiro grupo pequeno. Gostava de controlar tudo com muito capricho. Liderava todas as reuniões. Planejava tudo. Esse hábito improdutivo continuou mesmo depois de tornar-me líder de toda uma área ministerial na igreja. Realizamos um retiro e arranjei o

> orador convidado — eu! No caminho para o retiro, cinco de meus liderados disseram: "Jon, precisamos falar com você a respeito de uma coisa". Foi um verdadeiro golpe de estado espiritual, mas um golpe amoroso. Eles foram sensíveis na hora de falar, mas não deixaram de falar a verdade: "Jon, estamos preparados para liderar". Quando olho para trás, percebo que realmente estavam preparados. Eu apenas estava segurando as rédeas, para manter o controle. Sentia-me inseguro em permitir que tivessem alguma responsabilidade e dividissem a liderança espiritual. Felizmente, tive humildade suficiente para dizer: "Vocês estão certos". E esse foi um ponto decisivo, de reviravolta, no grupo, que Deus acabou por abençoar. Todos eles se tornaram líderes.

Procure líderes que dividam a liderança com outros. Quando a liderança é acumulada, o desenvolvimento é sufocado. Lembre-se sempre do princípio "leve um Timóteo". Pode ser tão simples quanto pedir para alguém levar você ao aeroporto a fim de apanhar um orador convidado para sua conferência de missões. Em vez de ir ao aeroporto sozinho, leve alguém — qualquer pessoa! Por que não compartilhar a experiência? Se existe um ministério a ser realizado, a liderança pode ser compartilhada. Faça disso uma maneira de viver.

Alguns de vocês talvez estejam pensando: "Não tenho um plano sistemático para desenvolver um líder. O que devo fazer?". Apenas comece a agir. Não espere pela estratégia perfeita. Comece agora a avaliar suas oportunidades para o desenvolvimento da liderança nos relacionamentos que já existem.

Eu (Bill) lembro de ter trabalhado com um líder de grupo pequeno que tinha um potencial escondido que, aparentemente, ninguém ainda descobrira. Era um caso que poderia ser chamado de "cegueira de papel". Visto que ele usava um rótulo — líder de grupo pequeno — nós o tratávamos como tal. Lembro-me de ter levantado um assunto controverso a respeito de liderança em um café da manhã, e esse líder simplesmente se sobressaiu. Ele estava profundamente interessado e ofereceu idéias esclarecedoras. Perguntei-lhe: "O que você faz especificamente em sua empresa?". Sua resposta me surpreendeu. "Sou responsável pelo desenvolvimento de iniciativas para o treinamento de nossos gerentes". Obviamente, já respondera essa pergunta em outra oportunidade, mas nunca ninguém comentou: "Opa! Talvez você possa nos ajudar". Seu potencial de liderança e sua paixão estavam adormecidas.

Ali estava um homem que tinha prazer em ajudar os líderes, mas havíamos limitado sua esfera de influência — ser líder de um grupo pequeno. Nossa falta de percepção com relação à sua atividade secular provavelmente fê-lo pensar que o mundo da igreja era tão diferente e espiritual que sua experiência não seria de nenhuma ajuda. Encontrei-me regularmente com ele nos oito meses seguintes. Nesse período, ele passou de líder de grupo pequeno para treinador de líderes e depois para treinador de treinadores, unindo-se à nossa força tarefa na área da liderança.

Avalie sua percepção de pessoas e o *potencial* de seus líderes — leve em conta a experiência no mercado de trabalho, no lar, na escola, no governo ou em outras organizações voluntárias. Você pode ter limitado o potencial de liderança espiritual de algumas pessoas, pois baseou-se em sua personalidade ou em seu papel atual na igreja (recepcionista, porteiro, coordenador da equipe de oração, membro do coral), permitindo, desse modo, que uma cegueira com relação ao papel atrapalhe sua visão.

DO DIAGNÓSTICO AO TRATAMENTO

Depois de avaliar o grau de fertilidade da liderança de sua igreja, você pode tratar os sintomas óbvios e formar estratégias específicas para remover os obstáculos à reprodução. Quanto sua igreja é fértil para o desenvolvimento da liderança?

Existem condições de reproduzir líderes como uma conseqüência natural de sua cultura, de seu ensino e de seu exemplo? Você está olhando para as pessoas com olhos voltados para o desenvolvimento? Talvez sua igreja requeira uma abordagem mais acurada nesses aspectos importantes antes de passar às estratégias específicas para corrigir uma era de negligência. Depois de ter avaliado seu meio, você poderá escolher entre excelentes instrumentos disponíveis para ajudá-lo a reproduzir líderes consistentemente.

capítulo 8

ESTRATÉGIAS E INSTRUMENTOS PARA DESENVOLVER LÍDERES

VOCÊ JÁ FOI a um parque aquático? Nunca vimos tantos usos criativos de tubulação plástica em qualquer outro lugar da terra: escorregadores de água, tubos gigantes, rampas, plataforma de lançamento, quedas de água e "duchas poderosas", tudo projetado para canalizar a água e para as pessoas terem horas intermináveis de prazer. Os escorregadores gigantes são os mais divertidos, quer para escorregar, quer para assistir. No verão, as crianças em trajes de banho criativos escalam a plataforma de doze metros de altura e sentam-se, ansiosas pela descida fantástica e escorregadia dentro de um enorme tubo plástico.

Ao descer em alta velocidade por esses túneis na viagem de sua vida, você, muitas vezes, só consegue enxergar até a curva seguinte. Desde o topo da plataforma até lá embaixo, jatos de água impulsionam você, através de quedas e espirais, para despejá-lo em uma piscina. As crianças sobem até o topo, e você não as vê até que caem na piscina, rindo histericamente. É uma aventura muito louca!

Às vezes, no entanto, existe um atraso no topo da "viagem", e o fluir constante de crianças pára repentinamente. Os espectadores olhando para a piscina não percebem o atraso lá em cima na plataforma e começam a se perguntar por que ninguém está sendo expelido na piscina. Logo entendem que algo — ou alguém — causou o bloqueio na plataforma, impedindo que as crianças entrem no tubo plástico. Pode ser que os salva-vidas estejam trocando de posto ou que um menino teimoso de oito anos esteja tentando empurrar sua irmãzinha pelo escorregador. Porém, enquanto as crianças continuam pulando no tubo lá em cima, elas têm certeza de que sairão voando lá em baixo. A gravidade nunca falha.

Em um grande número de igrejas, quando se trata de desenvolver líderes, muitos de nós somos espectadores. No início, os líderes de grupo pequeno vêm voando pelo tubo em resposta à nova visão. Essa primeira safra de líderes experientes, que precisou de pouco treinamento, está ansiosa para mergulhar na piscina. Um dia, porém, ninguém sai do tubo da liderança para mergulhar na aventura de liderar uma pequena comunidade. Ninguém está saindo embaixo, porque ninguém está entrando em cima. Algo — ou alguém — está bloqueando o caminho.

Quando o tubo da liderança seca, o *momentum* do grupo pequeno pára. Precisamos certificar-nos de que pessoas entrem no processo de desenvolvimento de liderança para que líderes saiam consistentemente na outra ponta do tubo. Neste capítulo, mostraremos como manter os tubos da liderança desobstruídos e ativos.

Em primeiro lugar, você deve criar as condições para a fertilidade, de acordo com a descrição feita no capítulo anterior. Ou seja, deve desenvolver uma cultura de liderança, ensinar acerca do dom e do papel da liderança e esperar que os líderes da igreja sirvam de modelo no desenvolvimento da liderança.

Agora você está pronto para dar uma atenção sistemática ao tubo da liderança. Sugerimos que você dê uma atenção maior à escolha que ao desenvolvimento, à medida que identifica as pessoas que entram nesse tubo. Você pode usar a aprendizagem ou os grupos-turbo para definir quais líderes em potencial, dos que já estão no tubo, estão prontos para mergulhar na aventura da liderança de um grupo pequeno.

PRESTE ATENÇÃO AO TUBO DA LIDERANÇA

A frase "tubo da liderança" não é uma simples metáfora; nós a usamos para pessoas que possuem potencial de liderança. Prestar atenção ao tubo da liderança requer concentração intensa em cada indivíduo. A saúde e a produtividade do tubo são os aspectos básicos para medir a eficiência do líder de divisão. A fertilidade do desenvolvimento da liderança, desde que procuramos dar atenção especial ao tubo da liderança, está crescendo na Willow Creek.

Você pode encontrar líderes que estão aparecendo e aprendizes para o tubo da liderança, ao monitorar dons espirituais, usar eventos especiais e falar com pessoas novas na sua igreja.

Monitore as pessoas que estão identificando seus dons por meio do processo da *Rede Ministerial*, para que você possa recrutar os que apresentam um conjunto de dons necessários para se tornarem líderes de grupos pequenos. Os que possuem dons de pastoreio, de liderança, de administração e de ensino têm um bom potencial para cuidar do rebanho. Seja, no entanto, cuidadoso para não deixar escapar líderes em potencial, que apresentem dons que nem sempre estão associados aos grupos pequenos. Por exemplo, o dom de socorro predomina entre os líderes com ministério de operações, e os dons de misericórdia são comuns entre líderes do ministério comunitário e de cuidado, que buscam ajudar as pessoas necessitadas que precisam de cura e de compaixão.

Nas reuniões de liderança, habitue-se a recrutar líderes em potencial, não somente treinar os líderes existentes. Nossos melhores eventos de recrutamento de líderes são os retiros e as conferências anuais de liderança de grupos pequenos.

Muitas vezes, de 10% a 15% dos participantes não são líderes, mas participam só para verificar o que significa liderar. Damos a esses líderes relutantes uma visão de ministério durante as sessões da conferência, além de os reunir durante o evento. Nós os encorajamos a refletir de que maneira Deus os está preparando para a liderança. É emocionante observar que até 60% desses líderes emergentes entram formalmente no ministério no ano seguinte.

Um bom tubo de liderança inclui sensores para as pessoas que estão preparadas para assumir em pouco tempo a liderança de um grupo pequeno. Um subproduto de nossa sociedade em movimento cada vez maior é que, na igreja, muitos recém-chegados já têm experiência na liderança de grupos ou em ministérios em outras igrejas ou organizações. Minha experiência nessa área ensinou-me (Russ) a importância de conhecer os recém-chegados.

Lynn e eu passamos sete anos ajudando a plantar uma igreja pequena em Dakota do Norte. Assim, quando nos mudamos para Chicago, estávamos cansados. Queríamos participar de um grupo pequeno, mas não queríamos liderá-lo. À medida que começamos a explorar as diversas opções de grupos pequenos, no entanto, os supervisores de ministério perguntaram sobre nosso histórico. Fizemos de tudo, menos mentir, para evitar revelar nosso compromisso de vida com a igreja, nossa formação bíblica na faculdade e a experiência de liderança de grupos pequenos. Os líderes da Willow Creek foram persistentes, mas nunca exigentes, mas oravam e visionavam-nos para um papel de liderança. Ficamos felizes por termos concordado, não somente pelo investimento que pudemos fazer na vida de outros casais, mas pelas lições aprendidas que me ajudaram em meu ministério atual.

Até hoje, nunca hesitei em desafiar as pessoas novas a considerar sua participação no jogo da liderança tão cedo quanto possível. Em nossa classe de novos membros, procuro esclarecer as pessoas a respeito da necessidade de administrar os dons e as experiências que trazem para esse corpo. Lembro-lhes que Deus espera que usem esses atributos para edificar sua noiva, a igreja.

Usando o princípio de afinidade, você pode reunir líderes em potencial para colocá-los em nichos ministeriais rapidamente. Mesmo cristãos mais novos podem ser líderes aprendizes (conceito que examinaremos posteriormente neste capítulo) em um grupo para pessoas interessadas no Evangelho, especialmente planejado para ajudar pessoas semelhantes a elas a abraçar a fé. Grupos de crianças e de adolescentes e equipes de ministério também são excelentes oportunidades para conectar líderes novos que desejam servir ao Senhor. Com a supervisão e o treinamento adequado, esses novos recrutas podem ser colocados em posições de liderança.

CONCENTRE-SE MAIS NA ESCOLHA QUE NO DESENVOLVIMENTO

Uma das lições mais fascinantes que aprendemos ao estudar as organizações com ou sem fins lucrativos foi distinguir cuidadosamente entre a escolha e o desenvolvimento da liderança. Mark Miller, vice-presidente de treinamento e de desenvolvimento de uma grande companhia responsável pela venda de frangos e também líder de um grupo pequeno na Braelinn Church, na cidade de Peachtree, Geórgia, deixou claro essa lição para nós. Por trás do sotaque arrastado de Mark ("Sou apenas um vendedor de galinhas") encontrava-se uma mente brilhante e um líder de igreja experiente. Mark é responsável por melhorar o desempenho de milhares de empregados por intermédio da criação de um processo de desenvolvimento de liderança totalmente renovado. Sua abordagem prática e realista, assim como suas observações incisivas ("Com cada par de mãos, você ganha um cérebro" e: "Se você precisa decidir quem escolher, escolha o esperto") deixou-nos felizes pelo tempo que passamos aprendendo com ele. Recentemente, ocorreu-nos que, embora a empresa de Mark tenha cinqüenta anos de sucesso ininterrupto, ela obteve bons resultados mesmo sem um sistema formal de desenvolvimento de liderança. Nossa pergunta óbvia a Miller foi a seguinte: "De que maneira vocês construíram uma empresa bilionária sem um programa de desenvolvimento de liderança?". Sua resposta mudou o rumo de nosso trabalho na Willow Creek: "Isso é fácil", respondeu Mark. "Nós escolhemos as pessoas certas". A seguir, explicou o árduo processo de triagem e de colocação, que fora aperfeiçoado no decurso de mais de cinqüenta anos, e como incorporaram esse processo à sua abordagem de desenvolvimento de liderança para o futuro.

Depois de examinar outras organizações e ministérios bem-sucedidos, descobrimos uma história comum. A escolha da liderança exercia um papel dominante no sucesso de cada instituição. Por essa razão, resolvemos exprimir claramente esse princípio para nosso povo: 80% do desenvolvimento de liderança tem relação, em primeiro lugar, com a escolha da pessoa certa. Isso não invalida a necessidade de desenvolver cada líder que você escolher. Existe o aspecto "tanto/quanto" para a escolha e para o desenvolvimento. Descobri-mos, no entanto, que a solução para nossos problemas de desenvolvimento da liderança tinha que ver com a equação da escolha.

Nossa igreja, como a maioria das igrejas que consultamos, colocara bem mais peso no desenvolvimento que na escolha da pessoa certa para desenvolver. Essa ênfase em "desenvolver todos para a liderança" está arraigado à perspectiva de discipulado, que visa de maneira apropriada ajudar todas as pessoas a amadurecer espiritualmente. Partimos do pressuposto de que cada pessoa, automaticamente, tem potencial para ser um líder depois de ter alcançado a maturidade espiritual, sem nos perguntar se já deveríamos escolhê-la para liderar ou não. Essa perspectiva nos levou a deixar de lado qualquer outro processo de escolha.

Iniciamos novas discussões a respeito de como filtrar eficientemente as pessoas certas para os lugares certos. Para nós, tornou-se necessário reconsiderar os critérios na escolha de líderes em potencial. E você também terá de rever esse tópico. A decisão de colocar as pessoas no tubo da liderança é louvável, mas você terá muito mais sucesso se forem as pessoas *certas.*

Com mais de quarenta anos de experiência conjunta em desenvolver líderes, aprendemos cinco dicas que podem ajudar você a escolher corretamente os líderes em potencial para o tubo da liderança:

- *Concentre-se em relacionamentos.* Se alguém não sabe relacionar-se bem com as pessoas, sua capacidade de liderança é baixa.
- *Sempre trabalhe com algumas pessoas.* Você não precisará sempre de um grupo formal ou de um processo. Comece a fazer algo com alguém.
- *Aproveite os momentos de liderança.* Esteja preparado para puxar alguém para o lado e dizer: "O que você acabou de fazer demonstrou verdadeira sabedoria e percepção. Gostaria que muitos de nossos líderes tivessem essa habilidade".
- *Assuma riscos calculados.* Não tenha medo de colocar alguém em um papel ou tarefa que requeria liderança. Observe sua reação enquanto está servindo. Talvez essa pessoa esteja à altura da situação, algo que pode acabar por surpreender a ambos.
- *Use livros para identificar os líderes em potencial.* Um bom livro de liderança certamente poderá ajudar. Clássicos como *Liderança espiritual* de J. Oswald Sanders, *The making of a leader* [*A formação de um líder*], de Robert Clinton, e *Leaders* [*Líderes*], por Bennis e Nanus, fazem o coração dos líderes bater mais rápido.

DEFINA O TRAJETO DO APRENDIZ PARA A LIDERANÇA DE GRUPOS PEQUENOS

O método do aprendiz — uma pessoa sem um conhecimento específico que desenvolve uma capacidade ou aprende um ofício junto a alguém com muito conhecimento e experiência — atraiu-nos para o modelo da "metaigreja". Usávamos o papel do líder aprendiz como parte de nossa estratégia e, até o dia de hoje, continuamos colhendo muitos frutos com essa prática. A maioria de nós não consegue imaginar nosso ministério de grupos pequenos atual sem líderes aprendizes e treinadores. Sua igreja pode desenvolver aprendizes bem-sucedidos de maneira mais rápida se você aprender com nossos erros e seguir o processo de seis etapas da aprendizagem para a liderança.

Evite os erros comuns

Há anos, temos uma filosofia clara de liderança de aprendiz, e nossos resultados são excelentes. No entanto, houve equívocos. Poupe tempo aprendendo com nossa experiência. Os próximos quatro erros são fáceis de evitar e de corrigir.

- *Confundir líderes assistentes com líderes aprendizes.* Assistentes fazem o que os líderes não querem fazer (logística, administração, telefonemas, planejamento de eventos). Os aprendizes fazem as mesmas coisas que os líderes fazem. O líder de grupo pequeno com um assistente muitas vezes pensa: "Preciso de ajuda", ao passo que o líder com um aprendiz pondera: "De que maneira posso ajudar essa pessoa a liderar um dia?".
- *Fraudando o sistema.* Lembra-se de quando apresentamos as boas novas e as más novas relação a fraudar o sistema? O compromisso da Willow Creek para ligar cada membro a grupos pequenos resultou que em 1991 e 1992 tivemos de reorganizar uma enorme e complicada

estrutura *com* grupos pequenos. Precisávamos de uma aceleração rápida para criar diversas maneiras novas de ligar as pessoas à comunidade. Assim, fraudamos o sistema. Depois do primeiro ano, tornamos as restrições menos rígidas e permitimos que novos grupos pequenos fossem formados sem um aprendiz identificado. Além disso, qualquer pessoa que se parecesse com um líder, que desse a impressão de ser um ou mesmo cheirasse a líder, era incluída no jogo o mais rápido possível. Pagamos caro por essas decisões. Líderes inexperientes cometeram uma série erros, e poucos líderes aprenderam como desenvolver um líder em treinamento.

- *Colher os resultados em vez de escolher o potencial.* Kent Odor, antigo líder de área para operações da Willow Creek e hoje diretor de formação espiritual na Canyon Ridge Christian Church, em Las Vegas, Nevada, ensinou-nos essa lição. Valendo-se da experiência de grupos pequenos com Lyman Coleman, da Serendipity, e do pastoreio de grupos na East Ninety-First Sreet Christian Church, em Indianápolis, Kent fez uma observação astuta a respeito do modo como escolhíamos os aprendizes. Estávamos escolhendo os aprendizes que achávamos que poderiam se tornar líderes da noite para o dia — na verdade, amadurecendo aqueles que já estavam maduros. Em vez disso, precisávamos escolher pessoas com *potencial* manifesto para liderar.
- *Exigindo demais dos aprendizes.* A objeção número um, expressa pelos aprendizes em potencial, é a percepção de que terão de liderar um grupo em trinta dias. Com o tempo, procuramos dissipar esse mito, pedindo simplesmente que estejam dispostos a ser preparados para liderar um dia. Quando essa expectativa fica clara, o aprendizado parece algo possível de ser alcançado.

Siga um processo de seis etapas

A não ser que exista um roteiro claro para os líderes aprendizes serem encaminhados para a liderança, os líderes em treinamento nunca perceberão seu potencial para pastorear seu próprio rebanho. Apresentamos a seguir um processo de seis etapas para ajudar os aprendizes a se tornarem líderes.

- *Providencie um treinamento básico.* Cada líder precisa de uma orientação básica sobre como liderar grupos pequenos. Várias organizações parclesiásticas (Pilgrimage/ NavPress e Serendipity) têm bons recursos de treinamento básico. Na Willow Creek, delineamos um curso chamado "Foundations of small group leadership" [Fundamentos de liderança de grupos pequenos], usando o livro *Leading life-changing small groups* [*Liderando grupos pequenos que transformam vidas*] como manual de treinamento das habilidades básicas. Queremos que cada líder tenha boas habilidades facilitadoras — capacidade para fazer boas perguntas e lidar com pessoas difíceis. Melhore o sucesso de seus aprendizes ao passar para eles quatro ou cinco horas de treinamento de habilidades básicas.
- *Envolva os aprendizes em reuniões de planejamento.* Deixe que os aprendizes olhem por cima de seus ombros enquanto você se prepara para a reunião do grupo. Parece simples, mas planejar uma reunião junto com o aprendiz pode ser um exercício proveitoso no desenvolvimento da liderança, especialmente para os novos aprendizes.
- *Ajude os aprendizes a liderar uma reunião de grupo.* A aprendizagem prática é otimizada quando o aprendiz conduz uma reunião e o líder o observa e o encoraja. O líder pode primeiro delegar uma parte da reunião, como, por exemplo, o período de oração ou a discussão de uma boa pergunta. Posteriormente, o líder pode

pedir para o aprendiz liderar uma reunião inteira. O líder pode prover avaliação e *feedback*, e os membros do grupo podem observar a habilidade do aprendiz, desenvolvendo sua confiança para o processo de geração de um novo grupo. O número de reuniões que um aprendiz deve liderar depende de sua habilidade. Grupos maiores devem formar subgrupos em uma parte da reunião. Nesse caso, cada subgrupo é liderado por um deles, ou pelo líder ou pelo aprendiz — mais um passo para um nascimento saudável.

- *Ensine o aprendiz a avaliar o desenvolvimento espiritual do grupo.* Os líderes avaliam constantemente o discipulado dos membros do grupo. Se sua igreja tem uma estrutura para o desenvolvimento espiritual, como, por exemplo,os "cinco alvos" da Willow Creek, a avaliação se tornará mais fácil. Na Willow Creek, nossos líderes e aprendizes muitas vezes usam nosso *Plano de pastoreio*, um instrumento para analisar o grau de maturidade espiritual do grupo e de seus membros.[1]
- *Encoraje os aprendizes a participar de cursos especializados.* Pedimos que os líderes aprendizes participem dos cursos que qualquer participante da Willow Creek Community Church normalmente participaria. Isso inclui o "Contagious Christian training course" ["Curso de treinamento do cristianismo contagiante"], *Rede ministerial* e *An ordinary day with Jesus* [*Um dia normal com Jesus*]. Esse treinamento em evangelismo, em avaliação dos dons espirituais e em formação espiritual ajuda os aprendizes a amadurecer.

Alguns aprendizes também necessitarão de treinamento ministerial específico. Os que lideram crianças e estudantes se beneficiarão do curso sobre estágios de

[1]V. DONAHUE, *Leading life-changing small groups*, p. 146.

desenvolvimento, e os que estão liderando ministérios de cuidado especializados precisam de preparação extra para trabalhar com pessoas a quem a vida feriu e que passam por necessidades.

- *Ajude os aprendizes a adotar valores essenciais.* Na Willow Creek, exigimos que todos os líderes se tornem membros participativos da igreja. O processo de afiliação é um tanto exigente (um curso de cinco semanas ou participar do processo de grupo, de estudo bíblico pessoal e de uma entrevista de confirmação). Essas exigências, no entanto, aumentam as chances de os futuros líderes concordarem com os valores de nossa igreja. Os aprendizes também devem entender os valores básicos do grupo pequeno, incluindo a cadeira vazia, a geração de um novo grupo, a liderança do aprendiz, a autenticidade, os pactos e o que significa tornar-se uma igreja *de* grupos.

Esse processo não é linear e pode levar vários meses. Definir o caminho para a liderança não somente assegura certo padrão na preparação dessa liderança, mas também transmite ao aprendiz certo sentido de progresso. Seu processo será provavelmente diferente do nosso. Crie, no entanto, um roteiro claro de experiências e de treinamento de aprendizes, para que você possa manter seu tubo de liderança cheio de pessoas de qualidade.

USE GRUPOS-TURBO PARA DESENVOLVER LÍDERES

Grupo-turbo une treinamento de liderança intencional com uma experiência saudável de grupo. Todo membro de grupo-turbo é um aprendiz. Nesse grupo, ele desenvolve a capacidade de liderar seu próprio grupo. Grupos-turbo são especialmente importantes quando você está na fase inicial de um ministério, quer para a igreja toda, quer somente em um departamento.

A estrutura e o processo do grupo-turbo permitem que líderes inexperientes sejam colocados em papéis de liderança mais rapidamente, sem comprometer a qualidade. Por meio dos grupos-turbo, você pode aprimorar as capacidades dos que estão quase prontos para liderar, certificando-se de que estejam em harmonia com os valores e a missão da igreja.

O líder do grupo-turbo oferece aos aprendizes a oportunidade de praticar habilidades de liderança uns para com os outros, bem como de observar e de praticar dinâmicas de grupo saudáveis. O líder pode distribuir os aprendizes em subgrupos para orar e para que os participantes possam servir de mentores uns aos outros. Alguns membros do grupo-turbo experimentam preencher a cadeira vazia, quando eles ou seu líder localizam outras pessoas com potencial de aprendizagem, que pode levar ao processo de gerar um novo grupo. Até o dia da "formatura", cada membro do grupo-turbo deveria identificar uma pessoa que adotará como seu aprendiz.

Grupos-turbo são semelhantes aos grupos comuns e incluem os elementos indispensáveis de um grupo, como a formação de um pacto, a aprendizagem experimental, o estudo, a oração, o serviço e a discussão. Certifique-se de que esses aprendizes experimentem tudo que você deseja que eles reproduzam em seus grupos. Inclua também o desenvolvimento de habilidades, a comunicação da visão e dos valores básicos, assim como a avaliação feita pelo líder. Cada reunião deverá seguir basicamente o mesmo padrão de uma reunião comum de grupo pequeno, exceto com relação ao currículo, que se concentra no desenvolvimento da liderança e em assuntos relacionados a esse desenvolvimento.

Desenvolvemos uma abordagem de doze sessões para dirigir um grupo-turbo. Visto que muitas sessões requerem mais do que uma reunião, constatamos que o treinamento de aprendizes ou de líderes por meio do grupo-turbo deve levar de seis a nove meses. Isso, normalmente, inclui retiros que duram de meio dia a um dia inteiro. Se as pessoas têm alguma experiência de liderança e simplesmente precisam ser orientadas e apoiadas, um grupo-turbo de três meses deve ser suficiente. Independentemente da duração, você pode incluir estes doze tópicos em seus grupos turbo.[2]

- *Tópico 1:* Conheçam-se e formem uma aliança para alcançar um acordo acerca da missão do grupo-turbo. Comunique a visão e os valores do ministério de grupos pequenos, incluindo momentos divertidos à medida que as pessoas se conhecem mutuamente.
- *Tópico 2:* Separe tempo para os membros contarem uma parte da história de sua vida e orarem uns pelos outros ao longo do caminho. Continue reforçando a visão à medida que os aprendizes completam o processo de conhecer uns aos outros. Não haverá tempo suficiente em uma reunião para todos compartilharem sua "história", assim você pode incluir uma ou duas histórias a cada semana nos estágios iniciais do grupo.
- *Tópico 3:* Treine os membros para equilibrar os papéis do líder e do pastor. Inclua encenações breves acerca de situações da vida real no aprendizado e certifique-se de que a visão e os valores estejam presentes neles.
- *Tópico 4:* Acrescente a experiência da cadeira vazia, ao introduzir, se possível, um novo membro no grupo. Alguns líderes do grupo-turbo formarão os seus com os membros novos em potencial que estão "na reserva", ou o líder pode desafiar os membros a identificar um aprendiz em potencial para unir-se a eles.
- *Tópico 5:* Comece a delegar partes da reunião a vários membros do grupo. Dê aos membros a oportunida de

[2]Uma boa fonte para o conteúdo das lições de cada tópico sugerido pode ser encontrada no livro de Donahue, *Leading life-changing small groups.*

liderar uma parte da discussão bíblica. Eles podem preparar a lição em duplas ou trabalhar com o líder na preparação de sua parte. Torne o estudo da Bíblia real para a vida do grupo.

Se possível, organize um retiro para acelerar o processo de desenvolvimento da comunidade, para criar mais oportunidades a fim de praticar as habilidades de liderança e para colocar em dia as histórias de vida ou outros aspectos do processo de preparação. Até mesmo uma saída de meio dia pode levantar o ânimo dos membros do grupo-turbo.

- *Tópico 6:* Experimente os outros elementos da reunião de grupo, como a oração, os exercícios espirituais, a ceia ou a adoração, para expandir as experiências dos líderes em treinamento. Divida os aprendizes em subgrupos, quando isso facilitar a aprendizagem. Lembre-se, algum dia eles provavelmente terão de fazer subgrupos em seus próprios grupos, quando estiverem se preparando para gerar um novo grupo.
- *Tópico 7:* Fale a respeito do cuidado pastoral, para que os membros aprendam a suprir as necessidades dos que precisam de "cuidado extra", tanto no grupo quanto fora dele. Necessidades reais dentro do grupo podem revelar momentos importantes de aprendizagem acerca do cuidado pastoral.
- *Tópico 8:* Comece a desafiar o grupo a identificar aprendizes que possam convidar para unir-se a eles, quando o grupo-turbo terminar.
- *Tópico 9:* Utilize encenações ou representações breves de situações reais de vida para ensinar as técnicas envolvidas na resolução de conflitos, concentrando-se na implantação de valores e de práticas conforme Mateus 5 e 18. A essa altura, talvez seu grupo-turbo já

tenha passado por alguns conflitos. Resolva esses conflitos para que os membros saibam como tratá-los quando estiverem liderando seus próprios grupos.

- *Tópico 10:* Peça para todo o grupo planejar uma reunião em conjunto, abrangendo todos os valores e as habilidades aprendidos até o momento, para desafiar o pensamento de cada um. Procure fazer isso mais de uma vez, dependendo das habilidades dos membros.
- *Tópico 11:* Prepare o grupo-turbo para o nascimento de novos grupos. Ajude o grupo a lidar com a dor emocional da separação e comece a fazer as avaliações finais da aptidão de liderança dos membros. Talvez você precise agendar encontros individuais para pastorear os membros ou para reforçar suas habilidades.
- *Tópico 12:* Dê um diploma aos formandos e comissione os novos líderes! Permita tempo suficiente para tornar o processo comovente e festivo. Abençoe cada líder na nova aventura de liderar seu próprio grupo.

O líder sábio de um grupo-turbo equilibrará cuidadosamente o ritmo das reuniões e dos tópicos enquanto avalia a preparação e a prontidão dos aprendizes para liderar. É como reproduzir filhos: uma vez que você tem a responsabilidade de treiná-los, eles provavelmente precisarão ser empurrados para fora do ninho sem que possamos ter certeza absoluta de que já estejam preparados. Eles cometerão erros quando encontrarem um grupo na vida real, mas, ao mesmo tempo, também descobrirão um potencial ainda não explorado neles mesmos. Alguns se sairão melhor que outros. O líder do grupo-turbo sentirá dores de parto no processo e alegria no momento do nascimento.

E, semelhante a muitos que são pais pela primeira vez, alguns líderes de grupo-turbo estarão ansiosos para gerar um novo grupo de aprendizes. Conhecemos pastores de grupos pequenos e treinadores que mantêm um processo perpétuo de grupo-turbo ou geram um grupo-turbo a cada ano ministerial. Líderes que foram treinados em grupos-turbo podem, por sua vez, reproduzir o processo com seus próprios aprendizes, aumentando exponencialmente o número de líderes preparados. Os mesmos princípios dos grupos-turbo podem ser aplicados na preparação de treinadores, em que o grupo-turbo de treinadores aprendizes pode produzir novos treinadores mais rapidamente.[3]

Uma palavra de cautela se faz necessário. Às vezes, somente de 50% a 60% dos membros do grupo-turbo acabam assumindo um papel de liderança. Veja isso como um aspecto positivo. Em primeiro lugar, desse modo você pode avaliar seus métodos de treinamento e seu currículo, além de poder fazer ajustes para o futuro. Em segundo lugar, isso ajudará você a escolher candidatos futuros para grupos-turbo. E em terceiro lugar, será também possível confirmar o processo de aprendizagem. Imagine 40% a 50% de remanescentes tentando pastorear um grupo pequeno! Pelo fato de passarem pelo grupo-turbo, você pôde eliminar os que não estão preparados ou são inábeis como líderes, apesar do aparente potencial. É uma combinação de gerenciamento de risco com discipulado saudável. Até mesmo os que não se tornarem líderes de grupo crescerão, se desenvolverão e servirão em outra área de sua igreja. Normalmente, é uma situação em que só temos a ganhar e nada a perder.

ENFRENTANDO O DESAFIO DO DESENVOLVIMENTO DA LIDERANÇA

Quando a liderança é honrada, ensinada, exemplificada e compartilhada, sua igreja se torna um ambiente de produção de liderança fértil. Você começará a colocar as pessoas certas

[3]Um plano curricular com escopo e duração semelhantes deve ser criado para o grupo-turbo de treinadores usando como referência o *Coaches handbook*.

no "tubo" e, a seguir, as observará cair na piscina da liderança. Creia-me — elas realmente levantam muita água na hora de cair na piscina! E, é verdade, às vezes alguns membros do grupo acabarão molhados. Porém, se você continuar trabalhando no processo de reprodução — como Jesus e Paulo fizeram — esteja certo de que sua piscina se encherá de Timóteos, de Pedros, de Priscilas e de Lídias. Você pode até mesmo encontrar um Moisés ou uma Débora nadando nessa piscina.

Você se lembrará do estado dessas pessoas quando escalaram a plataforma, se sentaram no escorregador e olharam para dentro do túnel comprido e escuro chamado desenvolvimento de liderança. Será que elas teriam coragem de descer pelo tubo ou o medo as derrotaria? Será que fariam algo estúpido, desqualificando-se e não permitindo que os outros pudessem participar da aventura? Porém, você as viu deslizarem pelo tubo e saírem na outra ponta, cheias da alegria que somente Deus pode dar.

Algumas pessoas podem estar com medo de entrar no tubo. Nesse caso, você terá de mostrar-lhes o caminho. E pela graça de Deus, você o fará. As palavras do compositor e cantor Steven Curtis Chapman, em seu hino "Mergulhe", o estimulará:

> Eu mergulhei. Estou indo fundo.
> Debaixo da água quero estar.
> O rio é fundo, o rio é largo.
> A água do rio é viva.
> Por isso, afunde ou nade. Eu mergulhei!

É um percurso turbulento e maravilhoso. Nós o realizamos muitas vezes. Estaremos lá embaixo torcendo por você. No caso de você não nos reconhecer, somos as pessoas com as filmadoras e os sorrisos abertos. Prometemos não mostrar o filme aos seus filhos! Então, por que você está aí parado? Vista seu traje de banho, pegue uma toalha e o protetor solar e suba aquela plataforma. Depois, apenas acrescente água.

capítulo 9

QUINTO PECADO

Mentalidade fechada com relação a grupos pequenos

SINTOMAS de uma mentalidade fechada com relação a grupos pequenos

- Os grupos têm pouca paixão por pessoas novas, interessadas no evangelho e necessitadas ou têm receio de receber essas pessoas em seus grupos.
- As pessoas não sabem como se relacionar com os perdidos quando estes vêm para os grupos.

NOSSO RETIRO de liderança de grupos pequenos em setembro de 1999 foi um evento que não dava para perder. Nosso corpo de liderança tinha crescido para 3 mil pessoas e não conseguíamos encontrar um lugar disponível para o retiro na grande área de Chicago. Assim, nossa enorme caravana viajou duas horas em direção ao norte, até Milwaukee, Wisconsin, todos esperançosos de que Deus falaria conosco. E ele falou. Abençoou-nos com uma rica comunidade enquanto adorávamos, aprendíamos, reuníamo-nos em grupos e celebrávamos juntos. À medida que a sessão de encerramento se aproximava, tínhamos grandes esperanças de experimentar um grande fechamento juntos.

Muitas vezes convidamos um cantor e músico evangélico para o retiro, esperando que uma nova abordagem de adoração cause impacto em toda a congregação. Temos o privilégio de fazer com que nosso povo tenha contato com adoradores como a entusiástica Darlene Zschech, da Austrália, e Tommy Walker, o qual deixou nosso retiro com pingentes de gelo presos à sua pele bronzeada do sul da Califórnia. Ambos nos levaram a uma nova expressão de adoração ao nosso grande Deus. Darlene ajudou-nos a descobrir e a adotar um estilo de adoração mais vibrante e expressivo; Tommy abriu nossos corações ainda mais para a graça de Deus e sua alegria sem fim. Em 1999 convidamos Alvin Slaughter, porém, devemos admitir, estávamos despreparados para o que Deus estava por fazer por meio dele.

Tudo começou como havíamos previsto. A presença alegre de Alvin, sua energia vocal e as influências musicais afro-americanas inspiraram todos a "entregar-se a Deus". O Senhor, a seguir, revelou-se de maneira clara. Eu (Russ) nunca esquecerei que ao olhar para o salão de conferência, observei nosso povo, branco e conservador, irromper em uma torrente de honra musical e sincera a Deus — sem precedentes. Até aquele momento, só algumas pessoas levantavam as mãos e ofereciam aplausos espontâneos durante nossos cultos. Alvin mudou isso. Estava sentado ao lado de Bill Hybels, antes que este pregasse a mensagem final para aquele retiro. Engolindo as lágrimas, disse: "Você chegou a imaginar que veria, Willow adorar desta forma?". Rimos, balançamos a cabeça, maravilhados, e voltamos a celebrar. Quando essa parte terminou, Bill foi ao púlpito.

"Eu nunca pensei que veria Willow adorar desta maneira", admitiu ele, com uma voz trêmula. Sabíamos como era difícil falar depois de uma experiência incrível como aquela. Felizmente, era Hybels, e não eu que precisava descobrir para onde levar nosso povo. Sabia que Bill estava lutando interiormente enquanto contava aos ouvintes acerca da nossa breve conversa. Foi quando Deus tomou conta dele.

"Por favor, olhem todos para mim. Braços estendidos *para cima*", ele disse, enquanto levantava suas mãos holandesas, normalmente calmas, "sempre deveriam ser braços estendidos *para fora*, para o próximo". Baixou os braços e mãos lentamente e abriu-os em direção ao público, estendendo-os ao máximo. Ao repetir o gesto, ele congelou a imagem no tempo para cada um de nós. "Deus não aceita pessoas que estendem os braços para cima em sua direção, mas não os estendem aos que ele tanto ama, pois seu Filho estendeu os braços para tornar possível que todos eles fossem tocados". Nos 45 minutos seguintes, Bill nos desafiou a ser pessoas "radicalmente inclusivas", tendo os braços estendidos para o próximo e para cima.

O lado obscuro de apaixonar-se pela comunidade é nossa tendência de formar um "grupo santo", voluntária ou involuntariamente. Gostamos tanto da comunhão do corpo, que nos apegamos por demais a ela, fechando as portas para os de fora. No entanto, quando *nós* estamos do lado de fora e olhamos para dentro, ansiamos ser convidados a fazer parte da comunidade. Quando somos convidados, realmente cremos que ofereceríamos esse dom livremente aos outros. Infelizmente este não é o caso. Procuramos escondê-lo, protegendo nosso tesouro recém-descoberto de qualquer intruso que possa comprometer nossa experiência. Nossos braços estendem-se para cima em um agrupamento santo que descobrimos, mas nunca os estendemos em direção aos que ainda estão procurando um lugar à mesa da comunidade. O quinto pecado tornou-se real.

A mentalidade de grupo fechada é uma sentença de morte para a verdadeira comunidade. A morte é lenta e, inicialmente, imperceptível, como uma doença degenerativa cujos efeitos externos ainda não são plenamente manifestos. Mas isso é verdadeiramente um pecado capital, que precisa ser reconhecido e remediado.

Os sintomas de uma mentalidade fechada com relação a grupos incluem a falta de desenvolvimento espiritual nos grupos e na igreja como um todo, muitos participantes ou membros que não estão em grupos e grupos que praticam a "cobertura de açúcar" espiritual, em vez de uma intimidade autêntica. A mentalidade fechada com relação a grupos pequenos ocorre porque as igrejas não entendem o objetivo da cadeira vazia e se tornam insensíveis aos que buscam solução para suas necessidades.

JOGAR O CONCEITO DA CADEIRA VAZIA PELOS ARES

Naquele dia, o que Bill Hybels passou aos nossos líderes em Milwaukee foi uma visão renovada do coração de Deus. Embora Deus goste de braços estendidos para cima, ele gosta ainda mais de braços abertos para o próximo. Nosso Deus é radicalmente inclusivo. Ouça o anúncio do anjo: "Estou lhes trazendo boas novas de grande alegria, que são *para todo o povo*" (Lc 2.10; grifo do autor). Ouça o apelo do Salvador: "Para que *todos* sejam um, Pai, como tu estás em mim e eu em ti. Que eles também estejam em nós" (Jo 17.21; grifo do autor). Braços abertos, uma comunidade radicalmente inclusiva: esse é o padrão. Seguimos aquele que nos comprou com seus braços abertos na cruz.

Se sua igreja não está vivendo de acordo com o padrão dos braços abertos, existe a possibilidade de que ela não tenha apreendido a visão da cadeira vazia, ou interprete mal seu uso, ou ainda não tenha entendido a relação da cadeira vazia com os aprendizes no grupo pequeno e a geração (nascimento) de novos grupos.

Abrindo os olhos para a cadeira vazia

Sem uma visão clara da cadeira vazia, os grupos não se desenvolvem espiritualmente e, tampouco, alcançam seu potencial máximo em servir a congregação como um todo. O líder de um grupo pequeno normal, que se esforça para mantê-lo andando, sente-se aliviado quando os membros aparecem no grupo. Depois de se sociabilizar por algum tempo, depois de "quebrar o gelo" e de um estudo bíblico incompleto, ele encoraja todos (apesar dos olhares furtivos o relógio) a permanecerem para a oração final. Quando a reunião termina, o líder está grato por qualquer sinal de amizades mais profundas ou necessidades supridas. Com alguns apertos de mão e abraços, além de um lembrete para chegar a tempo na próxima semana, os membros saem apressados para liberar as babás ou para assistir ao *show* favorito na TV. Os relacionamentos são satisfatórios, e a maioria dos membros parece desfrutar o tempo que passam juntos. Por que o grupo deveria ser desafiado a fazer algo mais?

Quando viajo (Bill) pelo mundo para trabalhar com o ministério de grupos pequenos, os líderes de grupos pequenos fazem as mesmas perguntas: "Por que deveríamos acrescentar pessoas novas ao grupo se estamos procurando conhecer aquelas que já pertencem ao grupo? De que maneira podemos aprofundar os relacionamentos se novas pessoas aparecem constantemente?". Grupos como esses — sem que o saibam — podem, na verdade, funcionar como sociedades secretas. Algumas pessoas se reúnem, fecham as portas, permanecem fieis às regras básicas, aprendem a linguagem secreta ("evangeliquês") e adotam o sistema de crenças (que poderíamos chamar de "pensamento do grupo"). As pessoas que abandonam o grupo são vistas como dissidentes ou descomprometidas, e não ocorre o acréscimo de membros novos.

Certamente, nem todos os grupos fechados agem de maneira tão desarmoniosa, mas isso ocorre com muita freqüência. É raro encontrar um grupo que nunca acrescente novas pessoas, embora atinja novos níveis de desafios e de desenvolvimento espiritual. Com mais freqüência, o líder aceita o *status quo* e continua com a liderança do grupo como de costume. Não percebe essas dinâmicas ou não vê como elas podem atrapalhar o grupo.

Meu trabalho com nosso grupo de serviço RATS ensinou-me (Russ) por que a cadeira vazia é vital para a habilidade do grupo em servir a igreja. Seria muito mais fácil conformar-se com uma mentalidade fechada quanto aos grupos pequenos, porque reunir esses executivos ocupados já era difícil. Devido aos empregos que exigem muito e o tempo limitado, foi preciso que uníssemos a tarefa com a comunidade. As pessoas chegavam tarde, saíam cedo e se debatiam com o soar dos celulares e o zunir dos *pagers*. Ajudá-los a mudar a marcha dos negócios e do trabalho — um mundo competitivo e intenso — para abraçar a idéia de comunidade foi um de meus desafios mais árduos. Embora estivesse grato por ter convidado esses homens capacitados para nos ajudar com nosso ministério complexo, liderá-los não foi uma tarefa fácil.

Desde o início, concordamos em que o grupo era experimental, pois não sabíamos como realmente funcionaria. Algumas pessoas deixaram o grupo quando perceberam que não era o tipo conveniente para eles; outras abandonaram o grupo devido às circunstâncias da vida ou à mudança de cidade em razão de transferência no emprego. Visto que sabíamos que alguns membros poderiam deixar o grupo, nossa experiência incluía manter uma "cadeira vazia" em nosso círculo. A cadeira vazia representava nosso desejo de convidar membros em potencial para a reunião. Durante todo o tempo em que o RATS existiu, preenchemos essa cadeira repetidas vezes.

Em uma sexta-feira à tarde — três anos depois que o grupo iniciou — olhei ao redor do círculo e percebi algo surpreendente. Das oito pessoas presentes, somente duas estavam lá desde o começo do grupo (isso não é incomum para um grupo estratégico de tarefa). Uma meia dúzia de membros se uniram a nós e já haviam nos abandonado. (Conferi a validade de meu desodorante; não foi culpa minha!) Nosso grupo teria morrido se não tivéssemos preenchido a cadeira vazia. E a perda teria sido muito pior que uma comunidade malograda. Esse grupo ajudou a Willow Creek a fundar um estágio de ministério vocacional empolgante. Ele ajudou nossa igreja a redefinir as responsabilidades ministeriais para uma efetividade e uma sanidade muito favorável. O RATS também inspirou duas grandes iniciativas evangelísticas que revigoraram nossa igreja. Poderia continuar contando outras maneiras como esse grupo ajudou nossa igreja — isso devido à cadeira vazia que manteve nosso grupo ativo.

O que era verdade para o RATS é verdade para a maioria dos grupos. Nossa cultura móvel — além das tragédias e das circunstâncias da vida — ajuda a puxar nosso povo dos grupos. Grupos com mentalidade fechada certamente terão pouco tempo de vida.

Cada grupo precisa adotar a *visão* de uma comunidade inclusiva radical. Contudo, a *realidade* — não a visão — moldará o pensar da maioria dos líderes de grupos pequenos. A lacuna entre visão e realidade indicará como você está se saindo com relação a esse pecado. Essa lacuna é sua oportunidade. Logo, paciência! Onde há um grande pecado, há uma grande oportunidade! ("Portanto", pergunta você, "devemos pecar mais para termos mais oportunidades?". Que isto nunca aconteça!)

Eles sabem como usá-la?

A visão clara deve transformar-se em prática. Os grupos pequenos tornarão a cadeira vazia uma parte regular de sua experiência, dependendo da maneira como você a descreverá. Fomos capazes de corrigir a visão de nossos líderes, mas não tivemos tanto êxito em corrigir a maneira como eles usavam a cadeira vazia.

Em nosso zelo para comunicar a visão, tínhamos por certo que todos sabiam que a cadeira vazia deveria ser preenchida.

Suposição errada. Alguns líderes pensavam que enviaríamos pessoas a eles, como fizéramos em nosso programa anterior de grupos pequenos. Alimentamos essa suposição ao enviar a eles listas com nomes — pessoas que tinham manifestado interesse em participar de um grupo. Não pedimos permissão; simplesmente enviamos nomes. Os grupos achavam que queríamos que eles convidassem imediatamente essas pessoas desconhecidas para seus grupos. "Preencher a cadeira vazia" passou a significar: "Aqui está uma pessoa. Convide-a!". Os líderes de grupos temiam que pudessem estar recebendo um assassino ou um antagonista.

Os grupos precisavam conhecer mais a visão da igreja. Deveríamos pedir permissão a eles antes de introduzir novas pessoas no grupo. Melhor ainda, precisávamos mudar nosso foco para encorajá-los a preencher a cadeira vazia com pessoas de sua própria rede de relacionamentos. Logo uma visão atraente foi associada a uma prática sensível, e isso começou a fazer sentido para os líderes.

Avalie de que maneira sua igreja comunica a visão e a prática da cadeira vazia. Negligenciar esses aspectos alimentará uma mentalidade fechada de grupo que penetra sorrateiramente em todos seus grupos.

Resolvendo o problema certo

A cadeira vazia é somente uma das três dinâmicas correlacionadas com o ministério de grupos pequenos, juntamente com o nascimento de novos grupos e a formação de aprendizes. Ao preencher as cadeiras vazias e desenvolver um líder aprendiz, um grupo pode, no tempo oportuno, gerar (fazer nascer) um novo grupo. Muitas vezes, a metade de um grupo segue o aprendiz (que está prestes a se tornar líder) e a outra metade do grupo permanece com o líder original. Usada da forma correta, a cadeira vazia culmina no nascimento de dois grupos saudáveis a partir de apenas um grupo. Para mudar a mentalidade fechada do grupo, precisamos de algo semelhante a um banquinho de três pernas: a cadeira vazia, o nascimento de um novo grupo e o líder aprendiz, três elementos necessários para formar grupos abertos bem-sucedidos.

Contudo, nesse ponto faltou-nos sabedoria. Em nosso esforço de ver o ministério crescendo, demos a mesma ênfase às três pernas da cadeira. Havia apenas um problema com isso. Tínhamos uma média de cinco pessoas em cada grupo. Havíamos feito um bom trabalho para dar início aos grupos. No entanto, eles eram pequenos demais para gerar novos grupos. Tínhamos quase 2 200 grupos pequenos na igreja, assim, se acrescentássemos somente uma pessoa por grupo pequeno por ano, poderíamos conectar mais 2 200 pessoas à comunidade. Precisávamos preencher as cadeiras vazias!

Isso chama-se "alavancar". Poderíamos aumentar a média do tamanho do grupo para sete ou oito pessoas, acrescentando milhares de pessoas aos grupos, sem nem mesmo precisar identificar os líderes, entrevistá-los, torná-los membros da igreja, treiná-los ou ajudá-los a encontrar um aprendiz. Havíamos tecido uma rede maravilhosa com a qual podíamos alcançar pessoas, mas não a havíamos usado para nosso benefício. Em vez de enfatizar o preenchimento da cadeira vazia, que se teria ajustado às circunstâncias do tamanho dos grupos, ressaltamos a necessidade de aprendizes (uma coisa aceitável, visto que muitos grupos careciam de um) e continuamos realçando a geração de novos grupos — algo que entrará para a história como uma das idéias mais tolas com relação a grupos pequenos. Um grupo de cinco gerar dois grupos? Sem essa! Esqueça!

A maioria das igrejas com as quais trabalhamos apresenta um problema oposto. Eles têm carência de líderes, seus grupos não têm aprendizes e a maioria das pessoas reluta em participar do nascimento de um novo grupo. O resultado é que o grupo tem em média de quinze a vinte membros. Visto que os grupos estão saturados, o ministério de grupos pequenos perde velocidade, pois, além de as listas aumentarem, os obreiros responsáveis começam a implorar para que qualquer pessoa com pulso firme passe a liderar um grupo. Igrejas nessas condições devem enfatizar o desenvolvimento da liderança e do treinamento de aprendizes, antes de agitar a bandeira da cadeira vazia.

As igrejas também devem avaliar o público disponível para os grupos pequenos — as pessoas não ligadas a eles em sua igreja. Na época em que os grupos pequenos da Willow Creek tinham, em média, cinco membros, realizamos uma pesquisa acerca da condição e do compromisso espiritual de nossa congregação. Descobrimos que quase 3 800 cristãos participavam de nossos cultos de final de semana, mas não estavam envolvidos em nenhum grupo pequeno. Não estavam também ligados nem a um ministério, nem a um serviço voluntário. Eles não eram membros que traziam os amigos perdidos para a igreja ou que supriam as necessidades dos pobres em nossa comunidade ou na cidade de Chicago. Tampouco davam mostras de ter intenção de mudar seu modo de participar das atividades da igreja, pois estavam satisfeitos em apenas participar dos cultos de final de semana. Não sentiam falta de nada mais.

Existia em nós certa tentação de ficar com raiva desse grupo de crentes "estagnados" e descomprometidos. Na verdade, eles representavam uma oportunidade e mostravam que nosso sistema estava longe de estar saturado. Porém, para alcançar essas pessoas, tivemos de ensinar e usar a cadeira vazia. Precisávamos conscientizar nossos membros a estender os braços para cima *e para fora*, porque havia muita gente que precisava se ligar a outras pessoas.

Quando você diagnostica cuidadosamente sua visão para os grupos abertos, o uso da cadeira vazia, o tamanho do seu grupo, seu desempenho e sua pessoa, você perceberá como a mentalidade fechada para grupos pequenos limita o impacto dos grupos pequenos em sua igreja. E você pode delinear as estratégias certas para abrir os grupos para um número ilimitado de pessoas disponíveis.

Criando condições para pessoas interessadas

Nossa igreja é conhecida por sua paixão evangelística muito mais que por sua paixão pela comunidade. Por muitos anos, para muitos observadores, "alcançar pessoas interessadas e necessitadas" e Willow Creek eram sinônimos. À medida que nossa paixão por ligar pessoas a grupos aumentou, os valores da evangelização e da comunidade colidiram — na cadeira vazia. As pessoas que haviam descoberto a comunidade por intermédio de seu grupo pequeno relutavam em compartilhá-la com os de fora. Ironicamente, grupos fechados que procuram "esconder o tesouro", ou seja, a comunidade, acabam por destruí-la. Entrementes, grupos que usam a cadeira vazia — especialmente os abertos a pessoas que buscam solução para seus problemas — encontrarão a verdadeira comunidade. O dito de Dietrich Bonhoeffer parece ser verdadeiro: "Aquele que ama seu sonho por comunidade mais que a própria comunidade acabará por destruí-la".

Se sua igreja tem a visão da cadeira vazia, mas os grupos não crescem espiritual e numericamente, pode ser que seus grupos pequenos sejam insensíveis aos de fora. Tanto os crentes como os de fora perdem quando qualquer um dos dez comportamentos de grupo fechado, apresentados a seguir, são exibidos. (Se os grupos apresentam esses comportamentos, muitas vezes também terão dificuldades com crentes que acolhem!)

O grupo não concordou em aceitar os de fora

Preencher uma cadeira vazia com alguém de fora não funcionará a não ser que todo o grupo — não somente o líder ou um zelote evangelístico do grupo — concorde com essa decisão e suas implicações. Se apenas uma pessoa convida alguém de fora para o grupo e os outros não aceitam a visão, as coisas se tornarão assustadoras em pouco tempo. "Não vejo a hora de o meu amigo se encontrar com os cristãos de meu grupo!" pensa o zelote. Entrementes, os cristãos pensam: "Quem convidou este pagão para infiltrar-se em nosso grupo? Ele não se enquadra e não entende a fé. Ele age de maneira carnal e, provavelmente, romperá a harmonia do grupo. O que vamos fazer?". Logo o amigo do zelote nota a atmosfera negativa e embaraçosa, não se sente bem-vindo e nunca mais retorna. Todos precisam concordar em aceitar as pessoas de fora, ou esse comportamento se tornará um ponto de contenda e de conflito.

Por exemplo, o estudo bíblico planejado para os crentes pode causar desagrado aos de fora. Reuniões dedicadas exclusivamente aos assuntos que interessam às pessoas de fora podem parecer superficiais para os crentes. Cada um deve enfrentar essa tensão para entender os sacrifícios exigidos para acomodar os de fora. Quando existe consenso e compromisso, a maioria dos grupos na Willow Creek empenha-se em discussões dos dois pontos de vista com autenticidade e envolvimento.

O grupo não tem coração para os de fora

Por mais duro que isso possa parecer, alguns grupos fechados podem não se importar quando os perdidos entregam a vida a Jesus e entram para a comunidade dos seguidores de Cristo. Eles recusam-se a participar de cursos de treinamento sobre como alcançar pessoas de fora para que estas possam se relacionar mais com seus amigos e parentes perdidos, aprendendo a falar a verdade em amor. Esses grupos ainda não estão dispostos a se concentrar nas necessidades e nas prioridades dos de fora, tampouco a considerar os outros superiores com relação a si mesmos (conforme a instrução de Fp 2.3). Não é falta de consenso, mas sim falta de convicção.

O grupo valoriza mais os eventos que o processo

Muitas pessoas são treinadas em eventos concentrados na evangelização, cujo objetivo é identificar o perdido, convidá-lo para um evento e partilhar a mensagem de maneira breve. As pessoas que gostam dessa abordagem não esperam ver novamente os que receberam o convite. (Muitos racionalizam da seguinte forma: "Se não aceitam o convite, não devem fazer parte dos eleitos!") Outros tentam o "evangelismo por contato", fazendo contatos e compartilhando uma mensagem-padrão ou um folheto. Grupos fechados sentem-se mais à vontade nos eventos evangelísticos ou com o evangelismo por contato que com o longo processo de conhecer uma pessoa interessada (conhecido como evangelismo por amizade). No entanto, essas "táticas rápidas e superficiais" fazem a pessoa interessada sentir-se o alvo da flecha evangelística de alguém. Membros do grupo, inadvertidamente, transmitem a seguinte mensagem subliminar para a pessoa de fora: "Aceitaremos você nesse grupo quando se tornar um cristão". Estratégias de pressão e apresentações do tipo "corra ou morra " ignoram os componentes evangelísticos de relacionamento e de processo, criando uma pressão inadequada na pessoa interessada em confiar em Cristo. No entanto, em uma comunidade amorosa muitas pessoas interessadas necessitam de tempo até se sentirem seguras para fazer perguntas, se bater com a verdade e expressar seus medos e dúvidas. A maioria dos interessados simplesmente querem se sentir amados por aquilo que são, não por aquilo em que crêem.

O grupo se choca quando a pessoa de fora age como uma pessoa de fora

Grupos fechados parecem esquecer que pessoas de fora não são regeneradas e que sua conduta é coerente com as visões e os valores do mundo não-regenerado. (Às vezes, as pessoas de fora se comportam de maneira mais coerente com seus sistemas de valores do que nós com os nossos.) Quando as pessoas de fora começam a se sentir à vontade com o grupo, podem fazer uma observação sem sentido, que repercute nos ouvidos não corrompidos do cristão: "O que foi que ele disse?" As pessoas sem Cristo podem dar detalhes sobre sua festa de final de semana, levando o grupo momentaneamente a uma viagem, em uma realidade virtual, pela vida do filho pródigo. O mundo da pessoa sem Cristo (e de alguns cristãos) não é necessariamente puro nem de fato "igrejeiro" — só é real.

Os grupos disfarçam os problemas

As pessoas de fora conseguem sentir o mais leve cheiro de hipocrisia. A maioria das pessoas de fora reconhece quando os cristãos disfarçam os problemas ou espiritualizam assuntos complexos. "Encontramos maconha no quarto de nosso filho adolescente, mas estamos vivendo no Espírito, buscando a alegria de Deus e sua vontade perfeita, sabendo que todas as coisas contribuem para o bem". E a pessoa de fora pensa: "Espera aí! Me poupe! Você nunca ficou bravo nem triste? Você não sentiu certo desapontamento? Você não se sente enganado?".

Qualquer tipo de atitude em que douramos a pílula, algo que é tolerado entre muitos cristãos, tornar-se-á palpável quando as pessoas de fora estiverem presentes. Todavia, tudo muda quando as pessoas se interessam profundamente pela vida dos outros com autenticidade, aceitação e cuidado. A verdadeira comunidade — algo não muito predominante em nossos dias — é a conseqüência, pois age como um imã que atrairá os de fora para dentro. Quando os não-cristãos observam e experimentam a comunidade, ela tem um poder transformador: "Incrível! Como eles se amam!".

Entretanto, essa é a grande ironia para a maioria dos grupos pequenos. É o anelo por uma comunidade que, na verdade, os impede de convidar os não-cristãos. Eles supõem que a presença dos de fora destruirá a intimidade conquistada a duras penas pelo grupo. Porém, quando entrevistamos crentes que abriram seus grupos para as pessoas de fora, encontramos um aspecto comum — o fator autenticidade aumenta, pois cria intimidade e relacionamentos mais profundos. (À medida que você avalia a idéia de abrir os grupos para os de fora, aprenda com os que já se arriscaram em ligá-los à sua comunidade, não com as pressuposições dos que nunca se arriscaram.)

Negligenciar a logística

Os grupos que já se sentem à vontade com suas rotinas não se esforçam para convidar os de fora, especialmente os recém-chegados que preferem observar sem serem forçados a participar. Grupos fechados conseguem ter uma reunião nas frias cadeiras de metal no porão da igreja. Parece que não se importam com o fato de o início e o término das reuniões se darem no momento pré-determinado, respeitando os horários e os compromissos. Todavia, um grupo aberto para pessoas de fora procura levar a sério uma logística simples, como cadeiras confortáveis, um ambiente agradável, espaço suficiente, refrescos e intervalos regulares. Os grupos abertos para as pessoas de fora criam conscientemente uma atmosfera agradável e convidativa, para que essas pessoas se sintam bem e à vontade, da mesma maneira como você agiria quando convidasse um novo amigo para jantar.

Usam linguagem de igreja (o "evangeliquês")

Grupos fechados usam uma linguagem que presume que todos os presentes não só são cristãos, mas também cristãos de um tipo específico. Grupos fechados gostam de usar a linguagem de igreja, o "evangeliquês". Usam frases como: "Como vai sua caminhada?"; "Não é maravilhoso estar debaixo do sangue?"; "Ele é meu Ebenézer!" — inconscientes ou, até mesmo, neglientes com relação aos de fora, que, ao ouvir essas expressões, pensarão a respeito de seus pés, no funcionamento de seus rins e no Tio Patinhas. Esses grupos preferem forçar os não-cristãos a ter uma experiência transcultural teológica a traduzir termos teológicos e essenciais, muito importantes para os crentes, assustadores aos de fora.

Intimidar com as Escrituras

Alguns grupos falham ao refletir acerca de seu uso das Escrituras. Nunca deixe de usar a Bíblia, por haver não-cristãos no grupo. A Bíblia é a fonte da verdade redentora, o fundamento para a fé e o guia para a vida e o ministério. Por isso, todo grupo deve usar as Escrituras, independentemente de haver os não-cristãos presentes à reunião. Infelizmente, os grupos fechados usam a Bíblia de forma intimidadora, em vez de despertar a curiosidade dos não-cristãos. Você conhece esse tipo de pessoa: muitos versículos sublinhados, notas nas margens em nove cores. Algumas dessas pessoas são aficionadas por trivialidades bíblicas. Esses líderes normalmente dizem: "Abram sua Bíblia no capítulo dois de Amós", pois partem do pressuposto de que todos os presentes têm uma Bíblia e sabem encontrar o livro de Amós. Todavia, em um grupo aberto para pessoas de fora, o líder fornece a cada um a mesma versão bíblica e diz: "Abra a sua Bíblia em Marcos 10, que fica na página 356. Nesse texto, Jesus fala a um jovem oficial do governo que era muito rico".

Escolhem temas restritos a um grupo específico

Grupos fechados muitas vezes gostam de temas de difícil compreensão, especialmente os baseados no livro de Apocalipse. Se eles tivessem mais preocupados com as pessoas de fora, escolheriam temas que beneficiariam tanto os cristãos quanto as pessoas interessadas. Alguns desses estudos tratam de assuntos do dia-a-dia, como a ansiedade, o estresse, o dinheiro e os relacionamentos. Outros grupos abertos iniciam com questões comuns a todos os presentes, como: "Quem é Deus e como explicar a presença do mal e do sofrimento? Será que a vida tem sentido? Será que todas as religiões são iguais, ou existe uma verdade absoluta?". Grupos que passam do estudo para a ação inspiram o crescimento e exigem envolvimento. As pessoas de fora percebem sua necessidade de aceitar a Cristo e também observam os atos de bondade e de serviço aos outros, vendo como o cristianismo pode suprir suas necessidades reais. Grupos que unem estudo com serviço compassivo são muitas vezes mais abertos para as pessoas de fora que a maioria das pessoas imagina, pois exercem um impacto dramático sobre os não-cristãos. (O próximo capítulo apresentará sugestões excelentes de currículo).

Não existem outras pessoas interessadas ou necessitadas

Uma outra dica com relação a um grupo fechado é que a pessoa interessada e necessitada que "por acaso" participe de uma reunião desse grupo não encontrará outra pessoa interessada e necessitada na reunião. Imagine ser o único não-cristão em um grupo de seguidores de Cristo comprometidos. Se você não consegue imaginar essa situação, então vá até a mesquita mais próxima e participe de uma reunião, ou, melhor ainda, participe de um grupo que se reúne para discutir o Alcorão. Agora, imagine que levou três amigos com você. Você se sentirá melhor, certo? O fator segurança aumentaria, e você não se sentiria como alguém de fora. Convidar os não-cristãos cria um diálogo aberto à investigação honesta da verdade.

Ao valorizar a prática de abrir-se para pessoas de fora, você forçará o grupo a resolver a questão da abertura de modo geral. Em muitas ocasiões, os grupos ainda não estão preparados para receber pessoas de fora. No entanto, à medida que almejam fazê-lo, também se tornarão abertos quanto a convidar crentes que não estão ligados ao grupo. Em um grupo de mulheres na Willow Creek, duas das interessadas foram convidadas a unir-se ao grupo — ou pelo menos era que o grupo pensava. Depois das primeiras reuniões, ficou claro que uma delas era, na verdade, uma cristã que não havia sido discipulada. Pelo fato de ela carecer do entendimento básico da fé, o grupo presumiu que ela fosse descrente. Ao dar abertura para as pessoas de fora, você pode deparar com crentes que precisam de um lar.

COMUNIDADES CONTAGIANTES

Averigúe se seus grupos pequenos estão captando a visão da abertura e as oportunidades que ela oferece. Certifique-se de que o conceito da cadeira vazia ficou claro. Destaque, devidamente, a cadeira vazia junto com o desenvolvimento de aprendizes e o nascimento de novos grupos. Depois, faça o diagnóstico do potencial de abertura dos grupos tanto para os crentes quanto para os de fora.

Desejamos que você descubra o potencial redentor dos grupos pequenos. Após fazer essa descoberta, desenvolva de maneira ousada uma estratégia para abrir seus grupos e ver Deus fazer coisas maravilhosas. Ele criará comunidades contagiantes, semelhantes à comunidade de Atos 2, na qual "todos estavam cheios de temor" e "todos os dias, continuavam a reunir-se", enquanto "o Senhor lhes acrescentava diariamente os que iam sendo salvos" (At 2.43,46,47). Que mais você poderia esperar? Quando as impressões digitais de Deus estão por toda a comunidade, esta funciona como ele pretendia que funcionasse. Jesus disse: "'Ame o Senhor, o seu Deus de todo o seu coração, de toda a sua alma e de todo o seu entendimento'. Este é o primeiro e maior mandamento. E o segundo é semelhante a ele: 'Ame o seu próximo como a si mesmo'" (Mt 22.37-39). Isso significa braços estendidos para cima *e* para o próximo!

capítulo 10

ESTRATÉGIAS E INSTRUMENTOS PARA TRANSFORMAR A MENTALIDADE ACERCA DE GRUPOS

EU (RUSS) FUI advogado por quinze anos antes de dedicar-me à minha função atual. Minhas experiências nas firmas de advocacia eram ainda mais empolgantes que na sala do tribunal. Depois de servir como sócio e, mais tarde, como sócio-gerente de uma firma, Lynn e eu partimos para uma aventura de alto risco, deixando para trás a segurança e a posição para começar uma nova firma. Isso mudaria o curso de nossa vida para sempre.

Motivado por um chamado para nos envolvermos na Willow Creek, arriscamos tudo que possuíamos e nos mudamos para Chicago em 1995, começando da estaca zero uma nova firma de advocacia. Depois de passar por algumas situações angustiantes e escapar de alguns negócios desastrosos, nosso novo empreendimento levantou vôo. Descobrimos um nicho singular na área de advocacia em Chicago, e nosso futuro parecia promissor. Embora nosso escritório ficasse a quase sessenta quilômetros de Chicago, conseguimos recrutar um quadro de funcionários altamente qualificado que viera de firmas do centro. Estávamos preparados para formar uma clientela sofisticada em uma localidade mais afastada do centro e bem conveniente. A competição não era acirrada, visto que a maioria das firmas que não estavam situadas no centro se concentrava em serviços menores e rotineiros de advocacia. Somente um obstáculo nos impedia de crescer mais rapidamente: alguns membros da equipe estavam empacados em uma mentalidade suburbana.

Como fundador da firma e sócio-gerente, eu precisava expandir sua visão para que nos tornássemos uma firma altamente competitiva. Um conceito atraente começou a formar-se em minha mente. Aproveitando nossa localização perto de um número cada vez maior de empresas que se mudara para fora da cidade de Chicago, pudemos competir com as maiores firmas da cidade. Lancei a visão de "construir uma firma de cidade no subúrbio".

À medida que a idéia era aceita, os clientes e o quadro de funcionários começaram a se sentir parte de algo maior, algo empolgante. Atraímos talentos de primeira qualidade na área legal e logo transformamos uma mentalidade suburbana apática em disposição de espírito agressiva, com um grande potencial. A visão mudou nossa direção e nossas ações para um futuro novo, cheio de energia.

A visão transforma as pessoas — na atividade comercial e na igreja. Mas não é fácil. Os líderes de grupos pequenos com mentalidade de grupo fechado reforçam o bloqueio da comunidade e roubam a energia do ministério da igreja. Transformar a mentalidade de grupos fechados em um coração aberto para as pessoas de fora requer seguir uma visão atraente com uma estratégia dinâmica.

No caso de grupos pequenos, existem duas frentes de batalha estratégicas. A primeira almeja mudar todo o paradigma da igreja para os grupos pequenos. A segunda batalha será disputada nos próprios grupos. Esses grupos precisam passar por uma transformação quanto à sua orientação fechada e introspectiva para se tornarem comunidades contagiantes, cujo foco esteja voltado para os que estão do lado de fora olhando para dentro.

CADEIRAS VAZIAS À MESA DA COMUNIDADE

Deus é o Deus da cadeira vazia. Nenhum de nós seria um seguidor de Cristo se isso não fosse verdade. Por essa razão, sua igreja deve refletir seu caráter e sua paixão. Isso significa um esforço concentrado contra a tendência de isolar-se. É necessário que todos — os presbíteros, os membros do conselho, o pastor titular comprometido, os obreiros de tempo integral, os líderes de grupos pequenos e os voluntários — trabalhem para que isso aconteça. Você deve tratar de vários assuntos para encher as cadeiras vazias à mesa da comunhão.

Ensine a respeito de comunidade

Nada reforça tanto o chamado para a abertura quanto o ensino bíblico saudável. Felizmente, a Bíblia contém um tesouro em potencial de conteúdo didático. A abordagem de Deus sempre foi a de reunir um povo com o propósito de redimir o mundo.

Você poderá precisar pregar uma série de mensagens a respeito de comunidade, ressaltando o desejo de Deus de que ninguém pereça (2Pe 3.9), mas que todos cheguem ao arrependimento, creiam no Evangelho e participem da nova comunidade. Na Willow Creek, ensinamos séries de palestras como "Recrutando pequenos pelotões" ou "A vida em uma pequena comunidade".

Às vezes, "entrelaçamos" um tema por toda uma temporada de ensino. À medida que estamos escrevendo este livro, John Ortberg está ensinando a respeito do Antigo Testamento em um curso de dez meses, de setembro a junho. Ao discorrer sobre o tema "O desafio do Antigo Testamento", ele ressalta a obra de Deus com a nação de Israel e, por intermédio dela, para construir uma comunidade cujo objetivo era alcançar o mundo para sua glória. Muitas vezes, John faz uma pausa para inserir a comunidade de grupos pequenos no plano mais amplo de Deus. Essa comunidade — conforme concebida por Deus — somente perceberá seu potencial redentor se estiver profundamente comprometida com ele e completamente dedicada a trazer outros para participarem também dessa comunidade.

Fale a respeito da cadeira vazia

Eu (Bill) lembro quando expus pela primeira vez a visão da cadeira vazia a um grupo de líderes. Muitos ficaram surpresos, outros permaneceram sentados, imóveis, e alguns se opuseram abertamente. A reação geral indicou que tínhamos muito trabalho pela frente. Sem dúvida, o "evangelismo" fazia sentido. Mas, o que era essa cadeira vazia? Usávamos esse termo para evocar a figura para nosso povo, uma imagem para lembrá-los de nossa missão. Embora nem todos a interpretassem corretamente, eles logo entenderam que estávamos diante de um novo dia, e os grupos assimilariam regularmente novas pessoas.

Independentemente do termo que você use ("cadeira vazia", "cadeira livre", "um lugar à mesa", "cada um alcança um"), ele deve comunicar a visão em termos claros e simples. Esse conceito deve servir como um lembrete constante de que a missão da igreja é responsabilidade de cada grupo. Em certa ocasião, introduzimos uma linguagem nova para complementar o conceito da cadeira vazia e lembrar nossos grupos pequenos de que eles deveriam preencher essas cadeiras. Durante uma temporada ministerial, usamos o tema "Comunidade com uma causa" para ressaltar de que maneira deveríamos nos unir em grupos pequenos para ligar todos da Willow Creek em uma comunidade. Bill Hybels desafiou nosso povo a não "armazenar" uma comunidade, mas, em vez disso, a alcançar os "perdidos". Lon Solomon, pastor titular da McLean Bible Church, na Virginia, exorta seu povo a "ser canal, em vez de câmara mortuária".

Quando sua linguagem muda, as ações começam a acontecer. Os ministérios começam a explorar estratégias para implementar a nova visão e os membros lembram o motivo da morte de Cristo — a redenção do mundo. As palavras certas são realmente importantes.

Abertura para modelos

Bill Hybels conta com freqüência histórias a respeito dos perdidos que ele convida para sua comunidade, servindo de exemplo para nossa congregação. John Ortberg, o pastor responsável pelo ensino, liderou um grupo pequeno para pessoas de fora (no qual um líder cristão conduz um grupo de pessoas interessadas no Evangelho por meio de um estudo que procura responder suas perguntas) e criou um vigor renovado para que outros embarcassem na mesma aventura. O quociente de abertura cresce e cai de acordo com o exemplo dos líderes mais visíveis.

Algumas igrejas requerem que o líder faça seu grupo crescer e gere um novo grupo antes de tornar-se treinador, para que ele sirva de modelo para o ministério antes de trabalhar com os outros. Treinadores que falam de experiências pessoais podem encorajar de maneira mais autêntica seus grupos, para que se tornem mais abertos.

Eu (Bill) treinei vários líderes de grupos pequenos na Willow Creek e em outras igrejas. Eles sempre perguntam acerca da cadeira vazia, em especial, se praticamos o que pregamos. Russ e eu podemos responder essa pergunta com um ressonante "Sim!". Devemos fazer nosso melhor para viver esse valor ministerial.

Encontre os aprendizes

Embora algumas estratégias para atacar a mentalidade de grupos fechados estejam sob a responsabilidade dos pastores principais e dos mestres, encontrar os aprendizes é tarefa dos treinadores e líderes de grupos pequenos. Os treinadores reforçam a abertura do grupo deixando a tarefa de identificar os aprendizes para os líderes responsáveis. Os treinadores aumentam o potencial de conectividade de toda a igreja, ao ajudar os líderes a encontrar possíveis aprendizes dentro de seus grupos. Do mesmo modo, o líder de grupo pequeno mantém o grupo fértil para a reprodução, ao investir em um aprendiz.

Visto que a presença do aprendiz é um lembrete constante para crescer e gerar um novo grupo, o grupo que não acrescenta membros novos, mas tem um aprendiz, não tem harmonia. O aprendiz não pode liderar a não ser que o grupo cresça. Uma das duas coisas deve acontecer: o aprendiz ou deixará para outra ocasião o início de um novo grupo, ou irá forçar o grupo a acrescentar pessoas à cadeira vazia.

Em um grupo que eu (Bill) liderava com minha esposa, vários membros tinham a mentalidade fechada. Depois de introduzir nossos aprendizes e lançar a visão para a reprodução do grupo, Paula, que em doutorado em comunicação, fez com que eu deparasse com o que ela carinhosamente chamava "esse negócio de reprodução". Ainda tenho arrepios quando lembro de nossa conversa. "Sou contra esse negócio de reprodução. Não gosto da cadeira vazia e acho que multiplicar grupos é uma coisa terrível". Na época, pensei: "Está bem. Fale-me como você realmente se sente!". Calmamente (mas com muito cuidado) perguntei: "Como você entrou neste grupo?". Com um olhar perturbado, ela respondeu: "Você me convidou, lembra-se?". Após sua resposta, continuei: "E, por quanto tempo você e seu marido esperaram para participar de um grupo nesta área?". Ela pensou e respondeu-me: "Cerca de um ano". A seguir, arrisquei: "Bem, gostaria de saber o que poderia ter acontecido se não tivéssemos uma cadeira vazia para você neste grupo. Ou, será que sua espera não teria sido menor se cada grupo tivesse um aprendiz e algumas cadeiras vazias? Talvez houvesse mais grupos e mais lugares aptos a receber pessoas como você em um período menor de tempo. Você já chegou a pensar nisso?". Estava me preparando para uma reprovação ou uma objeção veemente dessa mulher de personalidade forte e com opiniões bem formadas. Em vez disso, disse-me: "Captei sua idéia!". Em seguida, ela se retirou. Seu medo e incerteza deram lugar à compreensão de que ninguém deveria esperar um ano para encontrar um lugar à mesa da comunidade.

Escolha um currículo

A escolha do currículo é crítica para que os grupos possam manter os "pontos de entrada" para os recém-chegados. Observamos duas situações. Primeiro, os grupos tendem a acolher novos membros somente quando o grupo começa uma nova série de estudos. Assim, quando escolhem uma nova série que dura até dois anos, a probabilidade de abertura para um novo membro é muito pequena. É melhor escolher estudos de tópicos mais breves, como os estudos de seis a oito semanas da InterVarsity, Zondervan ou Serendipity. (Você pode encontrar outras recomendações no apêndice 5.) É também mais fácil assimilar novos membros no grupo quando o currículo se adapta a uma série de pregações acerca de um mesmo tópico, uma vez que cada um é exposto ao material todas as semanas.

Segundo, os grupos que têm a intenção de convidar pessoas de fora devem escolher um currículo que reúna tanto os crentes quanto os que estão buscando a verdade. De fato, o aspecto da autenticidade e da aprendizagem cresce quando os cristãos e os que buscam a verdade discutem as perguntas difíceis que estes últimos fazem, mas sobre as quais os cristãos raramente pensam — como o mal e o sofrimento, ou por que cremos que a Bíblia é a verdade, ou o que as outras religiões ensinam. Estudar juntos desafia os de fora a encarar a verdade. Isso também fortalece a fé dos cristãos, além de lhes aumentar a coragem para compartilhar com os descrentes fora do grupo.

Conte histórias

Histórias ligam a verdade à vida. Jesus usou histórias para ensinar o Evangelho, para convencer as pessoas do pecado, para encorajar o fraco, para repreender os legalistas e para ensinar a respeito da sabedoria. Histórias de grupos que preenchem a cadeira vazia podem ter o mesmo efeito. Explanações de sermões, vídeos, informativos, fitas cassete, entrevistas ao vivo ou um segmento de "minha história" no culto de final de semana, tudo isso funciona para alcançar esse objetivo. Quando os pastores compartilham como eles próprios usam a cadeira vazia, as pessoas pensam: "Nosso pastor está fazendo isso, não apenas falando sobre isso". Portanto, quando outros membros da congregação descrevem suas experiências, as pessoas reconhecem que os membros "comuns" preenchem as cadeiras vazias. É empolgante quando crentes, que outrora pertenciam ao grupo de descrentes, contam como um grupo aberto os ajudou a crer em Cristo — isso sim, é motivador!

Scott e Keri contaram sua história no início de nossa transição para grupos pequenos e isso nos marcou muito. Muitas pessoas ainda estavam questionando se, na verdade, os grupos e as pessoas realmente preenchiam cadeiras vazias, ao convidar pessoas interessadas no Evangelho, ao desenvolver aprendizes e ao gerar novos grupos. Talvez, tudo não passasse de simples miragem. Scott e Keri, no entanto, dissiparam os mitos e os medos. Esse casal convidou descrentes que tiveram um encontro pessoal com Cristo, investiram nelas como aprendizes e, a seguir, as nomearam líderes de novos grupos. Depois, repetiram o processo. E logo os grupos que Scott e

Keri geraram começaram a reproduzir o processo. (Em certo momento, contamos de doze a quinze grupos que nasceram do grupo original de Scott e Keri.) A reprodução deixou de ser teoria para se tornar prática rapidamente. Isso deveria ser suficiente para combater a mentalidade de grupos fechados.

CRIANDO UMA MENTALIDADE DE GRUPO CONTAGIANTE

O potencial pleno de uma comunidade voltada para fora será percebido quando os grupos passarem da mentalidade de grupo aberto para a mentalidade *contagiante*. Na Willow Creek, usamos o termo "contagiante" para a pessoa ou grupo que alcança pessoas descrentes com o toque de nossa igreja e, principalmente, com o Evangelho. Encorajamos cada pessoa na Willow Creek a passar pelo curso de treinamento "Tornando-se um cristão contagiante", assim como encorajamos os líderes de igreja a "digerir" o livro de Mark Mittelberg, *Building a contagious church* [*Construindo uma igreja contagiante*].

Momentos de grupos contagiantes

A Willow Creek comprometeu-se em manter uma mentalidade cristã contagiante. No entanto, eu (Russ) não notara como ela se aplicava não apenas aos nossos sessenta grupos para as pessoas interessadas e necessitadas, mas também para todo nosso ministério de grupos pequenos. Portanto, a Willow Creek Association pediu-me para ensinar acerca de grupos em uma conferência internacional. Garry Poole, diretor de evangelismo da WCCC, estava escalado para ensinar a respeito de evangelismo e de grupos pequenos para as pessoas interessadas e necessitadas nessa mesma conferência. Em cima da hora, Garry, por motivos de força maior, não pôde ministrar na conferência. Seu substituto? Eu, uma pessoa cujo dom de evangelismo fica em último lugar em todos os inventários de dons espirituais que já realizei. Mas quando Garry e eu nos reunimos para achar uma forma de realizar o treinamento, comecei a verificar o enorme potencial em unir conceitos cristãos contagiantes, inclusive o ensino de Garry acerca de grupos para pessoas interessadas e necessitadas (parte do qual é apresentado aqui de forma adaptada), com a vida de cada grupo pequeno na igreja.

Apresentaremos três momentos da passagem da mentalidade aberta para a contagiante, para que o grupo estenda suas mãos tanto para os cristãos quanto para os que estão de fora. Cada momento dará a você uma idéia de como nossos grupos variam em escopo e formalidade. Além de desenvolver uma estratégia para fomentar uma mentalidade de grupo aberto, as histórias começarão a revelar o sexto pecado, ou seja, uma definição limitada de grupo pequeno. Observe como cada grupo se torna contagiante e, a seguir, aprenda como os grupos pequenos contagiantes podem ser desenvolvidos.

O primeiro momento é de um grupo pequeno de homens. Cinco homens se reúnem para jantar em um restaurante, a cada quinze dias, às quintas-feiras. Eles compartilham o que está acontecendo em sua vida, discutem um livro e oram juntos. Esses homens fazem todas as coisas que muitos grupos pequenos fazem.

Porém, periodicamente, o líder pergunta o que cada um está fazendo na área evangelística. Cada membro fala acerca dos relacionamentos que está desenvolvendo com seus amigos descrentes e das oportunidades de contar sua história espiritual. O grupo pondera sobre como convidar esses amigos para os cultos evangelísticos na Willow Creek e oram pelos seus relacionamentos com as pessoas de fora. A prestação de contas e o encorajamento mútuo estimulam os membros a manter seus contatos evangelísticos, além de ajudar o grupo a tornar-se cada vez mais contagiante.

O segundo momento é do grupo que vive no mundo das motocicletas. Essa é uma abordagem menos formal para um grupo pequeno, mas representativa da variedade de grupos que temos na Willow Creek. Os motoqueiros e suas motocicletas vêm em todos os modelos e tamanhos. Motocicletas luxuosas andam ao lado de motocicletas possantes e barulhentas, e motoqueiros tatuados em suas Harleys viajam ao lado de motociclistas jovens, esportivos e agressivos. No entanto, eles têm uma coisa em comum — o passeio juntos como amigos cristãos para construir uma comunidade pela estrada da vida.

Esse grupo se arrisca (além de andar de motocicleta ao lado dos motoristas da grande Chicago), pois transformaram o passeio por prazer em uma oportunidade para construir uma rede cada vez maior de amigos motoqueiros não-cristãos. Coisas fantásticas acontecem durante seus passeios noturnos para tomar um sorvete, ou nos passeios matinais para um café da manhã, ou ainda, suas longas viagens pela região campestre dos Estados Unidos. Alguns encontraram a Cristo no grupo de motoqueiros cristãos e outros estão participando dos cultos evangelísticos na Willow Creek. Esse grupo transformou uma atividade de lazer em uma aventura evangelística, pois realizam em conjunto uma atividade que os motoqueiros costumam fazer sozinhos. Esse grupo passou de esforços evangelísticos individuais para um evangelismo em grupo — tornando-se uma comunidade contagiante.

O terceiro momento — se observar com cuidado — ainda não pode ser considerado um grupo. Ele consiste em casais que se reúnem por terem algo em comum — crianças, escola, esportes e atividades na vizinhança. Um casal participa de nossa igreja há muitos anos, ao passo que outros apenas começaram a freqüentar os cultos. Um outro casal é católico devoto e leal à sua igreja, mas podem estar abertos a participar de um estudo bíblico na vizinhança. O quarto casal mostra certo interesse, mas se torna evasivo quando a discussão é referente à igreja ou à fé cristã.

O casal da Willow Creek planeja iniciar as conversações com o grupo pequeno que lideraram acerca da possibilidade de convidar esses amigos algum dia. Eles imaginam como esses amigos descrentes se sentiriam bem-vindos na companhia de um grupo pequeno contínuo e como poderia ser um lugar agradável para que seus amigos examinassem o cristianismo no contexto de relacionamentos seguros. Se o grupo estiver disposto a colocar a cadeira vazia à disposição dos descrentes, ele passará de comunidade aberta a grupo pequeno contagiante.

Os três níveis de grupos pequenos contagiantes

Esses três instantâneos retratam três tipos de grupos pequenos contagiantes. Um desses instantâneos ajuda seus membros a serem mais ativos para alcançar os de fora. No outro instantâneo, os crentes alcançam os não-salvos como grupo, por meio de uma série de conexões sociais em que cristãos e não-cristãos podem ser agrupados para criar uma interação espiritual. No último instantâneo, as pessoas se reúnem no contexto de seu grupo pequeno para ajudar as pessoas de fora a aproximar-se de Cristo individualmente e com outras pessoas. Na verdade, esses momentos representam três níveis de grupos pequenos contagiantes. Assim, veremos como um grupo, que antes era fechado, pode progredir do primeiro nível para o terceiro.

Nível 1: Grupos falam a respeito de esforços evangelísticos individuais

No nível 1, os membros de grupos pequenos contagiantes falam a respeito de seus esforços evangelísticos individuais. Prestam contas uns aos outros com relação aos próximos passos para construir relacionamentos ou para compartilhar sua fé. Faz parte do pacto do grupo ter essas discussões e orar regularmente uns pelos outros e pelos seus amigos perdidos.

Os grupos do nível 1 são diferentes dos grupos pequenos comuns em quatro aspectos. Primeiro, fornecem uma estratégia para mobilizar todos os membros para a evangelização. Se você conseguir fazer com que todos os grupos se concentrem nos amigos perdidos, estabeleçam relacionamentos, compartilhem suas histórias e orem, isso resultará em frutos evangelísticos. Em um grupo típico, no entanto, poucas pessoas sabem como construir relacionamentos com pessoas descrentes, muito menos compartilhar o testemunho de sua fé em Cristo. A evangelização é entendida como função do pastor titular ou dos que têm o dom do evangelismo. Por conseguinte, os membros do grupo raramente produzem frutos evangelísticos.

Segundo, os grupos contagiantes do nível 1 têm certa influência sobre seus membros com histórias de significado eterno, celebrando a transformação dos que abraçaram a fé em Jesus. Muitos grupos têm boas histórias; os membros dos grupos do nível 1 podem contar *grandes* histórias.

A terceira realidade é que a atividade evangelística injeta vida nova no grupo. Se esse não for o caso, a maioria dos grupos pequenos se torna monótono com o tempo. A melhor maneira de injetar vida nova nos grupos é torná-los contagiantes. Os grupos têm um ciclo de vida. A não ser que experimentem uma energia revigorante por meio de atividades evangelísticas, se tornam estagnados e carecentes de vigor espiritual pleno.

Finalmente, os grupos contagiantes do nível 1 aprimoram no longo prazo a atividade evangelística de seus membros. Os membros que deixam o grupo lembrarão que serão revigorados por meio de uma atividade evangelística crescente. Poucas pessoas pensam em experiências de grupo como uma capacitação evangelística, porque a reunião freqüente com outros cristãos diminui sua vibração evangelística. Os grupos contagiantes do nível 1, no entanto, criam um legado que sobrevive ao limite de vida do grupo.

E, a propósito, cada grupo pequeno na igreja deve ser capaz de funcionar no primeiro nível para ser um grupo contagiante. Uma vez que eles entram no ritmo de compartilhar regularmente, de prestar contas, de orar e de tornar-se frutífero, não haverá mais volta. Eles derrotarão para sempre a mentalidade de grupo fechada e passarão da fase de abertos para contagiantes.

Nível 2: Os grupos evangelizam juntos

Depois de colocarem em prática o primeiro nível, alguns grupos passam de um compartilhar individual e de uma prestação de contas para a evangelização em conjunto. O grupo que passa para o nível 2 deve dar quatro passos até criar seu primeiro esforço evangelístico em conjunto.

> *Propague a visão.* Estude o coração de Deus com relação aos perdidos. Leiam Lucas 15 ou estudem um currículo evangelístico juntos. No contexto do estudo, incentive os membros a considerar a evangelização em grupo. Os membros podem mencionar seus medos e dúvidas, identificar os obstáculos e contar suas experiências quando evangelizam sozinhos. Em grupo, eles podem prefigurar os acontecimentos quando começarem a trabalhar juntos para alcançar seus amigos perdidos.
>
> *Faça uma lista e ore.* Cada membro de grupo deverá dar o nome de um ou dois amigos que poderiam convidar para uma atividade segura e divertida com o grupo. Ore a Deus para que ele atraia as pessoas e para que o Espírito Santo prepare esses amigos para uma integração com o grupo. Esse tipo de interação aumentará a confiança e gerará discussões espirituais.

Prepare-se. Certifique-se da capacidade uns dos outros de partilhar com eficácia o Evangelho com alguém. Descubra sua capacidade de estabelecer relacionamentos com os perdidos e dê um testemunho verbal a seus irmãos do grupo. Desse modo, você pode discernir o preparo de cada um. O grupo também pode melhorar suas habilidades por meio de um estudo específico no grupo chamado "Treinamento cristão contagiante".

Organize uma festa. Quando as pessoas do grupo se sentirem preparadas para dar o último passo para se tornar um grupo contagiante do nível 2, elas deverão reunir as idéias para um encontro social a ser organizado em conjunto. Na Willow Creek, chamamos esse encontro social "Festa de Mateus", baseados na descrição de Lucas 5, em que Mateus convida seus amigos cobradores de impostos para um jantar em sua casa junto com Jesus e seus discípulos. Nessa festa, seus amigos podem relacionar-se com os crentes e ser influenciados espiritualmente. Depois que a "Festa de Mateus" for organizada, o grupo simplesmente desfrutará o ambiente social que eles criaram para seus amigos.

Os grupos na Willow Creek usam todo tipo de atividades para alcançar o nível 2. Ir a um jantar ou ao cinema, ir a um evento esportivo ou preparar um churrasco em casa — essas são apenas algumas sugestões, mas as oportunidades são ilimitadas.

Os grupos pequenos contagiantes do nível 2 não requerem uma agenda específica, a não ser preparar-se para discutir "a razão da esperança que há em vocês" (1Pe 3.15) e planejar juntos os encontros sociais para criar relacionamentos. O Espírito Santo estará agindo, tocando os corações e promovendo as oportunidades. Novos relacionamentos serão formados, preparando o grupo para outras interações sociais. A essa altura, o fundamento já está colocado para as atividades de grupo do nível 3.

Nível 3: Os grupos preenchem as cadeiras vazias com os amigos descrentes

Agora está na hora de preencher as cadeiras vazias com as pessoas de fora, aqueles por quem vocês oram e com quem construíram algum tipo de relacionamento. O grupo progrediu após a prestação de contas na área do evangelismo pessoal e depois de evangelizar em conjunto, até incluir as pessoas abertas e interessadas na comunidade de seu grupo pequeno. Para alguns grupos, pode haver mais algumas paradas ao longo do caminho para preencher a cadeira vazia com descrentes.

Um meio para alcançar esse alvo é aumentar ao máximo o número de eventos voltados para as pessoas de fora da sua igreja. Pode ser um Natal especial ou cultos de Páscoa, apresentações ou programas especiais ou ainda palestrantes convidados que sabem como falar aos curiosos espirituais (e como falar com eles). O grupo deve discutir o papel desses eventos especiais e traçar estratégias de como usá-los eficientemente com seus amigos.

Outra abordagem envolve o que Garry Poole rotulou "uma festa com propósito". A festa com um propósito é um encontro social que visa fomentar uma discussão saudável. Promova uma festa com um jantar e pergunte: "Se você pudesse fazer a Deus apenas uma pergunta e soubesse que ele responderia, o que perguntaria para ele?". Temos anos de experiência com grupos usando essa pergunta para fomentar discussões profundas. Você não precisa responder a todas as perguntas que surgirem; simplesmente deixe que os convidados falem acerca das coisas que lhes causam inquietação.

Como resultado desse trabalho preparatório, levando em conta a prontidão de seus amigos não-cristãos, você pode abrir espaço para eles no grupo. O grupo pode decidir mudar o foco da reunião de quatro a seis semanas ou continuar sua rotina se ela for apropriada para os visitantes que receberão no meio deles. Alguns grupos na Willow convidam seus amigos a cada quinze dias, mas os membros crentes continuam com sua freqüência habitual, uma vez por semana. Eles usam a primeira e a terceira semana do mês para um encontro do grupo de crentes, mas utilizam um estudo separado para os amigos não-crentes que convidam na segunda e na quarta semana. Isso permite que os cristãos tenham oportunidade de discutir assuntos que interessam aos "crentes" e de orar por seus amigos não-crentes com ousadia. À medida que os amigos entregam sua vida a Cristo, isso cria uma oportunidade para que se encontrem para um discipulado, sem removê-los do grupo pequeno.

Passar da mentalidade de grupo fechada para uma comunidade contagiante é empolgante, e, às vezes, os resultados são impressionantes! Nossas estatísticas indicam que, quando as pessoas necessitadas e interessadas participam com os crentes de uma comunidade de grupo pequeno (e permanecem), 80% tornam-se seguidores de Cristo! Estamos verificando esse fenômeno ao redor do globo. As igrejas estão voltando a descobrir o poder do evangelismo fundamentado na comunidade, em que a vida dos crentes associada à verdade do evangelho e ao poder do Espírito Santo, transformam os descrentes — para sempre. No local onde a mentalidade de grupo fechada, algum dia, semeou as sementes da morte na comunidade, os grupos contagiantes plantam agora sementes de vida eterna. *Isso é tremendo!* Parece que o episódio de Atos 2 está se repetindo. Pode contar conosco!

capítulo 11

SEXTO PECADO

Definição restrita de grupo pequeno

SINTOMAS de uma definição restrita de grupo pequeno

- Usar a abordagem "tamanho único" para a vida no grupo.
- Falhar ao proporcionar diversos "pontos de entrada" nos grupos.
- Limitar o que pode ser considerado um grupo pequeno.
- Os líderes em potencial deixam de ser identificados devido à falta de variedade no grupo.

GLAUCOMA É UMA DOENÇA que faz a pressão dos olhos subir, reduzindo a visão, além de haver a possibilidade de causar a cegueira. Meu pai (de Bill) teve a doença por anos até que uma cirurgia recente aliviou-lhe a pressão de forma definitiva. Visto que o glaucoma é muitas vezes hereditário, faço exames periódicos e, uma vez por ano, faço um teste de meu campo de visão para detectar se ela está diminuindo. Se o campo de visão estiver se estreitando, isso significa que a doença progrediu e já apresenta perigo. Se o glaucoma for descoberto a tempo, fica fácil tratá-lo com gotas diárias de colírio, para prevenir a perda permanente da visão.

O teste do campo de visão leva apenas alguns minutos. Você coloca o queixo sobre um suporte e olha para o que parece um prato de cerca de 37 centímetros de diâmetro, salpicado de buraquinhos, separados um do outro cerca de dois centímetros. A máquina reflete uma luz aleatoriamente por detrás dos buracos, um por vez, até cobrir o espectro inteiro da visão normal. Cada vez que a luz refletir em um buraco, você deve apertar um botão. Você aprende rapidamente que o "restrito é ruim" e espera que seu campo periférico de visão permaneça amplo. Todos os anos, faço esse teste e, graças a Deus, até agora não apareceu sinal algum de glaucoma.

Muitas igrejas, no entanto, parecem enxergar seu grupo pequeno por meio de um campo de visão limitado pelo "glaucoma espiritual". Ao limitar sua definição de grupo pequeno saudável, perdem as oportunidades de integrar as pessoas à comunidade. Definições limitadas também levam os líderes de ministérios que não usam os grupos às disputas de poder, à frustração dos líderes de grupos pequenos, assim como à incerteza e ao medo. Por isso, temos de avaliar quão restritamente definimos a vida do grupo para reconhecer até que grau cometemos o sexto pecado. (É, chegou a hora de nos confessarmos de novo. Una-se a nós no confessionário!).

NÃO CONFUNDA "RESTRITO" COM "BOM"

Você consegue perceber a tendência do cristão "normal" para o glaucoma espiritual, caso estude a vida da igreja, ou a espiritualidade pessoal, ou ainda os grupos pequenos. O padrão é muito coerente: os cristãos têm o desejo e a capacidade notável de tornar as coisas limitadas. Sacramentamos as práticas da igreja, formulamos a maneira "certa" de fazer as coisas, baseadas no sucesso espiritual de outros, e simplificamos demais o ministério para os líderes leigos. Mesmo quando as igrejas tentam ampliar o raio de ação de suas atividades e dos comportamentos aceitáveis, alguns grupos dentro da igreja acabam disputando o poder.

Talvez essa tendência seja resultante da percepção equivocada de que "restrito" ou "estreito" seja algo bíblico. Afinal de contas, devemos entrar "pela porta *estreita* [...] Como é estreita a porta, e *apertado* o caminho que leva à vida!", disse Jesus (Mt 7.13,14; grifo do autor). "Estreito é bom" e torna-se um rótulo. Assim, logo o pensamento restrito e limitado começa a fazer sentido em algumas áreas — como as doutrinas básicas — e passa a ser aplicado para todas as áreas da vida da igreja. Desse modo, existirá somente uma versão bíblica aceitável, um estilo de música e uma combinação de cores para as togas do coral. (Semelhante à igreja, que insistiu em togas verdes e douradas — verde para representar a árvore da vida e dourado para representar o trono celestial. A idéia até impressionava, mas ela, inadvertidamente, desviava a atenção das pessoas do sermão para as cores de um time de futebol americano — os Green Bay Packers.)

Quando nos esforçamos para nos tornar puros, acabamos por nos tornar limitados, restringindo o potencial para a inovação e para a criatividade. Nosso campo de ação diminui sem percebermos. Mas se você der um passo para trás, verá claramente que é isso mesmo que acontece. "Guerras de adoração" costumavam estourar quando as congregações interpretavam de forma limitada o que era permitido na área da música. Felizmente, hoje as igrejas variam seus estilos, as letras de música e os instrumentos. Por décadas, os cristãos restringiam a "devoção pessoal" à oração e ao estudo da Palavra. Só recentemente, muitos aceitaram o silêncio, a solidão, o diário e a reflexão como práticas espirituais.

Por muito tempo, o termo "grupo pequeno" representava apenas estudo bíblico em uma casa com um período de oração e com sobremesa. Ou, em muitas universidades, um sistema de treinamento metódico, delineado para transmitir a doutrina e ganhar pessoas para Cristo. A definição de vida em um grupo pequeno era muitas vezes limitada a certo número de pessoas sentadas ao redor de uma mesa, a Bíblia em uma das mãos e um questionário para ser preenchido na outra. Outras reuniões da igreja eram vistas simplesmente como "comunhão", porque não eram consideradas o tipo de encontro que levaria ao desenvolvimento espiritual (respostas a perguntas bíblicas) que marcavam pontos com Deus — pelo menos na mente de muitas pessoas.

Nos últimos quinze anos, no entanto, à medida que os estilos de adoração e as práticas espirituais se expandiram, as igrejas de vanguarda e as editoras que publicam excelentes currículos ajudaram a ampliar as expressões de vida na comunidade. Algumas igrejas locais começaram a harmonizar a verdadeira comunhão (*koinonia*) com uma estratégia saudável de grupo pequeno. Essa mudança revolucionária proporcionou um crescimento espiritual significativo à medida que mais pessoas foram se relacionando umas com as outras.

Sua definição de grupo pequeno influenciará diretamente a maneira como muitas pessoas são integradas em uma pequena comunidade em sua congregação. Construir uma rede crescente de grupos pequenos depende da ampliação e da adaptação de práticas e valores comunitários a todos os aspectos da vida da igreja. Isso requer que sejam proporcionados diversos pontos de entrada na vida do grupo pequeno e que sejam tratadas as disputas de poder entre os diferentes tipos de grupos.

Abrangência da comunidade restrita

A tecnologia apresentou-nos os *bits* e os *bytes*, os disquetes e o *hard disc*, WYSIMYG, o CD regravável, ISPs, ponto-com, ponto-net, ponto-org e ponto-quem-sabe-o-que-vem-a-seguir. As pessoas precisam de computadores como uma segunda língua. Se tivermos certo conhecimento a respeito das velocidades do modem, dos mecanismos de busca e dos últimos *sites*, poderemos usar a tecnologia da Internet para acessar a casa ou o escritório praticamente de qualquer pessoa, lugar ou coisa que desejarmos. Nosso acesso ao vasto campo de inovação tecnológica é limitado somente por uma realidade — a abrangência de faixa (*bandwidth*). A abrangência de faixa refere-se ao montante de informação que podemos transmitir a uma velocidade elevada; quanto mais ampla a abrangência de faixa, tanto mais podemos fazer, a uma velocidade maior. Ao aumentar a abrangência de faixa, como por exemplo o uso da banda larga, elevaremos nossa capacidade de recorrer a novas tecnologias e serviços.

Na Willow Creek, ficamos dez anos com um mesmo modelo de grupo antes de aprendermos a aplicar o conceito da abrangência de faixa para a estrutura de nossos grupos pequenos. Por dez anos, tivemos uma abrangência de faixa restrita: tínhamos apenas um tipo de grupo pequeno para ajudar um grande número de cristãos a dar seus primeiros passos espirituais em direção à maturidade. Todos os grupos pequenos oficiais de nossa igreja se reuniam regularmente para um estudo bíblico elaborado, para oração e para prestação de contas. Essa definição limitada de grupo pequeno não proporcionava pontos de entrada "não ameaçadores" para a participação na vida da comunidade às pessoas que desejavam comunhão ou informação espiritual básica.

Porém, depois de adotar a estratégia "metaigreja", em 1992, ampliamos nossa abrangência de faixa. Visto que queríamos introduzir a vida de grupos pequenos para cada departamento e ministério da Willow Creek, começamos a experimentar novos tipos de grupos. Criamos uma terminologia que ajudou as equipes de voluntários e os obreiros de tempo integral a entender o conceito de abrangência de faixa. Adotamos uma linguagem da educação superior americana, que nomeava as classes introdutórias como cursos do nível 101, as classes mais rigorosas como cursos do nível 201 e 301 e as classes do último ano como cursos do nível 401.

Assim, nomeamos informalmente nossos grupos como grupos 101, 201, 301 e 401, dependendo da intensidade espiritual e da freqüência às reuniões. Os grupos de entrada 101 têm como alvo ligar as pessoas umas às outras e explorar o desenvolvimento espiritual introdutório. Os grupos 201 começam a introduzir um currículo regular e a encorajar os membros a terem um pouco mais de abertura e a começarem a prestação de contas. Os grupos 201 começam a introduzir um currículo ou um estudo regular e encorajam os membros a terem ainda mais abertura e a utilizarem mais a prestação de contas. Nossos grupos 201 oferecem uma rede de cuidado para as pessoas, um sistema de apoio básico em tempos de necessidade.

Nossos grupos antigos e limitados a "fazer discípulos" serviram de protótipo para os grupos 301. Esses grupos se reuniam regularmente para estudos bíblicos elaborados, para a oração e para a prestação de contas. Os membros desses grupos dão importância cada vez maior à aprendizagem e vêem seus grupos como fontes de cuidados primários e de relacionamentos de longo prazo. Finalmente, os grupos 401 levam tudo um passo adiante, reunindo-se semanalmente, fazendo contatos entre as reuniões, buscando um desenvolvimento e crescimento intencional, além de explorar os papéis de liderança no corpo. "Participar intimamente da vida juntos" é uma frase que usamos para descrever o que a comunidade experimenta no ambiente do nível 401.

Essas não são categorias rígidas e rápidas, e não usamos esses rótulos publicamente. (Ninguém na igreja diria: "Estou no grupo 301".) Em vez disso, esses termos ajudam os líderes de área e os líderes de divisão a avaliar a abrangência de faixa dentro de determinada área ministerial. Quando mais ampla for a abrangência de faixa, maiores são as chances de as pessoas entrarem na comunidade.

Disputa de poder — "nós *versus* eles"

À medida que a abrangência de faixa for ampliando, você provavelmente precisará enfrentar um padrão de pensamento negativo, mas muito comum. As disputas de poder "nós *versus* eles" irrompem entre os diferentes tipos de grupos ou entre os grupos pequenos e os ministérios que ainda não usam grupos pequenos como estratégia fundamental. Esse problema é mais comum em igrejas que estão passando para o modelo de igreja *de* grupos pequenos. (Em uma igreja *com* grupos pequenos, os dois tipos de esforços ministeriais são geralmente aceitos. Assim, temos tanto/quanto, não "nós *versus* eles").

Percebemos pela primeira vez esse padrão de pensamento negativo durante nossa transição para nos tornarmos uma igreja *de* grupos pequenos. Nossos antigos grupos 301 — único tipo de grupo que tínhamos na época — se reuniam três vezes ao mês por duas horas e seguiam um currículo estruturado. Em 1991 e 1992, lançamos os "grupos comunitários" do nível 101, em que oferecíamos lugares seguros para as pessoas começarem a se ligar, especialmente as que ainda não estavam prontas para se comprometer com um estudo bíblico de dois anos. Achávamos que, se pudéssemos ligar essas pessoas em um grupo do nível 101, poderíamos, posteriormente, encaminhá-las para assumir um compromisso no nível 301.

Subestimamos a importância dessa mudança. Em vez de ver os grupos no nível 101 como flexíveis e soltos, os grupos do nível 301 diziam: "Vocês não querem ver as pessoas crescendo na fé. Vocês só querem sociabilizar". Para não levarem a pior, os grupos comunitários retrucavam: "E vocês só querem encher a cabeça das pessoas de conhecimento; vocês, na verdade, não se importam com as pessoas a não ser que elas se empenhem em memorizar a Bíblia ou sejam candidatos à liderança". Assim, como duas crianças que discutem sobre qual bicicleta anda mais rápido, eles descuidaram da visão. Tivemos de enfrentar esses grupos, desfazer os mitos e os conceitos equivocados para validar a contribuição dos grupos 101 e 301. Hoje, rimos das escaramuças, mas o pensamento "nós *versus* eles" indicou que precisávamos mudar nossa definição restrita de vida de grupo. Uma definição restrita do que é aceitável pode seduzir as pessoas à arrogância espiritual, na qual um grupo se sente superior ao outro.

Certa feita, Mohammad Ali estava sentado dentro de um avião pronto para decolar. A comissária de bordo pediu-lhe que fechasse o cinto de segurança. Ele respondeu: "Eu sou o maior", lembrando-a de sua fama no boxe e recusou-se a usar o cinto. "Muhammad Ali é o maior lutador de todos os tempos. Eu sou o maior — eu sou um super-homem. E um super-homem não precisa de cinto de segurança". A comissária respondeu calmamente: "O Super-Homem não precisa de avião!".

Sempre que há uma mudança, existe a possibilidade de ocorrer arrogância. Um grupo sente-se superior ao outro. Isso pode ocorrer entre os líderes da escola dominical ou da comunhão bíblica de adultos e os líderes de ponta de grupos pequenos fervorosos. À medida que as igrejas introduzem grupos pequenos, podem surgir dois campos que competirão por recursos pessoais e pelo título de prestígio — "Eu sou o maior!". Teremos classes ou grupos? Quem ganhará? Quem é melhor? Logo, os líderes acham que uma ênfase cada vez maior no ministério de grupos pequenos acabará "matando" a comunhão bíblica de adultos ou a escola dominical. Esse é o pensamento pernicioso do "nós *versus* eles".

Você perceberá o efeito limitador quando os ministérios começarem a comparar e contrastar seus grupos. Mesmo em igrejas com menos de vinte grupos pequenos, as pessoas se tornam peritas no jogo da comparação. Isso é verdade, especialmente em igrejas que desenvolvem grupos pequenos baseados em afinidade. Por exemplo, os obreiros de tempo integral dizem: "Nossos grupos de homens são fortes, mas nossos grupos de casais não parecem tão comprometidos assim". Eles usam a freqüência às reuniões como medida-padrão para o sucesso. Eles se esquecem de que os homens podem se reunir semanalmente no almoço, antes do trabalho e, quase sempre, em qualquer noite (exceto durante os jogos olímpicos ou durante a temporada de futebol, de basquetebol e de voleibol). Reunir casais duas vezes por mês envolve uma logística mais refinada, pois é preciso organizar quem cuidará das crianças, além de ajustar-se aos horários de trabalho. Embora ambos os grupos possam prover a comunidade e o crescimento, os obreiros percebem as diferenças e julgam um ministério superior ao outro. A não ser que você trate dessa questão, os ministérios com muitos grupos 301 e 401 sentir-se-ão superiores e desvalorizarão os ministérios com grupos 101 e 201.

É necessário que haja grupos em todos os níveis para ligar todas as pessoas da congregação. E qualquer ministério que comece a valorizar certos grupos mais que outros, será menos eficiente com seu público alvo do que se estivesse preparado para conectar as pessoas em todos os níveis. Não perca a oportunidade de envolver toda a igreja no ministério. Procure dissuadir os ministérios de enfocar demais os grupos do nível 301 e 401 ou de começar somente grupos do nível 101 e 201. Mantenha ampla a abrangência de faixa.

Um instrumento a ser usado quando você percebe uma mentalidade comparativa é dirigir uma "auditoria de grupo" para ver o que a formação de grupos de 101 a 401 significa em determinado ministério ou divisão. Ao colocar todos os grupos do ministério em um *continuum*, você pode testar quão limitada é a definição de grupos pequenos. Em nossa experiência, ligar as pessoas nos níveis 101 e 201 é o melhor meio para iniciar a *fome* por uma comunidade no nível 301 e além!

INÉRCIA E DESVIO DA ROTA

Quando a transição na Willow Creek se consolidou, desenvolvemos uma formação saudável de grupos pequenos ao longo de toda a abrangência de faixa, do nível 101 ao 401. Achávamos que tínhamos fixado a filosofia de abrangência de faixa no DNA de nosso ministério.

Porém, posteriormente, uma coisa misteriosa começou a acontecer. A primeira vez que eu (Russ) percebi isso foi durante uma conversa com uma de nossas líderes de divisão, que supervisionava os grupos pequenos em nosso ministério de mulheres. Durante uma discussão informal acerca dos últimos acontecimentos em sua divisão, ela descreveu sua satisfação por ter acabado, com sucesso, uma série de grupos de convívio para mães. Estava orgulhosa ao contar-me que toda a sua divisão agora só tinha grupos semanais de estudos bíblicos. O alarme soou na minha cabeça.

Por quê? Minha esposa participou de um daqueles grupos de convívio para mães enquanto criava nossos três filhos. Sabia que esse grupo fora uma ajuda espiritual para ela e para todas as mães de seu grupo. Os grupos de convívio ofereciam às mães um tempo semanal para ligar-se por meio de conversas adultas, de oração umas pelas outras e de apoio para seus desafios na educação dos filhos. Embora não abrissem a Bíblia durante o tempo em que estavam juntas, elas levavam a prestação de contas mais a sério e tinham uma comunhão mais profunda que alguns grupos dos níveis 301 e 401.

Depois de minha conversa com aquela líder de divisão, o alarme desligou e uma luz acendeu. Tínhamos estreitado a definição dos grupos outra vez, retrocedendo mais uma vez ao lugar onde somente os grupos do nível 301 tinham valor. Logo percebemos que uma dinâmica semelhante ocorrera em outros ministérios. A causa era simples: o maravilhoso legado dos grupos de discipulado tinha um efeito de âncora entre alguns voluntários e obreiros de tempo integral. Eles se esqueceram da importância de manter uma série de grupos abertos para relacionar-se com as pessoas onde elas se encontravam. Estava na hora de confessar e agir. Hoje estamos de volta aos trilhos, mas devemos tomar cuidado com os deslizamentos.

Se você alcançar uma abrangência de faixa mais ampla em seu ministério de grupos pequenos, não declare a vitória cedo demais. Em vez disso, tome cuidado com relação à inércia e ao desvio de rota criada pelas antigas definições.

DEFINIÇÃO OBSCURA DE GRUPO PEQUENO

Ao deparar com uma definição obscura de grupo pequeno, os líderes de igreja tendem a recuar e voltar para as definições restritas. Por exemplo, os líderes de grupos pequenos definem de forma rígida as expectativas do crescimento espiritual de seus membros e acabam colhendo o fracasso e a frustração. Os líderes de ministérios "não-convertidos" — departamentos que ainda não usam grupos pequenos como estratégia básica — vêem os grupos pequenos como um modelo limitado que acabará por estorvar seus programas bem organizados.

Se você encontra líderes de grupos pequenos desencorajados ou responsáveis por departamentos resistentes, então é possível que sua igreja precise definir de maneira mais precisa as expectativas espirituais e os elementos essenciais dos grupos pequenos.

Impaciência com o desenvolvimento espiritual

Todos sabem que a missão do líder de grupo pequeno é tornar discípulos os membros do grupo, certo? Falamos muitas vezes exatamente isso aos nossos líderes. Desenvolva as pessoas para se tornarem maduras, faça discípulos, leve as pessoas a uma devoção plena. Batemos nessa tecla regularmente. O que os líderes "normais" de grupos pequenos começam a pensar quando essa mensagem é repetida com tanta freqüência? Começam a achar que devem tornar um cristão carnal em uma madre Teresa em dois anos, ou até em menos tempo. Inadvertidamente, comunicamos aos líderes que eles falharam se não passaram seus grupos por todo o "tubo" desde o nível 101 até o 401.

Nossa falta de cuidado para estabelecer expectativas de discipulado fez com que os líderes retornassem para sua antiga e restrita definição de grupos pequenos. O crescimento cristão leva tempo; todos nós sabemos disso. E, normalmente, ocorre por meio de uma série de influências e de experiências. Contudo, às vezes, damos aos líderes a impressão de que eles são responsáveis por passar em seus grupos tudo que uma pessoa precisa para crescer. Todos sabemos que isso é impossível. Muitas vezes, tudo que podemos fazer é ajudar as pessoas a dar o próximo passo em sua fé, um passo por vez. É assim que a vida no grupo funciona. Tem que ver com ajudar a pessoa a dar o próximo passo no seu desenvolvimento espiritual. E será necessário uma variedade de experiências de grupo ao longo do tempo para a ajudar as pessoas a seguir em frente.

Por exemplo, uma pessoa pode começar em um grupo do nível 101, servindo em uma equipe ministerial. Depois de completar sua tarefa ministerial, os membros do grupo continuam as conversas iniciadas em seu período de comunidade. À medida que se sentem mais seguros, um membro ou o líder arrisca dizer: "Ei, que tal se todas as semanas chegássemos quinze minutos mais cedo para um breve período devocional como parte de nossa reunião?". O grupo concorda, e eles começam seu processo em direção ao nível 201. Boas experiências de grupo tendem a despertar uma fome para mais — mais oração, mais estudo, mais comunidade e mais vida juntos. Bons líderes permitem que o processo natural de desenvolvimento guie o grupo para níveis mais profundos de crescimento e de atividade.

Ministérios não sintonizados temem a estrutura de grupo pequeno

Se você está remodelando uma igreja *com* grupos pequenos (em vez de plantar uma nova igreja na qual os grupos são a base), terá de decidir que ministérios serão construídos sobre o fundamento de grupos pequenos. Em determinado momento, você terá de formular estratégias de como a comunidade deverá afetar cada departamento de sua igreja. O processo pode levar longo tempo. Levamos quase dez anos para implementar a visão por toda a igreja. Alguns acham que isso é rápido (porque somos contemporâneos e podemos mudar as coisas à velocidade de um raio se comparado com as igrejas "tradicionais"); outros pensam que o processo é lento (porque somos tão grandes, e leva muito tempo para mudar a rota do navio de guerra). O tempo de transição, na verdade, não depende de nenhuma dessas realidades; ao contrário, depende de quão rápido cada ministério compra a visão e sobe a bordo.

A assimilação da visão depende de duas coisas. Primeiro, os departamentos devem reconhecer que, embora os grupos pequenos autênticos têm elementos essenciais em comum, eles podem assumir formas bem diversificadas. Segundo, também devem reconhecer que adotar uma estrutura de grupos pequenos pode melhorar, em vez de destruir, um ministério bem-sucedido.

O que é considerado grupo pequeno

A arma fatal na batalha contra a definição restrita de grupos pequenos é uma definição oficial precisa do que é considerado e do que não é considerado grupo pequeno em sua igreja. Sem uma definição clara de grupos pequenos, suas frustrações nunca cessarão.

No apêndice 6, como uma referência, você encontrará nossa definição atual de grupo pequeno, mas aqui estão os elementos críticos de qualquer descrição detalhada de grupo:

- *O papel do líder.* O líder é a pedra angular de nossa definição. Não existe grupo sem líder, e qualquer agrupamento de pessoas sem um líder identificado não é "oficial". Todos os nossos ovos estão na cesta da liderança.
- *A natureza da conexão.* Especifique como as pessoas se relacionarão umas com as outras e com o líder. A habilidade de construir uma comunidade duradoura depende da freqüência e do grau de integração, que, por sua vez, determina o compromisso do grupo e sua longevidade.
- *Uma comunidade de cuidado.* Um teste seguro da unidade com relação à idéia de grupo (ou o que alguns peritos chamam "coesão") é o que acontece quando um dos membros está diante de uma tempestade em sua vida. Quando o grupo dá ajuda e apoio piedoso, podemos dizer que foi criada uma comunidade que cuida dos outros.
- *Os próximos passos espirituais.* Os parâmetros espirituais, as expectativas e os próximos passos proporcionam a cada grupo um alvo de crescimento. Quando os objetivos e as oportunidades de discipulado estão claros, os líderes podem levar os membros do grupo a um crescimento saudável e à mudança.
- *Propensão à comunidade abrangente.* É essencial que os grupos compreendam e declarem suas intenções com relação aos novos membros. Os grupos precisam decidir como e quando se abrirão para os que estão à busca de um grupo pequeno.

Outros elementos de nossa definição atual de grupo pequeno são significativos, mas esses elementos definem os grupos pequenos da Willow Creek Community Church. Queremos construir comunidades que cuidam dos outros e cujos líderes liguem as pessoas à comunidade e levem os membros a dar seu próximo passo espiritual. Esses grupos podem funcionar em todos os tipos de ambientes, conforme descrito no capítulo 12. Porém, ao termos uma definição clara, prevenimos que a abrangência de faixa do grupo pequeno seja restringida.

Se não está quebrado, por que consertá-lo?

Alguns ministérios não estão dispostos a sintonizar com o ministério de grupos pequenos porque sua estratégia atual é eficaz. Afinal, se não está quebrado, por que consertá-lo? Na Willow Creek, percebemos que quando os ministérios entendem devidamente os aspectos essenciais de um grupo pequeno, eles podem usar a estratégia para tornar bons ministérios ainda melhores.

Por exemplo, nosso ministério de casamento usava uma abordagem de discipulado — em que um casal servia de mentor a outro casal — altamente eficiente para preparar os casais de noivos para uma vida juntos. Não queríamos acabar com essa estratégia saudável e produtiva. Só queríamos tornar uma boa estratégia ainda melhor, introduzindo o ministério de grupos pequenos. Discussões francas e abertas com os líderes desse ministério, em que procurávamos explorar várias opções, gerou uma nova idéia. E se um casal mentor se responsabilizasse por dois casais de noivos e formassem um grupo pequeno como um meio de completar o processo de discipulado? Introduzimos essa nova experiência, e ela funcionou. Os casais mentores aumentaram sua capacidade de aconselhamento, e os grupos pequenos que começavam com sessões pré-matrimonias — inicialmente com apenas dois casais —

tornavam-se, nos meses que se seguiam, oportunidades para enviar outros recém-casados. Não demorou muito para que muitos grupos fossem formados, e esse ministério deslanchou.

Queremos citar mais dois exemplos de como alguns ministérios específicos podem passar pelo processo de transição sem serem destruídos, à medida que a abrangência de faixa é ampliada. Além de iniciar uma variedade de grupos pequenos, nosso ministério de mulheres incluía um forte elemento de discipulado individual. À medida que dávamos passos para tornarmo-nos uma igreja *de* grupos pequenos, muitos mentores questionavam se seriam deixados de lado. Fizemos exatamente o oposto. Propusemos mudar o foco individual puro referente ao discipulado — o um a um — para um enfoque distinto — um para três — de desenvolvimento da liderança, uma estratégia modificada do grupo-turbo que ampliou profundamente o impacto dos mentores. Depois de algumas tentativas, essa proposta está funcionando, mas ainda está em processo de desenvolvimento enquanto escrevemos este livro. No entanto, um ministério de mentores mais fortalecido está emergindo, o qual honra o passado e, ao mesmo tempo, alinha-se com a visão global para o futuro.

Nosso ministério de aconselhamento financeiro, denominado "bom senso", é outro excelente exemplo de como a transição para uma abordagem de grupo pode melhorar os departamentos bem-sucedidos. Desde seu início, o Bom Senso formou inúmeros conselheiros que auxiliaram as pessoas da igreja por meio do aconselhamento pessoal, de ajuda com seu orçamento, de planejamento e de administração de dificuldades financeiras. Depois que milhares de pessoas foram auxiliadas por esse ministério, decidimos rever a estratégia. Não em razão de não estar funcionando bem, mas porque poderia funcionar melhor.

"Fizemos a transição para uma abordagem baseada em grupos", diz Jim Riley, diretor do Bom Senso, "e a resposta foi extremamente positiva. Essa mudança trouxe à tona um grupo novo de líderes e resultou em uma nova energia para os voluntários (bem como para o diretor!). Nosso plano é ter dois conselheiros/líderes do Bom Senso para acompanhar de quatro a seis famílias, liderando-as com um currículo de dez semanas. Depois de um ensino para um grupo grande, os grupos pequenos enfocarão a discussão e a oração ao redor de suas mesas, bem como a ajuda financeira". Os líderes continuarão com seus grupos depois desse currículo inicial. Pelo menos trinta conselheiros se tornarão líderes de grupos pequenos em três meses, acrescentando o treinamento de liderança de grupos pequenos à sua habilidade na área de aconselhamento.

Os líderes de ministérios não sintonizados muitas vezes apresentam uma definição restrita de grupos pequenos. Eles procurarão explicar por que os grupos não funcionarão em seu ministério e provarão para você como a estratégia em vigor é muito eficaz. Caso se esforce para explorar as estratégias do tipo "ganhar ou ganhar" com esses líderes, você será capaz de expandir dramaticamente a definição e o conceito atual de como os grupos pequenos podem funcionar. Isso, com relação à formação de grupos pequenos nesse ministério, abrirá a porta para benefícios ainda maiores e, provavelmente, ampliará a abrangência desse ministério além do que eles jamais poderiam imaginar.

Uma clara definição de grupos pequenos protege você de acusações do tipo: "Você só se importa com números" ou: "Você só se importa com as pessoas que estão em grupos pequenos". Os obreiros de tempo integral, os membros dos conselhos e os presbíteros se beneficiarão de uma definição clara da vida de grupos pequenos e de como essa perspectiva se encaixa na missão global da igreja. Durante as crises ou quando há oposição à visão, as definições claras permitirão que você tenha uma frente unida sem precisar tornar-se combativo. Visto que as definições esclarecem, elas também unem. Quando a definição é abrangente o bastante para permitir uma variedade de expressões de comunidade, cada pessoa na igreja terá uma oportunidade para entrar na vida comunitária e para crescer espiritualmente.

UMA OPORTUNIDADE DE LIDERANÇA

Nossa definição de grupos ao longo do *continuum* 101-401 resultou em oportunidades cada vez maiores no desenvolvimento de liderança. Nem todos estão preparados para entrar no grupo pequeno do nível 301 — e não existem muitos líderes que possam liderá-los sozinhos. No momento em que um espectro amplo de grupos é criado, você aumenta os pontos de entrada para os líderes, dependendo de seu desenvolvimento e de seu treinamento. Os grupos no nível de entrada podem ser ideais para as pessoas receberem suas primeiras tarefas de liderança. Contudo, os grupos de estudo bíblico mais profundo, do nível 401, realmente precisam de alguém com experiência para liderá-los. Uma comunidade e os grupos de serviço que iniciam no nível 101 requerem menos conhecimento bíblico, o que permite que os líderes cresçam e se desenvolvam até que tenham condições de pastorear grupos dos níveis 201 e 301.

Ao lidar com o aspecto da abrangência de faixa do grupo, você não só obterá benefícios na área da liderança, mas sua igreja crescerá na habilidade de suprir as necessidades múltiplas apresentadas pelas pessoas que anseiam participar da comunidade. A maioria das pessoas procura um lugar a que pertencer, não um evento de que para participar. Elas precisam de amigos e de orientadores, de mentores e de confidentes, pessoas que se importem com elas e que as tornem discípulas. Não podemos esperar que todos se registrem em um grupo de estudo bíblico tradicional, no qual somente os mais fortes sobrevivem. Assim, também é injusto dizer que pessoas que não escolhem esse tipo de estudos bíblicos não são comprometidas ou não conseguem lidar com essa situação.

Jesus disse: "Quem não toma a sua cruz e não me segue, não é digno de mim" (Mt 10.38). No entanto, lembre-se, ele também disse: "Venham a mim, todos os que estão cansados e sobrecarregados, e eu lhes darei descanso" (Mt 11.28). Alguns precisam ser desafiados, outros precisam ser confortados; mas todos precisam de um lugar.

Examine todas as oportunidades para ligar as pessoas. Identifique práticas sacramentadas de grupos pequenos ou definições de fórmulas que se tornaram restritas e sem vida. Considere um conceito mais amplo de comunidade. Os grupos 301 podem alojar líderes que poderiam assumir o desafio de pastorear os grupos do nível 101. Eles apenas precisam de uma chance. Ou você talvez precise ressuscitar alguns ministérios que foram enterrados quando você elevou os critérios para o crescimento espiritual. Talvez você encontre indícios de experiências de grupos do nível 101 e 201 para as pessoas certas — as que precisam de um cutucão, não de um empurrão, para crescer espiritualmente. Ou, talvez, agora que você tem lentes novas através das quais pode ver as possibilidades dos grupos, verá grandes oportunidades em situações em que somente percebia desapontamento.

O próximo capítulo proporá muitas opções para estimular as "associações livres de idéias" criativas, as suas e as de outros líderes. Achamos que você acabará achando divertido ampliar a abrangência de faixa — para você e para seu povo.

capítulo 12

ESTRATÉGIAS E INSTRUMENTOS PARA AMPLIAR O RAIO DE AÇÃO DOS GRUPOS PEQUENOS

PASSAMOS OS ÚLTIMOS ANOS planejando uma investida maciça contra a restrição ou a estreiteza. Para tornar-se uma igreja *de* grupos, é preciso que haja uma ampla variação de opções de grupos. Múltiplos pontos de entrada e oportunidades de liderança estão se tornando uma prática-padrão, o que garante que cada pessoa encontrará um lugar na comunidade debaixo do cuidado vigilante de um pastor amoroso e treinado. A experimentação é a nossa estratégia-chave para manter uma abrangência de faixa bem ampla quanto à união de grupos pequenos.

Neste capítulo, apresentamos uma visão geral de princípios para o desenvolvimento de grupos pequenos, uma lista dos grupos da Willow Creek que apóiam cada parte de nossa missão e dicas para formar seus próprios grupos. Nossa intenção é que você adapte nossa experiência ao seu contexto e delineie suas próprias experiências de grupo. Muitas igrejas descobrem que não experimentaram as várias opções para a vida de grupos pequenos, quando espiam por cima da cerca lugares como a Willow Creek Community Church ou outras congregações ainda mais criativas para criar numerosas expressões da vida de grupos pequenos.

Outra palavra introdutória: muitos grupos pequenos ou equipes que descrevemos neste capítulo combinam a comunidade com uma tarefa, uma paixão, uma necessidade ou qualquer outra base para uma ligação inicial. Você pode concluir, revendo essas descrições, que esses são grupos aleatórios de pessoas trabalhando juntos para cumprir determinadas tarefas ou que estão ligados pelo desejo de receber apoio ou de ter uma oportunidade para servir. No entanto, esse não é o caso. Cada um dos lugares na comunidade é exatamente isto: uma comunidade de pessoas que encontraram seu caminho para o relacionamento, o encorajamento mútuo e o desenvolvimento espiritual nesse estágio da vida em grupos.

PRINCÍPIOS DOMINANTES PARA O DESENVOLVIMENTO DE UM GRUPO PEQUENO

Três princípios dominantes guiam nosso desenvolvimento de grupos pequenos por toda a igreja: um sistema de desenvolvimento comum, uma estrutura comum e uma base comum.

Nosso sistema comum — os cinco alvos — oferece-nos um paradigma para orientar e avaliar o desenvolvimento espiritual. Na verdade, tornamo-nos muito mais claros acerca do tipo de seguidores de Cristo que queremos desenvolver e como pastorear seu processo de desenvolvimento.

Esse sistema comum é, a seguir, colocado dentro de uma estrutura comum — o modelo adaptado da "metaigreja", no qual cada líder é pastoreado por um treinador. Os pastores responsáveis e preparados asseguram que os cinco alvos sejam ensinados, praticados e integrados semanalmente à vida em grupo.

O terceiro princípio — uma base comum — é alcançado ao fomentar a afinidade. Os grupos na Willow Creek são organizados em torno de afinidades, aquelas coisas que as pessoas têm em comum. As afinidades não representam a completa expressão da vida comunitária no corpo. Elas simplesmente são um meio de unir as pessoas para que as pequenas comunidades possam começar a ser formadas. É relativamente fácil para uma pessoa em qualquer estágio de sua vida ou de sua maturidade encontrar um grupo pequeno baseado em afinidade. No entanto, logo descobrimos que pessoas dentro de determinada área de afinidade são muito diferentes. Grupos de afinidade respondem ao nosso desejo inato de nos relacionarmos com os outros. Nesses grupos, devemos exercitar o amor, a determinação e a intenção de tornarmo-nos uma comunidade cristã.

A maioria dos grupos pequenos se enquadra em um dos quatro grupos de afinidades principais: baseado na idade/estágio, baseado no interesse, baseado na tarefa ou baseado no cuidar dos outros. Usamos essas categorias para avaliar a abrangência de faixa e para descrever a ampla variedade de experiências de grupo possíveis na Willow Creek. (V. mais acerca dessas categorias no apêndice 2 do livro *Edificando uma igreja de grupos pequenos.*)

Visto que, por décadas, a maioria das igrejas que adota o modelo de igreja em células e de igreja nas casas organizou-se geograficamente, algumas pessoas perguntam por que usamos a afinidade como nosso método organizacional principal. Na verdade, usamos também a geografia em algumas situações e iniciamos uma estratégia de igreja regional para ajudar as pessoas a se conectarem dentro de seu contexto geográfico. Mesmo assim, os grupos baseados em afinidade proporcionam o tipo certo de variedade em nossos grupos pequenos, para que possamos agrupar as pessoas no local onde *elas* estão prontas para conectar-se. Mais cedo ou mais tarde, todos os modelos baseados no contexto geográfico acrescentam grupos de afinidade para acomodar o número substancial de pessoas que não podem se ligar por meio de sistemas baseados na geografia ou na vizinhança. (Grupos-tarefa são o melhor exemplo disso).

Independentemente de nossa abordagem, quando você une a disposição para ligar-se e o interesse ou a paixão de alguém e, depois, define em que ponto isso converge para um ministério já existente ou passível de ser criado, é possível formar uma comunidade de grupo pequeno. Esperamos que você use as idéias geradas até o momento na Willow Creek como fundamento para a criatividade que pode empregar para ligar as pessoas no caleidoscópio de relacionamentos encontrados na igreja. Se todos continuarmos a explorar os diversos meios para a ligação nos grupos pequenos, criaremos um conjunto interminável de novos métodos para dar às pessoas a oportunidade de se reunirem para a conexão, para cuidar dos outros e para a transformação espiritual.

PONTOS DE ENTRADA PARA CADA AFINIDADE

Aqui estão alguns exemplos de como as pessoas descobriram a verdadeira comunidade na vida de grupos pequenos na Willow Creek.

Contabilidade/Finanças. Esse ministério salvaguarda a integridade financeira e a mordomia saudável dos recursos confiados à Willow Creek. Grupos pequenos são formados entre os que são responsáveis pelas ofertas e administram as rotinas diárias das receitas e das despesas, das contas a pagar, da folha de pagamento, dos extratos bancários e dos serviços de consultoria finaceira. Esse ministério presta um serviço valioso para a igreja, além de ser um meio de ligar os homens e as mulheres com essas habilidades ou esses dons. Como ocorre com muitos grupos baseados em tarefas, conforme já descrito, os que fazem parte do ministério de contabilidade têm, muitas vezes, seu tempo de grupo pequeno antes ou depois do trabalho, de acordo com o pacto do grupo. O escopo desses grupos varia desde o que dedica um período para que compartilhem e orem, cuja duração é de cerca de vinte minutos, até grupos em longo prazo que proporcionam não somente um estudo bíblico semanal, mas também muitas oportunidades às pessoas para que se conectem entre as reuniões e "vivam a vida juntos".

Áxis. Eixo. Iniciamos o ministério Áxis há vários anos para ajudar nossa igreja a alcançar e a envolver a geração pós-moderna, mas seu objetivo principal é ajudar as pessoas jovens a partir dos dezoito anos a experimentar a comunidade centrada em Cristo. O ministério Áxis tem grupos para casais, solteiros, homens, mulheres, pessoas na área do serviço, de programação, produção, missão e evangelização. Eles também têm grupos nas casas, em que vários deles se reúnem em determinada casa e se dividem em subgrupos para passar certo tempo juntos. Os subgrupos estudam o mesmo conteúdo que o grupo grande estudou e participam de um debate orientado para a aplicação prática do texto. Embora não exista uma fórmula fixa, os grupos *e* os subgrupos decidem o ritmo da relação e do aprendizado que desejam seguir.

Acampamento Paraíso. O acampamento de verão da Willow Creek na península Superior de Michigan oferece um lugar para estudantes, para pais e filhos, para pais e filhas e outros encontros. Esses acampamentos não só criaram os grupos pequenos de serviço, que viajam regularmente ao acampamento para trabalhar ali, mas também são um catalisador para os grupos de estudantes e de homens em toda a igreja.

Operações no campus e desenvolvimento. Como ocorre com muitos nossos grupos pequenos e equipes de serviço descrito neste capítulo, esses grupos visam combinar uma tarefa com a comunidade, assim como a comunidade com uma tarefa. Eles se organizam das mais diversas formas. Alguns grupos se reúnem para um período de integração, partilha e estudo em uma semana e para servir na outra. Existem também equipes que aproveitam o tempo de serviço para reunir-se nos mais variados grupos voltados ao discipulado. Como já descrevemos neste livro, confiamos os detalhes da agenda de cada grupo ao líder por meio do processo de pacto. Entrementes, o treinador monitora e auxilia o líder da equipe de serviço na evolução do grupo. As equipes que fazem parte das Operações no Campus e Desenvolvimento são as seguintes:

- *Equipe de Serviços Gerais.* Esses líderes contribuem para um ambiente livre de distração na Willow Creek, por meio de grupos de serviço formado por membros do corpo de obreiros e dos voluntários, que limpam e arrumam as salas, as mesas na área de alimentação, auxiliam no preparo do equipamento audiovisual, limpam os escritórios, garantem a segurança durante o dia e a segurança das dependências.
- *Jardim.* A atmosfera de parque da Willow Creek é minuciosamente cuidada por várias equipes dedicadas — incluindo os grupos Adote um canteiro (que cuidam de canteiros específicos de flores ou árvores). Assim, temos as equipes que cuidam das plantas no interior do edifício, os paisagistas que cuidam do aspecto geral do jardim, da grama, da remoção de neve, além de grupos de serviço responsáveis pela manutenção dos veículos. Essas equipes também trabalham em parceria com o ministério de extensão (missões) para as oportunidades de ministério fora do nosso *campus.*
- *Manutenção/Engenharia.* Pessoas com vários níveis de habilidades servem em um ministério que oferece uma valo-rosa experiência de comunidade enquanto mantém nossas dependências em excelente funcionamento e aparência.

- *Tráfego.* Esses homens, mulheres, estudantes e crianças são agora famosos na Willow Creek devido às suas jaquetas laranja e os cones de tráfego. Essas equipes garantem uma recepção "segura" para todos que vêm à Willow Creek.

Ministério de Cuidado Comunitário. Grupos de mecânicos, funileiros, pessoas que trabalham com autopeças, motoristas de guincho surgiram como uma comunidade heróica na Willow Creek. Eles coordenam as doações e os reparos por meio do Ministério de Cuidado Comunitário. Os grupos desse ministério oferecem a manutenção e os consertos de veículos para as mães solteiras, as famílias necessitadas, o tempo de reunião funcionando como apoio para outras oportunidades de servir. Nossos grupos escolhem seu próprio conteúdo para as reuniões, que pode ser modificado de acordo com as necessidades de seus membros; portanto, esse procedimento também é válido para o Ministério de Cuidado Comunitário. A ampla variedade permite uma abrangência de faixa bem diversificada.

Artes e Comunicação. Os artistas se ligam à comunidade para tornar a Willow Creek e seus ministérios conhecidos por meio de formas de expressão artística escritas e visuais, apresentadas com eficiência, eficácia e excelência. Escritores, editores, desenhistas, ilustradores, fotógrafos e uma variedade de outras artistas visuais contribuem para essa comunidade.

Cuidado Comunitário. Esses grupos cuidam de pessoas em tempos de crise ou de extrema necessidade. Esse ministério não somente supre as necessidades na área de cuidado dos membros do grupo, mas também usa um currículo específico para atender às necessidades espirituais ou de discipulado que aparecem. Muitos grupos incluem um breve ensino ou uma "história real", que servem como base para as discussões no grupo. Os grupos são formados para ligar as pessoas que precisam desesperadamente do toque de nossa igreja nas seguintes áreas:

- *Um Lugar Seguro.* Fornece informação e apoio para ajudar homens e mulheres a crescerem e serem curados de conflitos na área sexual, emocional e relacional, ligados à atração pelo mesmo sexo.
- *Apoio para Pessoas com Câncer.* Apóiam pessoas com câncer e suas famílias, à medida que as estimulam a caminhar em direção à esperança, à cura e ao sentimento de integridade.
- *Carreira.* Oferece perspectivas e ajuda prática para as pessoas que estão em fase de transição de carreira.
- *Assistência Social/Benevolência.* Dá atenção, encorajamento e apoio para os que buscam ajuda por meio do ministério de cuidado comunitário.
- *Cristãos em Recuperação.* Fornece apoio recorrendo às Escrituras, com interação em um grupo pequeno, em que os membros são apresentados aos princípios de doze passos, em um grupo concentrado em Cristo, para os que estão se lutando contra o álcool e a dependência química.
- *Aconselhamento.* Provê uma rede de conselheiros cristãos na área de Chicago.
- *Restauração do Divórcio.* Apóia os que estão passando pelo divórcio.
- *Violência Doméstica.* Proporciona apoio, estímulo e recursos para mulheres vítimas de relacionamentos violentos e abusivos.
- *Fiel e Verdadeiro para os Homens.* Provê apoio e encorajamento para os homens que buscam manter a pureza e a integridade sexual em um mundo sexualmente depravado.
- *Fiel e Verdadeiro para as Mulheres.* Dá apoio e estímulo para as mulheres que estão lutando pela própria integridade sexual ou à de seu parceiro.

- *Despensa de Comida.* Fornece comida e apoio para os que estão passando por dificuldades financeiras.
- *Apoio no Sofrimento/Apoio no Sofrimento de Crianças.* Leva consolo conforto e esperança para os que estão passando pela dor da perda de um ente querido.
- *Cabeleireiras(os).* Tocam a vida dos que não podem se dar o luxo de pagar os serviços de um(a) cabeleireiro(a).
- *Curando os Corações.* Oferece apoio para mulheres sobreviventes ao abuso sexual e/ou estupro.
- *Ministério para os Sem-Teto.* Em cooperação com uma organização municipal, esse ministério dá abrigo para os sem-teto.
- *Visitas a Hospitais.* Consola e estimula os que estão hospitalizados ou acamados e não recebem apoio de um grupo pequeno.
- *Ministério Leigo.* Auxilia os pastores da área de ensino em um lugar adequado depois dos cultos, ao ouvir e dar direção espiritual às pessoas necessitadas.
- *Restauração Marital.* Empenha-se no processo de cura de casamentos problemáticos.
- *Ministério Médico.* Serve os profissionais médicos e promove o cuidado médico para as pessoas em necessidade.
- *Oásis.* Dá apoio a crianças (desde o nascimento até o nível secundário) que sofrem em razão da destruição de sua família.
- *Desordem Compulsiva Obsessiva.* Fornece perspectiva, encorajamento e apoio às pessoas que estão lutando contra a desordem compulsiva obsessiva.
- *Encontrando o Caminho.* Encoraja os que estão sofrendo com doenças crônicas e dá apoio às suas famílias.

- *Cura para o Abortos.* Apóia as mulheres que estão procurando bem-estar e perspectiva depois de passarem por um aborto.
- *Pastor do Dia.* Oferece ouvidos atentos e orientação espiritual aos que telefonam ou vêm para a igreja com perguntas e preocupações espirituais.
- *Ajuda pelo Telefone.* Consola em situações de crise e auxilia as pessoas que telefonam, ligando-as aos conselheiros cristãos e aos recursos comunitários.
- *Depressão Pós-Parto.* Acompanha as mulheres que estão experimentando mudanças emocionais e desafios depois do nascimento de um bebê.
- *Grupos de Auto-Ajuda.* Facilita as reuniões dos doze passos tradicionais para os que estão se recuperando de um vício.
- *Alguém que Eu Amo.* Dá apoio a membros da família e aos amigos de homossexuais.
- *Amigos Especiais.* Amparar as pessoas deficientes — tanto as crianças quanto os adultos — e suas famílias.
- *Fome Verdadeira.* Dá apoio para as pessoas que estão procurando perder peso.

Ministério para Casais. Oferecemos vários grupos para ajudar os casais a crescer no casamento e nos relacionamentos familiares. Esses grupos se comprometem em usar um currículo específico, um método de estudo bíblico indutivo ou discussões baseadas em mensagens que auxiliem o desenvolvimento espiritual em suas reuniões. As reuniões, muitas vezes, incluem compartilhamento, oração e outras práticas espirituais. As refeições ou lanches fazem parte da reunião do grupo! Alguns grupos estão ligados com base na proximidade geográfica, mas outros estão conectados conforme suas afinidades, tais como:

- *Várias Gerações*. Reúne as famílias e os solteiros, incluindo a crianças na experiência de grupo pequeno.
- *Preparando-se para o Casamento*. Oferece ajuda aos noivos para construírem casamentos centrados em Cristo, por meio de seminários, do perfil de sua personalidade e de casais que monitoram os que estão prestes a se casar.
- *Enriquecendo o Casamento*. Oferece ensino prático e aprendizagem interativa por meio de seminários planejados para ajudar a manter o casamento em terreno sólido.
- *Recém-Casados*. Une os casais que estão começando sua jornada marital.
- *Educando os Filhos*. Oferece atividades e grupos pequenos, cujo objetivo é estudar mais acerca de como educar os filhos para que sejam seguidores de Cristo e de como desenvolver as habilidades na área da educação de filhos.
- *Ministério para Idosos*. Supre as necessidades dos idosos (casados ou solteiros) por meio de encontros sociais, de grupos pequenos e de oportunidades de servir.

Evangelização. Os grupos nessa área ajudam as pessoas a dar os passos iniciais em seu desenvolvimento espiritual. Às vezes, esses grupos começam como um curso, outras vezes como uma comunidade baseada em afinidades, das quais são formados os grupos. Os líderes podem usar um currículo como *Perguntas difíceis* ou iniciar debates a partir do treinamento que recebem para conduzir grupos pequenos para pessoas que buscam (a Willow Creek Association, às vezes, oferece esse treinamento por intermédio de várias conferências). Os seguintes grupos estão incluídos no ministério de evangelização:

- *Em Busca da Verdade*. Lanchonetes e grupos pequenos para as pessoas que estão procurando respostas para as perguntas difíceis acerca do cristianismo. Depois, os líderes encaminham esses interessados para os grupos pequenos.

- *Conexão Internacional.* Procura suprir as necessidades particulares de estrangeiros na Willow Creek. São oferecidas várias oportunidades: os grupos pequenos, participar de reuniões e o ensino da língua, às vezes por meio da conexão inicial em que há tradução durante os cultos da igreja.
- *Novos Crentes.* Ajuda os novos crentes a buscar o desenvolvimento espiritual junto com outros que têm interesses e perguntas semelhantes.
- *Pessoas que buscam a verdade.* Provê um lugar seguro para explorar o cristianismo com outros que estão em busca da verdade. Nesses grupos, os interessados podem discutir as questões de ordem espiritual, expressar os pensamentos e as opiniões sem que haja nenhum julgamento por parte dos participantes, ouvir o que as outras pessoas interessadas estão pensando e aprender o que a Bíblia tem a dizer acerca da vida hoje.

Ministério de Esportes. Provê as oportunidades regulares para os que buscam a verdade e para os crentes de participarem de atividades esportivas, tais como futebol, basquetebol, voleibol e ciclismo, por meio de equipes organizadas para funcionar como grupos pequenos. Os "capitães" dos times não têm como função apenas supervisionar a equipe. Eles usam o tempo antes e depois do jogo, bem como o período fora da temporada, para manter os membros da equipe concentrados no que eles chamam de o "verdadeiro jogo", avançando além da atividade esportiva para o progresso espiritual, tanto para os crentes quanto para os que buscam a verdade.

Eventos Especiais. Esses grupos são bem conhecidos na Willow Creek Community Church, pois fazem mais que dar apoio à igreja e a seus ministérios, ajudando no agendamento das datas, no planejamento e na execução de um evento. Eles também participam de eventos específicos, cujo ponto central são os estudos bíblicos ou qualquer outro assunto relacionado à comunidade espiritual.

Ministério de Extensão (*Missões*). As equipes de voluntários são mobilizadas para suprir as necessidades de pessoas carentes. Como ocorre com outras comunidades baseadas em tarefas, esses grupos fazem mais que simplesmente ligar para realizar suas tarefas. Eles unem a paixão por estender as mãos de misericórdia com o coração cheio de amor por Deus e uns pelos outros. Os líderes são treinados para levar um número de servos a abordar alguns especificamente, mas também para apoiarem uns aos outros. Os grupos trabalham em áreas que incluem:

- *Construção da Extensão* (*Missão*). Desenvolve grupos de voluntários adultos, os quais englobam desde principiantes até comerciantes ou homens de negócios, para trabalhar no *campus* da Willow Creek, bem como no ministério conhecido por Casas — moradia para a humanidade e outros parceiros ministeriais em áreas locais, urbanas e internacionais.
- *Internacional.* Esses grupos trabalham em parceria com as igrejas e as organizações da República Dominicana, do México, da Costa Rica e de outras partes do mundo e preparam os participantes da Willow Creek para servir em equipes ministeriais de curto prazo com esses parceiros.
- *Nacional.* Trabalha em parceria com as igrejas e as organizações junto a outras igrejas emergentes que fazem parte da Willow Creek Association, para suprir as necessidades de comunidades carentes em várias

partes dos Estados Unidos, para que as equipes sirvam nesses locais por um curto prazo.

- *Urbano.* Trabalha em parceria com as igrejas e os ministérios de Chicago que ministram aos sem-teto e aos encarcerados, aos pais solteiros, aos idosos, aos famintos e aos membros de gangues. Provê também assistência às crianças e aos imigrantes.
- *Local.* Trabalha em parceria com as igrejas e os ministérios no subúrbio de Chicago, estabelecendo relacionamentos e mobilizando recursos. Trabalha em asilos de idosos, com crianças, com famílias em crise, com os sem-teto, com os jovens, com os pacientes de AIDS e com os jovens e adultos encarcerados.

Bom Senso. Conforme a descrição no capítulo 11, há grupos pequenos em que as pessoas se reúnem com o propósito de serem educadas a respeito de princípios financeiros bíblicos e de sua aplicação na administração das finanças pessoais.

Colheita. O ministério do setor de alimentação da Willow Creek inclui pessoas em grupos pequenos de serviço que administram a praça de alimentação, cuidam da alimentação em conferências e em eventos especiais, inclusive da decoração. Os grupos pequenos de colheita fazem mais que apenas encher pratos; pois, muitas vezes, se unem aos convidados — depois de terminarem suas tarefas — para consumirem o alimento espiritual juntos.

Recursos Humanos. Peritos em questões de recursos humanos e pessoal procuram encorajar e apoiar o chamado de Deus na vida de pessoas para o ministério vocacional, mas para desenvolver isso na comunidade.

Sistemas de Informações. Por meio da Conexão computador, esse ministério criou grupos pequenos de serviço composto de amantes da tecnologia, que fornecem o *hardware*, o *software*, a rede e a manutenção do complexo telefônico para a igreja. O ministério Conexão Computador oferece um evento de colheita trimestral para os usuários de computadores.

Mercado de Trabalho. Esse ministério, normalmente, é resultado do esforço conjunto de nossos ministérios de mulheres e de homens. Ele liga as pessoas a grupos por meio de eventos e de cursos designados para ajudar os homens e as mulheres a viverem sua fé no mercado de trabalho. Esse ministério inclui:

- *Aplicando a Fé no Trabalho.* Esse estudo bíblico ponderado ressalta os "momentos da verdade" no trabalho. Os tópicos incluem sucesso, equilíbrio, a busca da abundância, a liderança servil, o estresse, como lidar com pessoas difíceis, a conduta correta no trabalho, a honestidade, a luxúria e a vitória.
- *Buscando a Excelência na Vida Profissional.* Os grupos podem escolher um dos três breves estudos bíblicos designados para ajudar as pessoas a prosperar no trabalho — *Cornerstones work for calling* [*Os alicerces trabalhando a favor do chamado*], *Framing your ambition* [*Moldando sua ambição*] e *Ethical anchors* [*Âncoras éticas*].
- *Servos Executivos.* Esse ministério é designado para suprir as necessidades de homens e mulheres que trabalham como executivos, superintendentes, donos de negócios e vice-presidentes.
- *Grupos no Loop. Loop* é o termo usado em Chicago para o centro comercial da cidade. Grupos no *Loop* é uma reunião informal, de tamanho médio, de homens que fornecem um ponto de contato para os que querem participar de um grupo pequeno durante o trabalho. Um palestrante convidado fala acerca de um determinado tópico, que, a seguir, é discutido nos grupos pequenos.

À medida que os novos relacionamentos são formados, alguns grupos de discussão tornam-se permanentes, reunindo-se em dias, horários e locais adequados para seus participantes.

Ministério de Homens. Grupos de homens desafiam outros homens à mudança de vida em Cristo por meio de grupos pequenos que incluem homens solteiros e casados, com ou sem filhos. Incluem também os chamados "grupos para pais".

Ministério de serviços. Esse ministério está em transição, mas oferece serviços para os vários ministérios da igreja. Ao longo do tempo, cada uma dessas áreas colocou seus voluntários em equipes que unem suas tarefas específicas com uma comunidade espiritual transformadora, em que as pessoas cuidam também do aspecto relacional. O ministério de serviços inclui:

- *Centro de Atendimento Telefônico.* Grupos do corpo de obreiros ou dos voluntários direcionam as pessoas que ligam para o centro de atendimento telefônico com a pessoa ou o recurso adequado da Willow Creek.
- *Ministério de Proteção à Criança.* Proporciona um ambiente seguro para os menores da Willow Creek, ao selecionar os adultos que trabalham com as crianças.
- *Equipe de Conexão de Dados.* Ajuda a administrar os dados cadastrais das pessoas que entram em contato com a Willow Creek.
- *Ministério Primeiros Passos.* Esse ministério ajuda a ligar as pessoas a um grupo pequeno e oferece oportunidades para que se envolvam como voluntários, ao fornecer informações gerais acerca da Willow Creek nos balcões de informações, ao oferecer seminários e palestras no centro de recepção, além de mostrar as dependências do campus da igreja. Esses grupos possuem as chaves das "portas de entrada" da Willow Creek Community Church.

- *Afiliação.* Ajuda os participantes da Willow Creek a se tornarem membros e a renovarem periodicamente essa participação como membros.
- *Rede Ministerial.* Esse seminário ajuda os indivíduos a descobrir e a explorar seus dons espirituais. Grupos de voluntários patrocinam aulas para examinar o propósito da igreja e ajudam os participantes a encontrarem seu lugar como voluntários.
- *Ministério de Oração.* Intercede por todos aqueles que fazem um pedido de oração. Grupos pequenos de oração também oram por ministérios específicos, pela igreja e pelo mundo.
- *Treinamento e Desenvolvimento.* Oferece oportunidades de aprendizagem permanente para o corpo da igreja por meio dos cursos do *Willow Creek Institute.* Equipes de voluntários trabalham no treinamento de líderes e treinadores, bem como em outras áreas de necessidade da igreja.
- *Serviços Voluntários.* Coordena os voluntários dos grupos pequenos de serviço para os eventos e conferências.

Produção/Programação. Uma comunidade de artistas cria toda a adoração pública nos cultos da Willow Creek Community Church. Esses artistas, organizados em grupos pequenos, criam uma comunidade e usam todo o seu talento e seus dons para criar momentos transformadores na vida dos crentes e das pessoas interessadas no Evangelho. Visto que muitos desses grupos precisam servir em diversos cultos quando são escalados para servir nossa igreja, eles planejam tempos alternativos para reunirem-se em comunidade para comunhão, oração, estudo, e assim por diante.

- *Produção.* É responsável pelo apoio técnico nos eventos e nos cultos da Willow Creek. Essas equipes montam e controlam os sistemas de som, de andaimes, de câmaras de vídeo e de luzes.

- *Programação.* Usa criativamente sua capacidade e habilidade para planejar e implementar os cultos de final de semana e do meio de semana. Instrumentistas, vocalistas, administradores, produtores e "pessoas dos bastidores" compartilham seu tempo e seus talentos, ligando-se a grupos em suas áreas ministeriais.
- *Terra Prometida.* Crianças desde o nascimento até a quinta série recebem ensinamento bíblico e aplicação prática por intermédio de apresentações no grupo grande e no pequeno. Comunicadores criativos apresentam as verdades bíblicas por meio de música, de fantoches, de ensino e de mídia, que leva a um período em que o grupo pequeno é liderado por estudantes ou adultos para cada faixa etária acima de três anos. Já percebemos o grande impacto que esses grupos causam em nossos filhos. Na verdade, nossos filhos não conseguem se imaginar fazendo parte de nossa igreja sem pensar em seus grupos pequenos como parte inseparável da vida da igreja. Eles acham que os grupos pequenos têm a mesma importância que os cultos ou o ensino bíblico. Acreditam que uma igreja sem comunidade não é uma igreja — e os grupos pequenos são muito importantes no desenvolvimento dessa comunidade!

Atendimento Especial a Crianças. Grupos de pessoas cuidam das crianças dos voluntários que vêm para realizar alguma tarefa na igreja ou para participar de cursos especiais durante o dia. Essas crianças estão a caminho de serem ligadas a um grupo pequeno, ao passo que os adultos que cuidam delas são parte de uma comunidade que cresce a cada dia, a dos que cuidam de crianças e uns dos outros.

Ministério Regional. Nosso novo satélite *de comunicação* fornece locais para os residentes da grande Chicago experimentarem a Willow Creek ao vivo e por meio de vídeos. Esperamos que os tipos de grupos pequenos nessa lista se estabeleçam em diversas localidades. A primeira regional — Willow Creek Wheaton — foi iniciada em novembro de 2001.

Sementes. Obreiros de tempo integral e voluntários de grupos pequenos fornecem recursos para o desenvolvimento espiritual por meio de nossa livraria, produção de fitas, centro de cópias e correspondência, no contexto de uma comunidade que pastoreia, disciplina espiritualmente e cuida de cada pessoa que serve.

Ministério de Cultos. Equipes de serviço e grupos fornecem um ambiente seguro e livre de distração para nossos visitantes e participantes dos cultos públicos. Suas responsabilidades incluem contar o número de participantes, receber a oferta, preparar e servir a ceia, planejar as conferências e servir enquanto elas durarem, saudar e recepcionar as pessoas, oferecer hospitalidade e interpretar para as pessoas surdas. Esses grupos compõem uma comunidade durante o tempo em que estão servindo. Além disso, alguns deles se reúnem em grupos por um período de vinte a trinta minutos para compartilhar e orar, outros se reúnem periodicamente para o estudo da Palavra. Esses grupos também representam "as portas de entrada" para cada participante da Willow Creek.

Ministérios para Solteiros Adultos. Suprir as necessidades relacionais e espirituais dos solteiros cria inúmeras afinidades, cada uma com identidade própria. Cada um dos ministérios para solteiros relacionados abaixo tem reuniões com um grande número de participantes, com eventos sociais, com oportunidades de serviço e com conexões para os grupos pequenos. A maioria desses ministérios oferece aos solteiros uma progressão de experiências com os grupos pequenos, a começar por um grupo de discussão nas reuniões maiores, assim como com um grupo pequeno em longo prazo comprometido com o estudo da Bíblia e com o discipulado pessoal. Os grupos desse ministério incluem:

- *Líderes de Ponta.* Ministério para as crianças dos que estão envolvidos no ministério com os pais solteiros, que se reúne no mesmo horário que o grupo de líderes de ponta.
- *Firme Fundamento.* Esse curso acerca do cristianismo básico é um meio para ligar os solteiros em grupos pequenos.
- *Terra da Graça.* Uma comunidade espiritual para pessoas com mais de vinte anos que estão procurando crescer no seu relacionamento com Deus e uns com os outros.
- *Ponto Auge.* Ministra a solteiros adultos entre 35 e 45 anos.
- *Estudo Bíblico Indutivo.* Um estudo bíblico para aprofundar a compreensão espiritual e para aperfeiçoar as habilidades bíblicas por meio de grupos pequenos.
- *Conexão Tarde da Noite.* Uma discussão de grupo espiritual tarde da noite.
- *Senhor, Cure a Minha Dor.* Grupo de apoio para as pessoas que estão sofrendo.
- *Novos Horizontes.* Para solteiros adultos entre 45 e 60 anos.
- *Grupos para pessoas em busca de colocação no mercado de trabalho.* Liga as pessoas interessadas no mercado de trabalho.
- *Pais Solteiros.* Serve os pais solteiros com custódia integral, com custódia conjunta ou sem custódia. O ensino e o estudo no grupo pequeno concentram-se em questões relativas à educação de filhos e outros tópicos relevantes.

- *O Encontro*. Ministério para solteiros adultos acima de trinta anos que querem se encontrar aos domingos.
- *Artistas*. Uma comunidade para artistas solteiros e sérios.
- *O Momento Crítico*. Reuniões aos sábados que conectam os adultos solteiros entre trinta e quarenta anos.
- *Viagens e Excursões*. Uma comunidade para os adultos solteiros que gostam de viajar.
- *Mulheres*. Uma comunidade que assume uma abordagem holística com relação a ser uma mulher cristã.

Expresso Brilho do Filho. Para estudantes da sexta a oitava série. Esse grupo reúne-se aos sábados pela manhã, de setembro até maio, e liga os estudantes a grupos pequenos sob a liderança de "pastores" adultos. Os estudos nos grupos pequenos originam-se do tema do encontro semanal de todos os estudantes, com ênfase na aplicação prática de acordo com a idade.

Impacto Estudantil. Os que iniciam seus estudos no ensino médio começam a participar do Impacto Estudantil e reúnem-se aos domingos à noite, de setembro a maio. Alguns grupos pequenos reúnem-se antes ou depois da reunião grande, mas muitos grupos se reúnem durante a semana para conectar os estudantes na comunidade sob a liderança de adultos e de estudantes experientes.

Willow Creek Association (AWC). A AWC serve e encoraja as igrejas e os líderes com o mesmo propósito no mundo todo, ao recrutar muitos voluntários conectados em grupos pequenos de serviço. Como ocorre com as outras equipes de serviço, os voluntários da AWC integram o ritmo do grupo pequeno com suas tarefas, desfrutando vários aspectos da vida em grupo (conforme o pacto de cada grupo).

Ministério para Mulheres. Semelhante ao Ministério para Homens, o Ministério para Mulheres ajuda as mulheres de todas as idades a aprender e a entender como a Palavra de Deus pode mudar sua vida. O apoio ocorre por meio de estudos bíblicos e de grupos pequenos de discipulado, nas casas e no local de trabalho, os quais são fundamentados em sub-afinidades, conforme sua situação de vida:

- *Carreira e Profissão.* Essa conexão de grupo pequeno, que faz parte do Ministério do Mercado de Trabalho, ressalta a edificação de relacionamentos entre as mulheres com uma carreira profissional que se reúnem nos grupos pequenos e trimestralmente para fóruns. Sua missão é construir a comunidade e integrar os princípios bíblicos ao mercado de trabalho.
- *Ministério para Mães.* Esse ministério forma os grupos para prover apoio e encorajamento em todos os estágios da maternidade. Alguns grupos são organizados geograficamente e se reúnem durante o dia ou à noite. Existem grupos para as mães de pré-escolares, de crianças do ensino fundamental e para as mães de adolescentes. Grupos de interesse incluem mães com filhos adotivos, mães que educam seus filhos sozinhas, mães e pais de famílias complexas, com enteados e enteadas além dos filhos que são frutos dessa última união, mães com vinte e poucos anos e o grupo para as mães que estão inseridas no mercado de trabalho, o qual procura ajudar a encontrar um equilíbrio entre a carreira profissional e o lar.
- *Vizinhança.* Reunindo-se durante o dia, esses grupos proporcionam uma comunidade para as mulheres, normalmente em uma mesma área geográfica. Os grupos também estão abertos às mulheres interessadas no cristianismo, provendo um lugar seguro para explorar e discutir o que as mulheres crêem acerca de Deus.
- *Estudos bíblicos nas dependências da igreja.* As reuniões semanais nas dependências da igreja, em várias manhãs, começam com um estudo bíblico inspirado, seguido de

um tempo para discussão em grupos pequenos. Esses grupos pequenos permanecem consistentes, semana após semana, dando às mulheres oportunidade para construírem relacionamentos duradouros. Os estudos são oferecidos de setembro a maio.

- *Servindo e Evangelizando Juntas.* Para as mulheres de ação que gostam de fazer coisas para os outros; pois os grupos nesse ministério estão de olho em oportunidades para servir. Mulheres com o mesmo objetivo desenvolvem fortes laços enquanto servem em países em desenvolvimento, em abrigos para as pessoas sem teto ou em outras áreas cujo objetivo seja servir o próximo.
- *Espiritualmente Sozinhas.* Mulheres que estão casadas, mas estão "espiritualmente sozinhas" (casadas com um descrente) enfrentam uma situação de vida desafiadora que requer muita sabedoria. Nesses grupos pequenos, as mulheres espiritualmente sozinhas podem crescer espiritualmente ao encontrar apoio e encorajamento de mulheres que enfrentam situações semelhantes.
- *Mulheres Vivendo a Vida Juntas.* Esse estudo, que ocorre em um dia da semana à noite, nas dependências da igreja, ajuda as mulheres a aprender por meio do ensino e do tempo que gastam em grupos pequenos. Não é necessário inscrever-se para participar dessa reunião, e os grupos sempre estão abertos para novos membros. Esse estudo reúne as mulheres de todas as idades e situações de vida e, muitas vezes, é um grande ponto de partida para envolver-se em um ministério para mulheres.

UMA PALAVRA FINAL DE CAUTELA E ALGUMAS DICAS

Você está alarmado? Nós também. Em parte, temos tantos grupos, porque Willow Creek é muito grande. No entanto, essa vasta abrangência de possibilidades de grupo existe para ligar as pessoas a um grupo, não para fragmentar a igreja. Considere essa variedade de possibilidades pontos de entrada e pontos de contato com o mundo lá fora. Pessoas que não pisarão dentro de uma igreja ou que se sentirão inseguras em sua casa podem ligar-se a um grupo que vá ao encontro delas. Devido à nossa paixão, temos um enorme desejo de integrar os que se encontram sós e de criar uma comunidade, mesmo quando a variedade parece coisa de louco.

Em uma reunião da equipe administrativa, eu (Russ) apresentei uma proposta para quatro novos esforços de ministérios de cuidado comunitário. A representante do presbitério da equipe administrativa nos perguntou quantos ministérios existiam na Willow Creek. À medida que descrevíamos as 25 iniciativas atuais, ela ficou cada vez mais alarmada. "Quantos ministérios mais iniciaremos?", perguntou ela. Com um sorriso, respondi: "Tantos quantos forem necessários".

Naquele momento, não estava sendo irreverente com ela. Estava sendo bem pragmático. Sempre que identificarmos as pessoas que querem se conectar — seja em torno de uma necessidade, seja em torno de uma tarefa, seja em torno de um interesse, seja em torno dos estágios da vida — novos grupos pequenos serão formados. As pessoas receberão o devido cuidado, que resultará em desenvolvimento espiritual. De muitas maneiras, estamos vigilantes, procurando qualquer desculpa para reunir as pessoas — *tantas quantas forem necessárias.*

Depois que os pastores percebem a amplitude das possíveis conexões e das experiências de grupo, eles, com freqüência, ficam tão entusiasmados que iniciam quinze atividades novas na primeira semana. Os anúncios do púlpito, os formulários para registrar seus nomes e as reuniões para a organização atravancam o cenário da vida da igreja. Logo, as atividades e as novas pessoas surgem de todos os lados. No entanto, depois a realidade os atinge — onde colocar todas essas pessoas? Quem é o responsável? Por que três eventos estão agendados para o mesmo dia e hora? Por que a senhora Johnson recebeu cinco cartas pelo correio esta semana, em que cada uma a recrutava para um ministério diferente?

Dar oportunidades é uma coisa maravilhosa — a não ser que você se esqueça de desenvolver algum tipo de liderança no processo. Por isso, aqui estão algumas diretrizes:

- *Ore por sabedoria e por oportunidade.* Peça a Deus para mostrar a você as melhores situações para experimentar e, a seguir, procure as pessoas que compartilham essa visão.
- *Nunca inicie um ministério sem um líder.* Essa é uma declaração do credo da Willow Creek, uma declaração que respeitamos em razões das duras lições que aprendemos. Quando você cria uma atividade ministerial sem um líder, adivinhe quem recebe as ligações telefônicas!
- *Descubra as paixões e os pontos fortes das pessoas.* Não identifique simplesmente um público-alvo (mães solteiras, por exemplo); encontre alguém que ame as mães solteiras.
- *Inicie com uma estrutura pequena.* Procure algumas situações estratégicas para começar e desenvolva um grupo piloto (protótipo) em cada situação. Depois de três a seis meses, pare e avalie, faça os ajustes necessários e, a seguir, avance com mais determinação.
- *Use grupos de tamanho médio.* Nesses ambientes maiores você pode suprir as necessidades básicas, conhecer mais as pessoas, usar subgrupos para a ligação e identificar os líderes emergentes para os grupos-pilotos mencionados acima. Como ressaltamos em outro lugar, o objetivo final não é um grupo de tamanho médio. As pessoas não chegam ao seu destino final e não desfrutam

a vida no grupo pequeno até que estejam ligadas a um grupo pequeno.

Prestar atenção a esses aspectos básicos permitirá que você expanda o ministério sem explodi-lo. Após identificar as novas situações e as estratégias para ligar as pessoas sozinhas que estão ao seu alcance, você precisa encaminhá-las para um grupo pequeno — o desafio da assimilação. É um desafio que nós, como muitas outras igrejas, enfrentamos repetidas vezes. E, devemos admitir, cometemos alguns pecados ao longo do caminho. A negligência em criar uma estratégia executável de assimilação é o último pecado mortal.

capítulo 13

SÉTIMO PECADO

Negligência no processo de assimilação

SINTOMAS de negligência no processo de assimilação

- Os visitantes sentem-se isolados e têm dificuldade em encontrar seu caminho para um grupo.
- Não existe sistema algum para colher dados acerca dos visitantes.
- Não existe um processo nem um caminho para ligar as pessoas sozinhas.
- Ninguém acompanha as pessoas no processo de assimilação.

ESTÁVAMOS TENTANDO descobrir como levar nosso ministério de grupos pequenos para o estágio seguinte. Tínhamos uma estratégia clara, um líder de ponta atuante, uma estrutura de treinamento, novos aprendizes e um número cada vez maior de grupos abertos. Havíamos também ampliado nossa abrangência de faixa quanto às opções de grupo. No entanto, não havia pessoas suficientes sendo ligadas. Nosso crescimento estava começando a estagnar. Qual era o problema?

Foi quando Greg Hawkins, nosso pastor executivo, disse: "Temos de olhar tanto para o fluir da água como para os baldes". Baldes *versus* fluxo. Em seu estilo inimitável, Greg sintetizou um problema que ignoráramos por muito tempo, enquanto expandíamos nossa ênfase acerca da comunidade por toda a igreja.

Os baldes são os grupos pequenos, os "recipientes" no qual colocamos as pessoas que vêm ao nosso encontro. Tínhamos realizado um trabalho satisfatório para acolher as muitas pessoas que consideram a Willow Creek Community Church sua casa. Greg, no entanto, sugeriu que precisávamos uma compreensão muito maior dos "fluxos", o processo de assimilação, por meio do qual as pessoas entram e passam pela igreja.

É fácil entender por que muitas igrejas negligenciam o processo de assimilação. A maioria de nós investe nossos recursos limitados nos grupos pequenos existentes. Passamos a maior parte de nosso tempo apoiando os líderes, escrevendo os currículos, treinando, construindo uma infraestrutura e compreendendo as dinâmicas de grupo. Esses aspectos são fundamentais para uma vida de grupo eficaz e, muitas vezes, ajudam a desenvolver um apelo magnético com relação aos grupos. Enfocar toda atenção nessas questões fará com que você apenas colha os frutos da árvore de assimilação que estão mais embaixo. A não ser que haja caminhos claros e funcionais para as pessoas se ligarem à vida de grupo da igreja, muitas delas permanecerão fora de alcance. O desenvolvimento será interrompido. Inúmeras pessoas permanecerão fora de alcance, longe da comunidade de grupos pequenos.

Assimilação — a arte e o processo de ajudar as pessoas a entrarem na igreja — é um enigma desconcertante. Você não conseguirá assimilar as pessoas à sua igreja concentrando-se somente nos baldes e ignorando os fluxos. Esse capítulo ajudará você a entender as complexidades da assimilação e a avaliar como sua igreja está se saindo com relação a três passos importantes na assimilação — colher dados vitais, acompanhar as pessoas no processo de assimilação e passar as pessoas interessadas para os líderes de ministério. Incluímos fluxogramas detalhados do processo de assimilação da Willow Creek. Embora você possa delinear um sistema diferente, o exame de nosso sistema ajudará a estabelecer quais passos do processo de assimilação foram negligenciados.

UM PROBLEMA COMPLEXO

Neste livro, até o momento, concentramos nossa atenção principalmente nos "recipientes" (os grupos pequenos) e nas pessoas já ligadas. Porém, para tratar do sétimo pecado, a negligência no processo de assimilação, devemos mudar nosso foco para os que estão longe da comunidade, observando os acontecimentos da "tribuna de honra". Precisamos entender a dor de seu isolamento e nos comprometer em desenvolver um processo para alcançá-los e absorvê-los.

O isolamento dói

Mais cedo ou mais tarde, cada um de nós experimenta a dor de "não pertencer". Alguns aprendem isso cedo na vida, pois se sentem isolados durante o período da soneca no jardim-de-infância ou no parquinho infantil, quando são escolhidos por último no momento em que as crianças dividem os times. Eu (Russ) passei por essa situação no ensino secundário. Até aquele momento, havia passado toda a minha vida no mesmo sistema seguro de escola, de igreja e de vizinhança. Conhecia a maioria das pessoas que encontrava todos os dias, e elas me conheciam. Pertencia à comunidade e nunca experimentara a exclusão.

Tudo isso mudou dramaticamente no verão de 1971, quando minha família mudou-se de Minnesota para o Colorado. De repente, com pouco de preparo, estava em um lugar estranho, onde não conhecia pessoa alguma. Como era uma criança tímida, não fazia novos amigos com facilidade. Mesmo quando comecei a conhecer as pessoas, todas elas já se conheciam. Eles pertenciam à comunidade, mas eu não.

As coisas pioraram quando nós mudamos novamente, no verão de 1973. Uma nova escola secundária e uma nova cidade, além dos medos normais de um adolescente, empurraram-me para o isolamento. Eu raramente abria a boca para falar uma palavra nas seis primeiras semanas na escola, fechando-me na biblioteca, para fugir do sentimento de exclusão. Detestava ficar sozinho, mas não sabia como mudar a situação. Se uma moça extrovertida não tivesse me forçado a falar com ela e com alguns amigos, acho que ainda estaria escondido entre os livros daquela escola. Chegou o tempo em que finalmente saí daquela biblioteca, mas nunca me esqueci o que significa ser excluído.

Devido à minha ocupação atual, sei agora que Deus permitiu o isolamento na minha vida para que eu pudesse entender a dor de pessoas que não se sentem incluídas. A chave para a assimilação é encontrar as pessoas no ponto em que desejam encontrar seu lugar. A assimilação não é meramente desenvolver um ministério de grupos pequenos ou planejar sistemas para mobilizar e conectar as massas. A assimilação diz respeito ao desejo de prover um lugar onde as pessoas se sintam aceitas, uma chance de experimentar a comunidade.

A assimilação não vem do nada

É difícil ligar as pessoas que não têm laços. Como você as encontra? Elas parecem inacessíveis, e é difícil imaginar o que poderia atraí-las para a comunidade. Por um lado, anseiam por integração e amor. Por outro lado, evitam as oportunidades de envolver-se em uma comunidade, como se isso fosse uma praga, e justificam-se das mais diversas formas: esgotamento, dificuldades da vida ou dezenas de outras desculpas. Será que elas são esquizofrênicas ou simplesmente têm medo? Como dizia um antigo comercial da TV: "O que uma mãe deve fazer?".

Depois que Greg Hawkins nos desafiou a observar o fluxo de entrada e saída de pessoas, começamos a estudar como as pessoas entravam na nossa igreja. Observamos as tendências: onde elas apareciam em primeiro lugar, em segundo e por último, assim como quando elas poderiam estar preparadas para se relacionar em uma comunidade pequena. Examinamos por que alguns homens, mulheres, estudantes e crianças permanecem sem se relacionar apesar de estarem nos degraus da porta da nossa igreja. Enquanto aprendíamos a respeito de nossos baldes e fluxos, começamos a experimentar novas maneiras de conectar as pessoas à igreja.

Percebemos também os dois lados do complexo problema de assimilação. Entender a necessidade de pertencer é o lado mais fácil desse problema: ligar as pessoas em grupos. A parte mais difícil é entender que a assimilação é um *processo*. Ter cadeiras vazias nos grupos é necessário, mas precisamos de sistemas e de processos que envolvam toda a igreja para preencher essas cadeiras vazias. O processo de assimilação, com freqüência, envolve muitas pessoas que se ligam com um indivíduo à medida que ele passa da porta de entrada da igreja para um grupo pequeno. Visto que o processo pode ser fragmentado entre muitas pessoas — o porteiro que cumprimenta os visitantes, um comitê de visitação, os líderes de grupos pequenos preocupados com os membros de grupo existentes ou um pastor incapaz de lembrar-se de todos, pois há nomes e rostos demais —, você deve avaliar seu processo de assimilação por intermédio dos olhos dos recém-chegados.

Pessoas leigas atuando como peças fundamentais nos ajudaram a desenvolver o processo de assimilação na Willow Creek Community Church. Acredite ou não, existem profissionais que desenvolvem processos (não estou me referindo ao tipo de pessoa que utiliza uma régua de cálculo ou uma calculadora de bolso), que dedicam sua carreira para entender como as pessoas fluem para dentro e para fora das organizações, inclusive as igrejas. Essas pessoas criteriosas nos ajudaram a diagnosticar como trabalhar unidos para conectar as pessoas a Cristo e à igreja. Embora nosso fluxo de assimilação possa ser mais complexo que aquele que sua igreja precise, ele o ajudará a analisar as lacunas e as falhas no seu processo.

Captando dados vitais

Muitas igrejas negligenciam o primeiro passo na obtenção de informação, quando um visitante chega à igreja pela primeira vez. (V. fig. 1 abaixo; o apêndice 7 inclui as descrições dos três estágios do processo de assimilação). A igreja não refletiu a respeito das formas como alguém pode ter ouvido falar dela. Pode ter sido por meio de um culto, de um anúncio ou mesmo pela página na Internet ou em uma conversa com um amigo que participa da igreja. Algumas pessoas procuram a igreja em um momento de grande aflição, talvez devido à morte de um ente querido, um divórcio ou uma doença séria.

Não importa como ou por que um visitante entra em contato com sua igreja pela primeira vez, mas você não pode inseri-lo em seu processo de assimilação a não ser que obtenha informações simples, como o endereço, o número do telefone e o *e-mail*. À medida que avaliamos o processo de assimilação na Willow Creek, ficamos chocados ao descobrir com que freqüência falhamos ao obter os dados básicos dos recém-chegados. Perdemos a pista de muitos visitantes, porque não reunimos informações de contato para conectar e *permanecer conectados* a eles.

PROCESSO DE ASSIMILAÇÃO DA WILLOW CREEK COMMUNITY CHURCH

Estágio 1 — Inicie e dê entrada nas informações da pessoa

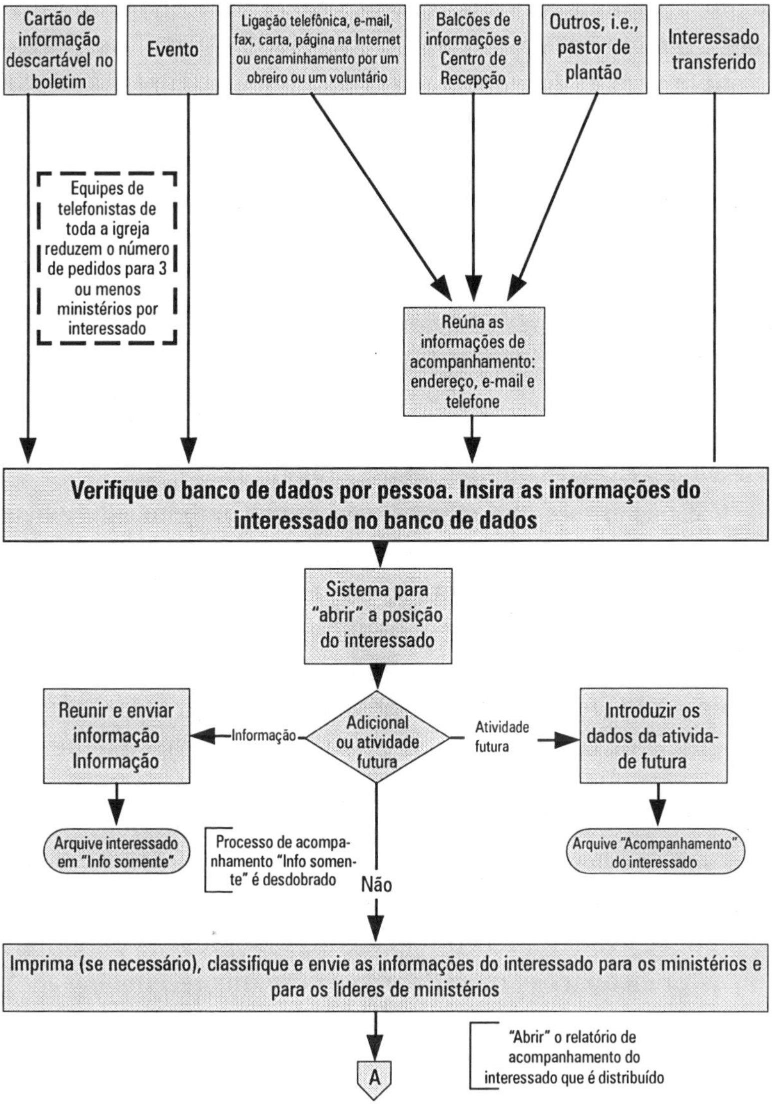

A nós ficou claro que, para reunir e rastrear esse tipo de informação, precisávamos de um sistema para armazenar os dados. A administração de dados pode parecer tão interessante quanto observar o queijo envelhecer. Porém, isso é algo complexo, e as ferramentas certas para a administração de dados nas igrejas ainda estão evoluindo. Testamos vários manuais e programas de computação para reunir as informações. Mais recentemente, usamos uma versão adaptada do Oracle [Oráculo], um sistema de banco de dados em que é possível cruzar muitos deles. As igrejas menores poderão encontrar os programas mais simples que existem no mercado (como FileMaker Pro ou Excel Spreadsheet). Enquanto escrevemos este livro, ainda estamos modificando nosso sistema, porque nossas necessidades estão mudando, e esse sistema precisa acomodar essas mudanças.

Mas não espere que apareça o programa perfeito. Bill Hybels é famoso por sua aversão ao computador (embora tenha recentemente feito uma incursão na Internet, avanço que ele descreve com grande interesse, orgulho e mesmo alegria — para surpresa nossa!). Mesmo assim, ele não permitirá que nossa equipe coloque a culpa pelas pessoas não "rastreadas" em um programa de computador. Ele deixa claro aos dependentes da tecnologia que um cartão de dez por quinze centímetros e um lápis podem captar uma quantidade notável de informação, que por sua vez pode também ser facilmente arquivada e usada.

Não basta reunir e administrar os dados iniciais. Você também deve avaliar a receptividade de sua igreja às perguntas ou às preocupações de cada pessoa. Alguns recém-chegados estão interessados somente em informações básicas — a resposta a uma pergunta, o material escrito acerca de um ministério ou uma simples orientação para dar seu próximo passo na igreja.

Não basta também suprir as necessidades iniciais. Você precisa de um sistema de acompanhamento para estar informado a respeito das pessoas e para tratar suas próximas necessidades e perguntas. Percebemos que, caso a informação simples que fornecíamos fosse insuficiente — e se negligenciássemos o aspecto do acompanhamento —, os recém-chegados ficavam confusos e a assimilação era irregular. Visto que organizamos a maioria dos grupos por afinidade, projetamos nosso processo de assimilação de acordo com as áreas de ministério, como casais, solteiros, homens, mulheres, cuidado comunitário ou evangelização. Designamos os obreiros e os voluntários-chave para monitorar o processo de integração, ajudando as pessoas a participar de um grupo pequeno em seus ministérios.

A assimilação não pode funcionar sem colaboração. Avaliamos o processo que cada ministério usou para integrar as pessoas, garantindo que cada aspecto do processo funcionasse bem. Depois de captar as pessoas no estágio 1, não podíamos nos dar o luxo de relaxar e perder essas pessoas. Definimos as melhores práticas em cada área ministerial e comunicamos essas idéias e processos a todos os ministérios. Ao identificar os padrões bem-sucedidos, criamos estratégias de acompanhamento que funcionavam para toda a igreja. Quando nos certificamos de que cada ministério tinha condições de lidar com os passos iniciais para conectar as pessoas, estávamos prontos para completar a última parte do estágio 1 e colocar cada pessoa nas mãos de nossos ministérios.

O "encaminhamento" de uma pessoa para determinado ministério depende dos interesses em potencial dessa pessoa. Por exemplo, em uma família que está começando a participar da Willow Creek, os pais podem desejar explorar sua participação no grupo pequeno de casais, mas a mãe também pode estar interessada no grupo de mulheres e na liga de voleibol, ao passo que o pai pode desejar participar do grupo de homens ou de um grupo pequeno de serviço no Ministério de Operações. Entrementes, seus filhos, dependendo da faixa etária, precisam ser integrados no ministério Terra Prometida, ou com o Expresso Brilho do Filho (alunos da sétima e da oitava série), ou ainda com o Impacto Estudantil (ensino secundário). Levamos em conta o interesse de cada pessoa interessada que necessita de acompanhamento. Cada interesse pode ser tratado individualmente, mas também precisa de atenção ministerial específica. Assim, a mesma pessoa é muitas vezes "encaminhada" para vários ministérios.

O encaminhamento não termina quando passamos a pessoa interessada para um ou mais departamentos. O processo pode ser interrompido se não conferirmos como os ministérios estão acompanhando a pessoa interessada. Depois de diversas experiências, resolvemos formar uma equipe centralizada para verificar como as pessoas estão progredindo. Essa equipe fornece uma prestação de contas para os ministérios descentralizados que estão contatando e assimilando os recém-chegados.

ACOMPANHAMENTO LOGO DE INÍCIO E COM FREQÜÊNCIA

Muitas igrejas perdem a chance de ligar as pessoas porque falham ao acompanhá-las por um mês. O diagrama do estágio 2 pode parecer assustador, mas ele simplesmente detalha como cada ministério deve avaliar e acompanhar os interessados que foram passados para eles. Na Willow Creek, além de termos a consciência de que Deus enviou essas pessoas para nós, não deixamos que essa verdade seja esquecida, por isso não podemos nos dar o luxo de negligenciar passo algum no processo de assimilação, não importa quão pequeno ele seja. É nossa responsabilidade acompanhar cada pessoa interessada para que haja um ponto de contato.

Investigue e avalie o interessado

A parte superior do diagrama define os passos para um ministério contatar alguém. Durante nossas avaliações ministeriais, descobrimos que se a pessoa que está procurando se ligar à igreja não for contatada por um departamento específico em três dias, as chances de ela dar o passo seguinte diminuem muito. Além disso, parecia também haver uma janela de trinta dias para iniciar uma assimilação bem-sucedida. Pense desta forma: você não tem mais que um mês para fazer uma ligação significativa com alguém que sua igreja contatou (ou que contatou você).

Aperfeiçoamos o que chamamos de "regra das três ligações telefônicas", quando percebemos o que produziu os melhores resultados. Cada departamento faz três ligações telefônicas para as pessoas que estão acompanhando. Essas ligações devem ser realizadas com pelo menos 24 horas entre uma e outra, para evitar a tentação de simplesmente fazer as três ligações e cumprir com sua obrigação. Encorajamos as telefonistas a ligar em diferentes períodos do dia, assegurando um potencial máximo de contato.

Por que se tornar tão específico? Porque essa era nossa necessidade. Por meio de tentativa e erro aprendemos o que funciona para nós. Igrejas grandes (e mesmo alguns ministérios mais amplos da igreja) podem receber cartões com informações de quinze a vinte pessoas interessadas depois dos cultos de final de semana, especialmente se a mensagem tocou uma necessidade específica. Embora o desafio do acompanhamento possa parecer avassalador, vidas reais e famílias estão em jogo. É por isso que os ministérios precisam de estratégias e de processos claros, em vez de meras atitudes acidentais, para contatar e acompanhar as pessoas interessadas.

Saiba quando parar

Algumas pessoas escolhem "cair fora" do processo de assimilação. Como mostra o diagrama do estágio 2, reconhecemos que alguns não reagirão positivamente às nossas tentativas de contato nem rejeitarão nosso esforço em ligá-los à igreja.

Procuramos discernir o equilíbrio delicado entre dar encorajamento para que a pessoa se integre e respeitar a escolha individual. Algumas pessoas reagem positivamente ao ouvir uma mensagem, por meio de uma conversa ou de um evento e, na emoção do momento, dão o primeiro passo em direção a um compromisso com a igreja. No entanto, posteriormente, quando procuramos acompanhá-las, descobrimos que o interesse delas arrefeceu, evidência de que uma verdadeira batalha espiritual está ocorrendo. Nossas equipes de assimilação são treinadas para contar com essas "batalhas", e estamos procurando contatar as pessoas da maneira mais apropriada. No entanto, reconhecemos que faz sentido parar de ligar para as pessoas que não estão interessadas.

Quando um ministério contata uma pessoa potencialmente interessada, esse ministério coloca em prática a parte de baixo do diagrama do estágio 2.

Muitos recém-chegados querem simplesmente informações acerca de determinado ministério, um pedido fácil de resolver. Porém, como acontece com o estágio 1, não queremos terminar o processo nesse ponto. Em vez disso, perguntamos: "Você se importaria se ligássemos em algumas semanas para saber como o processo de conectar-se à nossa igreja está indo?". A maioria das pessoas reage favoravelmente quando alguém se importa o suficiente para perguntar e, normalmente, permitirá um acompanhamento posterior.

PROCESSO DE ASSIMILAÇÃO DA WILLOW CREEK COMMUNITY CHURCH (P. 2)

Estágio 2 — Averiguação e avaliação do interessado

A equipe de telefonistas faz a primeira ligação dentro de três dias – as três ligações deverão ser feitas dentro de trinta dias

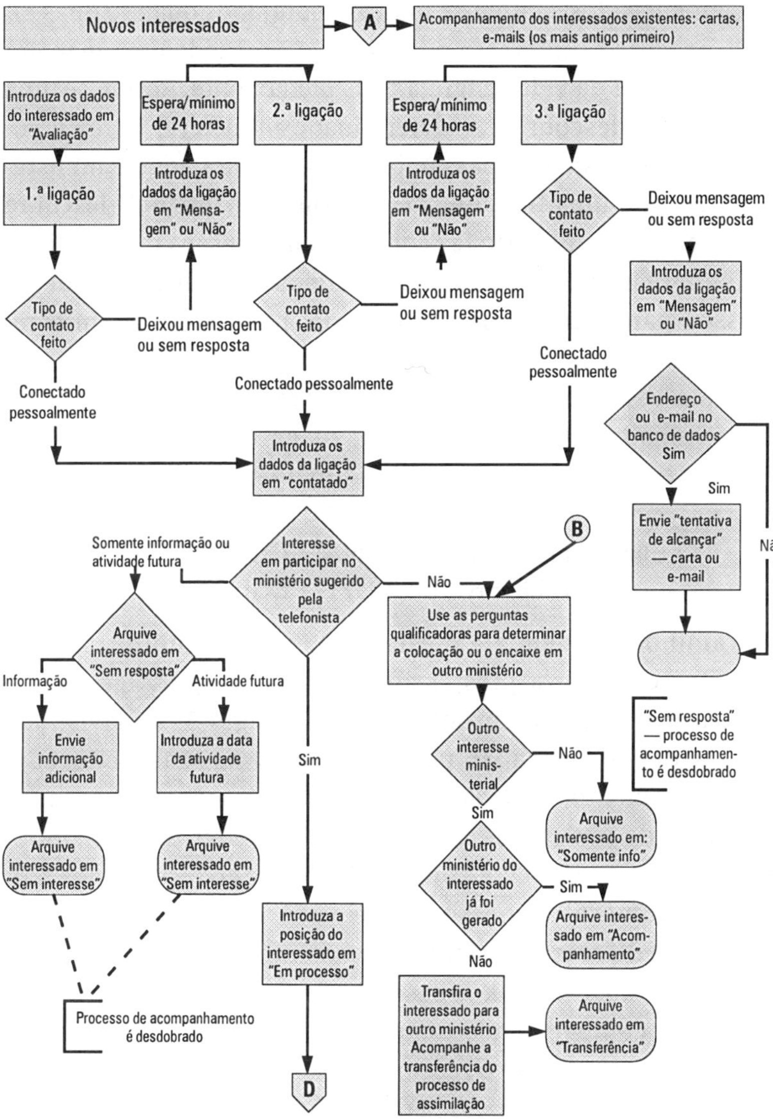

Visto que a pessoa pode mostrar interesse por mais de um ministério, quem faz o contato telefônico, às vezes, descobre que a pessoa já está ligada a algum ministério. Nesse ponto, pode ocorrer uma competição branda, enquanto cada equipe ministerial trabalha para absorver a pessoa para sua área. Os recém-chegados sentem-se muito encorajados quando duas ou três pessoas se interessam por eles, oferecendo uma maneira de participar da vida da igreja mais plenamente. Assim, se uma telefonista descobre que determinado ministério já fez a conexão, simplesmente passamos a pessoa para aquele ministério. Quando uma "telefonista de acompanhamento" descobre que nenhum ministério fez contato com a pessoa que manifestou interesse ou necessidade, enviamos as informações dessa pessoa para o ministério apropriado, para que possam completar o processo do estágio 2.

Uma vez que a pessoa está preparada para participar de determinada área de ministério, diagnosticamos sua situação específica antes de enviá-la a um líder de grupo pequeno.

O ENCAMINHAMENTO FINAL: CONEXÃO COM UM LÍDER DE GRUPO PEQUENO

Encaminhar alguém até o estágio 3 envolve muito trabalho. Se você começar a prestar atenção nos estágios 1 e 2, terá muito mais pessoas prontas para o estágio 3. Todavia, sua igreja deixará escapar pessoas preciosas, caso não haja monitoramento, rastreamento e comunicação do passo da conexão de um recém-chegado com um líder de ministério. Lembre-se, caso preste atenção tanto no fluxo como nos baldes, o número de pessoas que você realmente integra à comunidade crescerá significativamente.

Ajudar uma pessoa a passar pelo estágio 3 se torna um processo compartilhado quando a pessoa de contato de um ministério encaminha o recém-chegado interessado a um líder de grupo pequeno. A pessoa de contato descobre os possíveis pré-requisitos que essa pessoa possa ter com relação a um determinado grupo pequeno. Isso inclui horário, proximidade geográfica, enfoque ou propósito do grupo, assim como outras necessidades específicas. Entender as expectativas e as necessidades pessoais ajuda a pessoa de contato a fazer a melhor ligação com um líder de grupo pequeno específico, maximizando dessa forma o potencial para um vínculo frutífero com um grupo amoroso.

PROCESSO DE ASSIMILAÇÃO DA WILLOW CREEK COMMUNITY CHURCH

Estágio 3 — A pessoa está no processo e depois é encaminhada para um líder de ministério

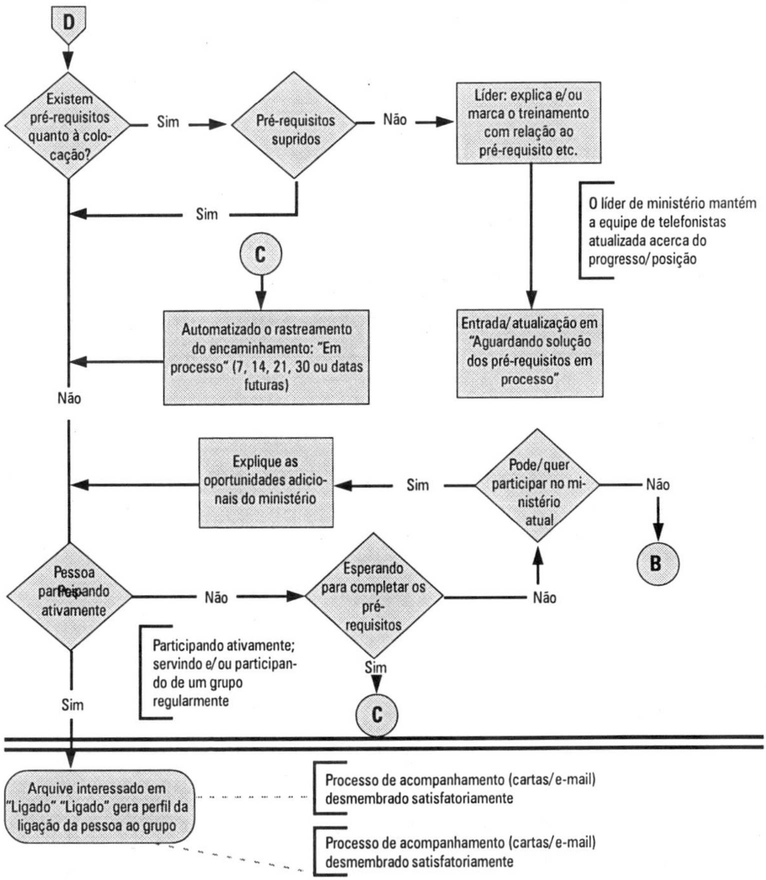

Agora, o líder de grupo pequeno torna-se o assimilador principal. Porém, é importante que a equipe de ministério continue acompanhando o progresso da pessoa que está buscando ser conectada. O estágio 3 presume que a colocação no grupo pequeno ocorre por meio dos esforços do grupo, ao passo que o departamento de ministério mantém um acompanhamento semanal do progresso. A equipe de assimilação mantém contato com as pessoas até ter certeza de que essas pessoas estão em um grupo pequeno. Como diz o velho ditado: "Se você não é bem-sucedido na primeira vez, tente e tente outra vez". A vida espiritual das pessoas é colocada sob os nossos cuidados, e queremos fazer o possível para encontrar um lugar seguro para elas antes de terminar o processo de acompanhamento.

LIGADO... E LIGADO NOVAMENTE

Quando o quebra-cabeça da assimilação é montado, as pessoas são ligadas. Ao saber quando e onde ocorreu a ligação, você pode celebrar o trabalho de todos os envolvidos. Mapear e diagnosticar cada passo do processo de assimilação produzirá os resultados desejados — as pessoas ligadas e a igreja em que você aperfeiçoa seu processo de assimilação.

Mais duas estratégias de acompanhamento ajudarão você a melhorar o processo de assimilação. Em primeiro lugar, continue a rastrear o movimento das pessoas na igreja. Inevitavelmente, alguém se desligará — as pessoas mudam de cidade, um grupo acaba, elas vão participar de outro grupo, se tornam líderes de um novo grupo ou geram um novo grupo a partir de um grupo existente. Use essas ocasiões para assegurar que cada pessoa se ligue novamente. Por exemplo, se um grupo de dez pessoas deixa de se reunir, como saber onde e quando eles se ligarão novamente? Caso essas pes-soas sejam acompanhadas, você poderá definir sua próxima atividade de assimilação.

Em segundo lugar, ao falar com as pessoas a respeito do que elas experimentaram no processo de integração, você estabelecerá uma avaliação coerente e um diagnóstico de seu sistema de assimilação. Você poderá fazer algumas perguntas por intermédio de uma simples carta ou de uma ligação telefônica. A maioria das pessoas se sente lisonjeada quando você pergunta acerca de suas experiências, porque esse tipo de acompanhamento mostra que sua igreja se importa com elas.

Você precisará dessa tenacidade para assegurar que todos aqueles que consideram a igreja sua *casa* encontrem um lugar na comunidade. O processo de assimilação pode ser confuso e frustrante para os recém-chegados. Se sua igreja avalia e planeja um caminho de assimilação, você descobrirá o que realmente funciona para servir as pessoas e para ligá-las à comunidade. A seguir, quando você traçar as estratégias para aumentar o fluxo de pessoas em seu "tubo de assimilação", você terá a certeza de que seus esforços serão recompensados. E, acredite, você não desejará investir nas idéias e nas ferramentas descritas no capítulo 14 se não tiver certeza de que trarão benefícios.

capítulo 14

ESTRATÉGIAS E INSTRUMENTOS PARA MELHORAR A ASSIMILAÇÃO

SE VOCÊ CHECAR os livros do ano referentes ao ensino médio dos líderes-chave da Willow Creek Community Church, descobrirá que a maioria deles era encarada como "os menos prováveis para estar no ministério". Nenhum de nós fazia a menor idéia de que um dia estaria aqui. Tudo começou quando um vendedor de produção tornou-se pastor titular (Bill Hybells) e uma profissional de uma grande firma de contabilidade tornou-se a diretora de programação (Nancy Beach). Acrescente a essa mistura um banqueiro convertido (Bill), um ex-advogado (Russ) e um consultor (Greg Hawkins, nosso pastor executivo) que deixou seu emprego com a idade de trinta anos, e seguiu o chamado de Deus para tornar-se estagiário na igreja. Quase todas as manhãs, nós nos beliscamos, tentando imaginar como fomos parar naquele lugar. Embora estejamos trazendo à mesa uma vasta variedade de treinamento ministerial formal e informal, nossas diferenças e imperfeições são contrabalançadas com nossa combinação de perspectivas singulares.

Alguns anos atrás, outro candidato "menos provável para estar no ministério" uniu-se a nossa equipe — Dick

Anderson. Dick era executivo na área de seguro de saúde, cujo trabalho concentrava-se em baldes e fluxos, em descobrir como identificar e ligar-se a pessoas que sua companhia *não* estava servindo. Dick deixou aquele emprego para dirigir a área de operações da Willow Creek e, mais tarde, tornar-se nosso diretor do ministério de adultos. Sua habilidade em organizações de serviço e sua experiência como voluntário em uma igreja local ajudou-nos a entender as complexidades de uma igreja grande, como o aspecto da assimilação.

Dick ajudou-nos a servir melhor nossa igreja — e os que estavam longe dela — ao introduzir uma nova linguagem para nossos fluxos de assimilação. Quatro termos descrevem os instrumentos e as estratégias principais que cada igreja pode usar para melhorar o processo de assimilação:

> *Mobilizar* significa persuadir as pessoas que estão meramente participando de um culto a ligar-se a um grupo comunitário ou de serviço.
> *Ligar* envolve assegurar que as pessoas se tornem membros de uma pequena comunidade na igreja.
> *Desenvolver* refere-se à ajuda que cada pessoa deve receber para alcançar a maturidade na fé para que sua ligação contínua esteja arraigada em valores bíblicos.
> *Reter* significa capturar as pessoas quando elas se preparam para deixar sua comunidade, para que não escapem pelas fendas.

A seguir queremos descrever como a Willow Creek cumpre cada função. Esperamos que nossa experiência inspire sua criatividade e instigue você a gerar novas maneiras de mobilizar, ligar, desenvolver e reter.

MOBILIZAR

A chave para mobilizar é aproveitar as oportunidades. Sempre haverá mais pessoas para ligar a grupos novos ou existentes. Algumas estão sentadas em sua igreja e outras estão na vizinhança; mas você só será capaz de ligá-las se descobrir novas oportunidades. Sua função é descobrir onde as pessoas estão se reunindo e encontrar os meios de entrar nessas reuniões e mobilizá-las para conectar-se à igreja.

Aqui está o problema. As rotinas e as estruturas atuais, muitas vezes, camuflam novas oportunidades e estratégias. Mas, se tirarmos o pó das lentes que estão obscurecendo nossa visão, veremos essas situações com outros olhos — como ambientes de mobilização — e as usaremos para desafiar as pessoas a dar o próximo passo em nossas igrejas. É possível usar de maneira muito mais eficiente nossas "portas de entrada", os cultos de adoração e as reuniões de porte médio.

Portas de entrada

A "porta de entrada" é um ponto de contato com os recém-chegados ou com os visitantes em nossas dependências. Portas de entrada na Willow Creek incluem as cabines de informações, onde os recém-chegados obtêm materiais impressos e as respostas para suas perguntas; o centro de recepção, para conversas mais longas acerca da igreja e de assuntos espirituais; o cartão descartável de nosso boletim semanal, que provoca uma chamada telefônica de um voluntário da Willow Creek para que as perguntas específicas sejam respondidas. Algumas dessas portas de entrada resultaram em visitas às dependências da igreja ou à recepção dos recém-chegados, cuja finalidade é orientar as pessoas para nossos ministérios.

Quando avaliamos nossas portas de entrada, descobrimos que elas funcionavam bem dentro de propósitos restritos. Até esse ponto, estávamos satisfeitos em ser agradáveis, em responder às perguntas e em proporcionar ajuda. Porém, estávamos perdendo a oportunidade de mobilizar as pessoas para serem conectadas formalmente à comunidade. As oportunidades de assimilação estavam bem diante de nós, mas não as reconhecemos.

Começamos a treinar os voluntários para descobrir onde havia pessoas interessadas em futuras ligações. As perguntas eram feitas a respeito de interesses específicos, das necessidades, da estrutura familiar, dos diferentes estágios da vida e da jornada espiritual. Encorajamos os recém-chegados a explorar os ministérios da Willow Creek. Ao entender mais as necessidades das pessoas, pudemos fazer um melhor trabalho quanto ao encaminhamento para um ministério que pudesse ajudá-las. Na verdade, essas estratégias de porta de entrada permitiam que as pessoas passassem dos estágios 1 e 2 diretamente para o estágio 3, em que tinham condições de se unir mais rapidamente a um grupo pequeno existente.

Qualquer que seja a maneira como alguém entra em contato com a igreja, certifique-se de que você o liga a uma pessoa, um processo e, se possível, a um lugar. Esse contato pode ser alguém da equipe de assimilação, que é formada por voluntários, que anotará o nome da pessoa e obterá as informações básicas. O processo ajudará a definir o passo seguinte (uma ligação telefônica ou uma carta), e o lugar será um evento, uma aula ou, finalmente, um grupo. Mas o primeiro passo é analisar como a porta de entrada está sendo usada. Cada igreja tem portas de entrada. Não estávamos usando nossas portas da maneira mais eficiente. Será que sua igreja está usando de maneira plena os instrumentos que poderiam mobilizar as pessoas sozinhas que entram por suas portas?

Final de semana e cultos da nova comunidade

Às vezes, nossa criatividade nos confunde. Nossos serviços amiúde surpreendem os participantes com o inesperado, criando momentos espirituais profundos e estimulando-nos a praticar as verdades bíblicas de maneiras novas. Porém, às vezes, em nosso esforço de ser criativo, negligenciamos a rotina. Por exemplo, de que maneira as pessoas podem dar seus primeiros passos para se conectarem à nossa igreja? O toque do tambor dos lembretes regulares parecem violar o desejo por criatividade. Apesar das falhas, às vezes, conseguimos perceber em nossos cultos principais, que alguns ministérios mais novos — como o *Áxis* e nossa nova página na Internet de atendimento regional — são muito eficientes em levar as pessoas da porta da frente para um grupo pequeno. Eles promovem os serviços semanais para mobilizar as pessoas, ao comunicar claramente como os recém-chegados podem se ligar a esses ministérios.

Quando pedimos às igrejas que expliquem como usam os cultos a fim de assimilar os recém-chegados, descobrimos como é comum que deixem escapar as oportunidades para ligar as pessoas. É um pecado que todos nós temos em comum. Assim, perguntamos: "Como você define claramente os passos iniciais para cada pessoa em sua congregação?". Melhorar a mobilização por meio dos cultos semanais pode ser mais fácil do que você pensa, se considerar esses cultos um instrumento de assimilação. Comunique os passos seguintes do púlpito a cada semana, certifique-se de que sua equipe de assimilação acompanha as pessoas que mostram interesse e use uma grande variedade de serviços criativos para manter as pessoas interessadas em continuar crescendo.

Reuniões de tamanho médio

No capítulo 3, tratamos do "tanque de peixes" e do papel do líder de ponta no processo de assimilação. Tanto o líder de ponta quanto toda a igreja precisam fazer perguntas difíceis e criar uma série de opções para que os participantes dos cultos tenham condições de explorar as ligações, talvez por meio da escola dominical ou comunhão bíblica para ao adultos. Os grupos pequenos não precisam estar em desarmonia com esses ministérios. Em vez disso, essas reuniões maiores podem desenvolver grupos pequenos durante as reuniões ou podem assimilar os recém-chegados e, mais tarde, encaminhá-los para um ambiente de grupo. Na Willow Creek, temos aulas para adultos, mas não temos uma escola dominical formal ou uma estrutura de comunhão bíblica para adultos. No entanto, temos inúmeros grupos de tamanho médio, em que as pessoas se reúnem regularmente, os quais servem de porta de entrada para que elas sejam introduzidas em comunidades pequenas. Essas oportunidades incluem as classes especiais, os eventos evangelísticos, as celebrações e os eventos de extensão (missões). Essas reuniões nunca são um fim em si mesmas, mas podem ser o meio para um propósito maior.

Suponhamos que sua igreja, como a nossa, já promove eventos de assimilação. Se você começar a fazer perguntas, poderá ficar surpreso ao descobrir por que e como esses eventos são oferecidos. Muitas igrejas são famosas por organizar eventos "somente porque pareciam ser uma boa idéia".

Em certa ocasião, eu (Russ) perguntei a um líder de ministério de nossa igreja se as pessoas eram ligadas como resultado de um evento que ele organizara. Esquivou-se da pergunta e finalmente disse: "Bem, realizamos esse evento porque é algo prazeroso para fazermos". Ele não enxergava além do próprio evento em si. Ele não percebia que esse aspecto prazeroso não era compreendido por aqueles que participavam do evento, mas estavam do lado de fora, olhando para dentro. "Prazer" era definido pela expectativa divertida que o evento fomentava, não se as pessoas desconectadas teriam ou não oportunidade de encontrar um lar na Willow Creek.

Os eventos também podem se tornar institucionalizados. Realize o evento uma vez, e ele será apenas uma grande idéia; realize-o pela segunda vez, e ele passará a ser um hábito; realize-o pela terceira vez, e passa a ser tradição! E você sabe como as pessoas reagem quando você acaba com uma "tradição". Os fiéis levantam-se em protesto e você se torna o alvo de suas críticas. Eventos se tornam hábitos e acabam se tornando a identidade do ministério. Acabar com o evento leva a um ataque pessoal.

Terceiro, descobrimos que alguns ministérios expandem a função do tanque de peixes muito além de nossas intenções originais. Uma reunião de tamanho médio não deve se tornar o ponto final na estrada da comunidade. Isso pode ser comparado a um torcedor de determinado esporte que pensa que faz parte do time só porque foi ao jogo. Estamos procurando tirar as pessoas da torcida para colocá-las no time. Eventos de assimilação não são comunidades pequenas. As pessoas, no entanto, tentarão vê-los como tal. Essa dinâmica acontece, inevitavelmente, quando você cria espaços para os peixes. Lembre-se, eventos "tanque de peixes" são organizados para fisgar peixes, não para armazenar água.

Para avaliar nosso progresso, tentamos verificar a taxa de conexão do evento, conferindo se as pessoas acabam realmente participando de um grupo. Às vezes, integramos algumas pessoas e, outras vezes, nenhuma. Mas, quando os eventos são organizados com eficiência e o processo de assimilação está dando certo, os eventos funcionam extremamente bem, lembrando-nos de nosso potencial para fazer melhor.

Há alguns anos, nosso ministério de mulheres iniciou, depois de um grande evento de colheita, um trabalho chamado "casas abertas". Nesse evento, as mulheres eram convidadas a participar de uma das catorze casas abertas da comunidade. Por intermédio desse processo, identificamos 112 mulheres não-integradas que desejavam participar de um grupo pequeno de mulheres. Quantas dessas 112 mulheres você acha que foram conectadas? Errado! Todas as 112 – ligação de 100%. Hoje, conhecemos o potencial máximo de um evento de assimilação. Realmente, é possível ligar cada peixe do tanque.

Certamente, é possível criar o tipo certo de reuniões de tamanho médio, mas você deve avaliá-las bem para manter sua eficiência. Se isso não acontecer, essas reuniões se tornarão um fim em si mesmas e nunca alcançarão seu potencial de assimilação.

LIGAR

Por mais tolo que possa parecer, na Willow Creek tivemos problemas para definir o significado da palavra "ligar". Você pode pensar que isso é óbvio; mas fizemos algumas interpretações que acabaram por nos confundir.

Quando exatamente uma pessoa é conectada? Será que isso ocorre quando respondemos às suas dúvidas? Ou será que isso ocorre quando passamos todas as informações que ela pediu acerca de um ministério? Ou será que ela está ligada se participar de um evento ou visitar um grupo pequeno? Ou será que ela deve participar do grupo pequeno mais de uma vez?

É importante definir termos — especialmente nas igrejas em que várias pessoas têm a responsabilidade pela assimilação. Se existe confusão, o fluxo de pessoas é interrompido. Para nós, ligação significa que uma pessoa se tornou membro oficial de um grupo pequeno. Alguém é membro oficial quando ele e o líder concordam com isso. Essa pessoa está ligada. Qualquer coisa aquém disso significa que ela já está mobilizada, mas ainda não está ligada.

Quando você determina o nível de ligação das pessoas em sua igreja, considere as funções essenciais dos "seguradores na mão", dos assimiladores e dos líderes de divisão.

Segurando na mão

Você pode aumentar a atividade de mobilização sem saber exatamente como está seu desempenho. Havíamos melhorado nossas portas de entrada, os cultos de adoração e as reuniões de tamanho médio, mas não tínhamos como avaliar nosso esforço. Precisávamos acompanhar o progresso das pessoas além de nossos sistemas de *software* e de banco de dados. Precisávamos aproximar-nos e tornar-nos pessoais.

Não demorou muito para que começássemos a descrever o acompanhamento do progresso pessoal de um indivíduo como "segurar na mão" de alguém. Logo que uma pessoa começava a se aproximar de nossa igreja, queríamos pegar na mão dela e caminhar com ela — até mesmo levá-la até a próxima pessoa no processo, que por sua vez pegaria na mão dela e repetiria o processo o tempo que fosse necessário, até que ela estivesse integrada.

Por essa razão, você pode dizer que estamos no negócio de segurar na mão. Cada igreja precisa de um processo para acompanhar as pessoas e, ao mesmo tempo, tratá-las de forma amigável e pessoal nessa caminhada. Pessoas que seguram na mão geram listas de recém-chegados por meio de vários pontos de contato, como os cultos, as aulas e os grupos.

Assimiladores

Os assimiladores certificam-se de que os recém-chegados na lista sejam acompanhados ou rastreados e ligados a um grupo comunitário ou de serviço específico. Os assimiladores têm a responsabilidade de assegurar uma ligação para todos. Eles seguram na mão de uma pessoa até que alguém na nossa igreja — uma área ministerial ou um grupo pequeno — segure na sua outra mão.

Esse papel desenvolveu-se com o passar do tempo. Inicialmente, pensávamos que as ligações ocorreriam naturalmente ao mantermos nossos grupos abertos e ao organizarmos grandes eventos do tipo "tanque de peixes". Infelizmente, não foi isso que aconteceu. Quando os grupos pequenos começaram a se espalhar pela congregação, as ligações diminuíram. Criamos um papel especial para as pessoas, cuja paixão era entrar em contato com outras pessoas.

Trabalhamos com outras igrejas que também perceberam que os assimiladores agiam como catalisadores para tornar o processo de integração mais fluente. Eles ajudaram as pessoas a colocar em prática a intenção de fazer parte de um grupo. Alguns recém-chegados sentir-se-ão motivados para participar da vida de um grupo pequeno depois de um culto ou de um evento abençoado. Mas, a não ser que alguém esteja lá para ajudá-los a agir conforme seu desejo, o entusiasmo pode desaparecer. Os assimiladores ajudam as pessoas a dar os passos que de outra forma elas ignorariam ou evitariam. Os recém-chegados se sentem mais seguros quando há alguém disposto a ajudá-los nessa caminhada.

Nunca permita que os assimiladores administrem um processo em vez de segurar na mão de alguém; caso contrário, poderão impedir que uma conexão completa ocorra. Deve haver uma prestação de contas no desfecho *e* durante o processo.

Líderes de divisão

Na Willow Creek, a prestação de contas e a responsabilidade com relação ao processo de conexão também está a cargo de pessoas chamadas líderes de divisão. Quando acrescentamos o papel do líder de divisão em 1992, houve certa confusão acerca da atividade diária que essa pessoa deveria exercer. Esses líderes de divisão, responsáveis pela supervisão de quinhentas pessoas (dez treinadores com cinco grupos pequenos de dez pessoas cada — 10 x 5 x 10 = 500), funcionam como os formadores de treinadores, de pastores de um rebanho, de catalisadores de grupos pequenos e muito mais. Embora o papel continue a evoluir, pedimos aos nossos líderes de divisão para serem "monitores em última instância", para assegurar a conexão dos que estamos mobilizando rumo à comunidade.

Isso requer que tenham certa idéia da situação de cada grupo, de quais grupos estão prontos para preencher a cadeira vazia, onde poderia haver o melhor ajuste relacional e como abordar o líder quando existe a necessidade de acrescentar alguém ao seu grupo. O assimilador pode empurrar a estrutura de grupo do lado de fora, mas o líder de divisão precisa que os grupos puxem do lado de dentro.

Certifique-se de que a pessoa que ocupa o papel de líder de divisão (um pastor de grupo pequeno ou um voluntário maduro) esteja sempre pronta e disposta a puxar as pessoas para dentro da comunidade. Pode até ser que precise ajudar a formar novos grupos ou, talvez, trabalhar com os grupos existentes para abrir espaço para uma cadeira vazia. Quando uma pessoa é conectada, nosso foco volta-se para o desenvolvimento — a próxima função da assimilação.

DESENVOLVER

Por que é importante desenvolver as pessoas quando elas estão integradas? Será que o desenvolvimento é realmente uma função da assimilação?

O objetivo do desenvolvimento na assimilação é embutir o valor da vida do grupo na alma de cada pessoa da igreja. Enquanto a pessoa não considerar a possibilidade de tornar-se membro de um grupo pequeno como parte habitual de sua experiência espiritual e de sua vida, ela sempre correrá o risco de desligar-se de sua pequena comunidade. Se você puder convencer a pessoa a buscar a verdadeira comunidade, todos os aspectos da assimilação dela tornam-se muito mais fáceis.

Para a maioria dos cristãos, a participação nos cultos da igreja é algo normal. O mesmo acontece com relação ao ensino bíblico saudável, à adoração, à evangelização, à observação dos sacramentos e à comunhão. Um grande número de pessoas não consegue imaginar uma igreja sem um programa de escola dominical. Outras acreditam que certas disciplinas espirituais, como a solidão ou a oração, são procedimentos-padrão para a vida cristã. Qualquer que seja o caso, queremos desenvolver as pessoas até o ponto em que a participação no grupo pequeno seja tão comum quanto a participação da programação do final de semana. Para ajudar nossas pessoas a ver a comunidade de grupos pequenos como normativa, usamos, coerentemente, dois processos — os cinco alvos e uma participação ativa na igreja.

Os cinco alvos

A essa altura do campeonato, você já está familiarizado com os cinco alvos — nossa estrutura de desenvolvimento — mas queremos descrever sua importância na assimilação. Ajudar os indivíduos a adotar os cinco alvos assegura uma conexão permanente com a comunidade de grupos pequenos.

Um dos motivos é óbvio: o terceiro alvo é o *grupo*. Nosso povo sabe que o grupo está arraigado na natureza de Deus — sua natureza de comunhão pode ser observada pela própria Trindade — Pai, Filho e Espírito Santo. A Trindade experimenta um perfeito três-em-um e Jesus orou para que seus discípulos não só emulassem isso, mas também participassem dela (Jo 17). O *grupo*, reforça um componente central da fé cristã — a comunidade com Deus e com os outros. À medida que nossos membros se comprometem a desenvolver os cinco alvos, eles automaticamente adotam a idéia do grupo, agora e no futuro.

Os outros quatro alvos expressam atitudes e ações que culminam com a participação no grupo. O alvo *graça* liga as pessoas ao Evangelho mas, em última instância, com os outros em um grupo de interesse ou de amizade em que as questões espirituais podem ser discutidas. Depois da conversão, o próximo passo provável para a conexão é um novo grupo de crentes.

O alvo *crescimento* ressalta os vários relacionamentos, as experiências e as práticas que cada pessoa deve desenvolver caso queira se desenvolver espiritualmente. A participação em grupos pequenos encoraja esse desenvolvimento e o ensinamento bíblico acerca do desenvolvimento espiritual envolve, necessariamente, os relacionamentos que ajudam uma pessoa a amadurecer. (Uma breve reflexão sobre o livro de Provérbios, Rm 12 e 16, 1Co 12 e 13 e Ef 4 e 6 deveriam convencer qualquer cético com relação a esse fato.)

Henry Cloud e John Townsend, em seu livro *A chave do crescimento*, deixam esse aspecto claro:

> Se você pretende ajudar as pessoas a crescer, *precisa* entender a necessidade do relacionamento para o crescimento. Não raro, as pessoas na igreja que ensinam outras a crescer eliminam o papel do Corpo. Na verdade, às vezes, ensinam a seus estudantes que eles não precisam das pessoas, que Cristo sozinho é suficiente ou que a Palavra ou oração é suficiente. [...] Anos de pesquisa e de experiência reforçam essa realidade bíblica: *Você precisa se relacionar para crescer.*[1]

O alvo *dons* levará as pessoas a servir. Visto que todo o serviço na Willow Creek é feito por meio de equipes de serviço e de grupos pequenos, qualquer pessoa que utilize seus dons encontrará uma comunidade em processo. E o alvo *mordomia saudável* leva as pessoas além de meramente doar seu dinheiro. Os seguidores de Cristo são chamados para usar tudo que possuem de maneira sábia e para doar generosamente aos necessitados, particularmente os fracos e os pobres. Mais uma vez, nossos ministérios de missões funcionam em pequenas comunidades, nas quais as pessoas dependem umas das outras à medida que servem aos pobres. O caminho para o desenvolvimento em cada um dos cinco alvos leva à vida em comunidade — algo inevitável.

Qualquer que seja a estrutura que você escolher para descrever como alguém amadurece, certifique-se de que ela

[1]São Paulo: Vida, 2003, p. 136.

inclua uma ênfase na comunidade e que o equilíbrio encontre expressão em várias formas da vida em grupo. À medida que os valores mudam, a assimilação se torna a resposta automática de cada pessoa em sua igreja.

Participação ativa na igreja

Tanto neste livro como no livro *Edificando uma igreja de grupos pequenos* descrevemos como o processo de tornar-se membro da igreja pode ser um instrumento para acentuar o processo de discipulado na igreja. Isso é tanto um incentivo quanto um recurso-chave para desenvolver as pessoas no processo de assimilação.

A participação ativa dos membros alcança dois alvos: essa participação reforça os cinco alvos como um meio de desenvolvimento e de envolvimento, assim como ela nos permite monitorar o compromisso contínuo com a vida do grupo em particular. O rastreamento de sistemas nos ajuda a identificar as pessoas que não estão conectadas em grupos. O mesmo ocorre com nosso processo de renovação de membros. De três em três anos, pedimos aos membros atuais para reafirmar formalmente seu compromisso com a Willow Creek, usando os cinco alvos como guia.

Em nossa igreja, a afiliação nunca é um evento solitário — ela é um compromisso com um conjunto de valores e um corpo de crentes em uma igreja local. Ela convoca as pessoas a viverem na comunidade de maneira especial, não simplesmente serem membros de uma organização. O único privilégio associado com a afiliação envolve o direito de confirmar os presbíteros e os membros do conselho e ratificar o chamado do novo pastor titular. Caso contrário, os únicos privilégios reais são aqueles que vêm com a participação ativa no corpo. Não existem poderes especiais, apenas a oportunidade de crescer e a responsabilidade de servir. Quando uma pessoa renova seu pacto como membro, ela revê um breve estudo da

Bíblia baseado no currículo original da participação ativa como membro. Essa pessoa, a seguir, faz uma reflexão pessoal a respeito desse estudo e, por meio de uma entrevista com seu líder de grupo pequeno, ratifica seu compromisso contínuo com a igreja e com os cinco alvos.

Às vezes, o processo de renovação de pacto com a igreja torna-se um "momento de assimilação" para as pessoas que se "afastaram" da vida comunitária desde sua última confirmação como membro da igreja. Se elas não têm uma conexão com um grupo pequeno no momento em que confirmam seu pacto como membros, nossa equipe responsável por essa área entra em parceria com os assimiladores para conectá-las novamente. Mesmo que elas estejam em um grupo, terão uma oportunidade para avaliar seu compromisso com aquela pequena comunidade. Se alguém sai de um grupo, pedimos ao líder para comunicar esse fato à nossa equipe de afiliação e à equipes de assimilação, usando um perfil trimestral de grupo pequeno que fornece um resumo da situação dos membros daquele grupo. Essas equipes são responsáveis por acompanhar a pessoa com o objetivo de conectá-la novamente com o grupo. É claro que fica ao encargo da pessoa ser ou não ser conectada novamente.

Imagine as conversações que ocorrem quando os líderes de grupos pequenos se encontram com os membros durante o processo de confirmação. Nesse momento, as portas para o discipulado estão completamente abertas e existem muitas oportunidades de desenvolvimento.

Ao solidificar sua estrutura de desenvolvimento espiritual — caso os cinco alvos sejam usados, ou não, e se nesse momento a estrutura for conectada a um processo sólido de afiliação e de confirmação — você completará a função de desenvolvimento da assimilação. Para aqueles indivíduos que você desenvolveu, não será necessário muito esforço para retê-los.

RETER

Independentemente da excelência de seus grupos ou líderes, ou da eficiência de seu processo de assimilação, as pessoas haverão de se desligar. Quanto mais maduro for seu ministério de grupos pequenos, tanto mais importante se tornará tratar da retenção no processo de assimilação. De que maneira você pode manter as pessoas ligadas por um longo tempo?

Por anos, na Willow Creek, despendemos energia desproporcional para a entrada no "tubo de assimilação" — ligar as pessoas. No processo, falhamos muitas vezes, em não prestar atenção à saída no "tubo de assimilação". Nos primeiros anos, fazíamos festa quando novos grupos eram formados, quando grupos antigos geravam novos grupos e quando algum grupo preenchia a cadeira vazia. Ignorávamos os atritos. Afinal de contas, estávamos na fase de construção, lançando a visão e procurando os líderes.

No entanto, alguns de nossos ministérios começaram a "medir" o índice de atrito, e o entusiasmo diminuiu; a festa ainda não terminara, mas o bolo e o sorvete já tinham acabado. Aprendemos que em alguns ministérios havia cerca de 10% de desistência. Assim, se esperávamos um crescimento na rede de 10%, teríamos de assimilar mais 20% de pessoas para os grupos. Se pudéssemos melhorar nosso desempenho retendo 10% das pessoas, não precisaríamos trabalhar tão freneticamente para tentar conectar outras pessoas. Precisávamos entender que a retenção fazia parte da assimilação. E reter as pessoas significava mais pessoas usando seus dons, testemunhando de Cristo, servindo os pobres e sendo desenvolvidos para a maturidade.

Acompanhamento

Em um esforço de diminuir nosso índice de fechamento de grupos, tivemos, em primeiro lugar, de fazer a seguinte pergunta:

"Por que você está deixando o grupo?". As respostas revelavam tanto as boas novas como as más.

As boas novas tomaram diversas formas. Alguns grupos terminaram naturalmente e seus membros assumiram papéis de liderança em vários grupos pequenos da Willow Creek. Na verdade, esses grupos funcionavam de maneira semelhante aos grupos turbo, treinando os líderes para o futuro. Outros membros deixaram seus grupos devido à mudança de emprego, à aposentadoria, ou à ocasião de se mudarem para regiões mais quentes (um claro sinal de que havíamos otimizado sua inteligência!). Muitas dessas pessoas encontraram novas igrejas e começaram a liderar grupos pequenos. Mais uma vez, estava ocorrendo o desenvolvimento de liderança informal.

Porém, aqui estão as más notícias — as notícias que instigaram mudanças significativas em nosso ministério. Alguns grupos terminaram de maneira insatisfatória, devido a problemas relacionais. Nesses casos, tivemos de iniciar um processo de reconciliação. Às vezes, o problema dizia respeito a aspectos de liderança. Líderes que estavam funcionando abaixo de padrões aceitáveis tinham de ser aliviados de suas responsabilidades ministeriais. Com o tempo, encontramos em toda a igreja padrões problemáticos de vida no grupo — confusão de funções, escolha insatisfatória de currículo, falta de alinhamento, entre outros problemas — e tratávamos desses padrões nas reuniões de liderança, quando nos reuníamos em pequenos grupos ou na conferência anual. As pessoas ficaram impressionadas quando perguntávamos acerca de suas experiências e nos deram a chance de conectá-las novamente em novos grupos pequenos. A assimilação ocorreu porque tomamos a iniciativa para reter as pessoas.

Reserve um tempo para simplesmente perguntar: "Por quê?". Essa pergunta pode produzir as percepções aguçadas de como as pessoas se conectam e se ajustam à estrutura do grupo. E essa reflexão, provavelmente, levará aos contatos pessoais, em que você conversa com as pessoas, algo que o capacita a reter, de maneira eficiente, em toda a igreja, essas pessoas em grupos.

Transfira a assimilação

Alguns ministérios têm problemas de retenção, porque existe uma lacuna na estrutura, a qual propicia a *desconexão.* É normal que as pessoas deixem o grupo depois de certo período de tempo. Grupos de cuidado comunitário, por exemplo, são designados para ajudar as pessoas durante um período breve de crise ou de necessidade que as prepara para participar de uma tarefa ou de um grupo comunitário depois que a crise acaba ou ocorre a cura. Os grupos de interessados ou de novos crentes também "graduam" seus membros. E os ministérios Terra Prometida, Expresso Brilho do Filho e Impacto Estudantil perdem seus membros à medida que as crianças e os jovens crescem e passam para o grupo da faixa etária seguinte. Depois de observar mais de perto esses grupos que funcionam por certo período de tempo, descobrimos seu grande potencial para promover a assimilação de uma área para outra. Era simplesmente uma questão de reconhecer a oportunidade e rastrear o processo para que ninguém se perdesse entre as rachaduras.

Sua igreja, provavelmente, tem ministérios ajustados para levar as pessoas com naturalidade ao próximo passo no desenvolvimento espiritual e na conexão comunitária. Preste atenção às dinâmicas de transferência de sua congregação para que você não perca meios óbvios de reter as pessoas no grupo.

Reassimilação

Às vezes, o processo dá a volta toda no círculo. A pessoa é assimilada em um grupo, ao qual ela se liga, e é desenvolvida. Ela passa para outro grupo três anos mais tarde. A seguir, por uma razão qualquer, pode ser integrada, sem que alguém esteja segurando na sua mão. Dependendo de como as pessoas são acompanhadas ao longo de sua experiência de grupo pequeno, você pode, a certa altura, identificar essa pessoa e pegar novamente na sua mão. Você pode precisar reavaliar suas necessidades e começar todo o processo outra vez, até que esteja de volta em um grupo. Assim, você estará seguro de que essa pessoa permanece integrada, mesmo que não tenha participado de um grupo por uma temporada.

A DERRADEIRA ORGANIZAÇÃO DE SERVIÇO

Pessoas como Greg Hawkins, Nancy Beach, Bill Hybels e Dick Anderson gastaram boa parte de sua carreira no mercado de trabalho buscando novos clientes e retendo os já existentes. O mesmo ocorreu conosco. E os traços paralelos com o trabalho da igreja não devem ser ignorados — exceto que os riscos são muito maiores. É por essa razão que sentimos tanta urgência. Quantas vezes sentávamos em salas de conferências com outros banqueiros, consultores, advogados, empresários e executivos para delinear as estratégias para alcançar o próximo cliente e para reter aqueles que possuíamos! Será que a igreja local, com sua missão eterna, não requer o mesmo montante de energia de nossa parte? Como recusar redirecionar nossas energias de assimilação para a organização com uma missão eterna?

Em nosso esforço anterior, estavam em jogo somente dólares e centavos. Ligar as pessoas ao produto ou ao serviço significava ligá-las ao ponto essencial. Porém, quando falamos de assimilação e de conexão, de salvação e de transformação, estamos falando de vida eterna. Não podemos escapar da verdade que cada ruptura na assimilação pode ter conseqüências eternas. Isso nos mantém trabalhando para considerar cada estratégia e cada instrumento que Deus colocar à nossa disposição.

Conclusão

EM 28 DE JANEIRO DE 1986, às 11h38, eu (Bill) terminara de fazer um exame em um curso de pós-graduação, e eu (Russ) estava parado na seção de televisores de uma loja de departamentos em Bismarck, Dakota do Norte. Esperávamos que fosse um dia como outro qualquer. Em vez disso, seria um dia que chocaria a nação e angustiaria o mundo. Em questão de segundos, um sonho transformou-se em pesadelo. As crianças das escolas dos Estados Unidos estavam assistindo aos eventos pela televisão, ao vivo, nas salas de aula por todo o país. Nesse dia, pela primeira vez na história, uma professora de escola comum, Christa McAuliffe, embarcaria em uma jornada extraordinária rumo ao espaço a bordo da nave espacial Challenger.

Lamentavelmente, apenas 73 segundos após o lançamento, a Challenger explodiu, matando os sete tripulantes. O mundo ficou chocado e horrorizado, sem conseguir compreender a gravidade daquele momento. O que causou ainda mais perturbação talvez tenha sido o fato de a investigação ter revelado que o desastre poderia ter sido evitado. Para as pessoas envolvidas no programa espacial, esse desastre instigou uma série de perguntas com referência ao nosso propósito quanto ao espaço, ao papel da política com relação às viagens espaciais e à maneira como a eficiência de uma missão é avaliada.

Inicialmente, muitos conjecturaram que havia ocorrido um mau funcionamento grave, algo de proporções monumentais, uma falha muito séria nos sistemas. Contudo, esse não foi o caso. Uma investigação mais acurada revelou que um conjunto de decisões de liderança com relação a um aspecto relativamente pequeno causara o incidente catastrófico. Essa tragédia ajudou-nos a aprender importantes lições de liderança.

A nave espacial está conectada a um tanque maciço de combustível externo, que contém centenas de toneladas de líquido de propulsão. Em cada lado do tanque de combustível, há um impulsionador sólido de foguete que contém mais de 590 toneladas de combustível para a ignição. Esses impulsionadores levam a nave e seus tanques externos de combustível para fora da força gravitacional da Terra. Quando os tanques se esvaziam, os impulsionadores caem na terra e são reutilizados em vôos futuros. Uma argola, um círculo de borracha de aproximadamente doze metros, cujo objetivo é vedar os impulsionadores e impedir o vazamento de gás quente, protege cada junta do motor do foguete. Essas argolas funcionam como uma arruela ou uma junta de vedação, cuja função é garantir que as partes do foguete formem uma vedação compacta quando unidas. Cinqüenta e oito segundos após o lançamento, uma argola não estava na posição correta e, por conseguinte, deixou de vedar apropriadamente, permitindo que gases de combustão a 5 800 graus vazassem do impulsionador sólido do foguete direito e queimassem a parede do tanque de combustível externo, incendiando seu conteúdo. Alguns segundos mais tarde, a Challenger explodiu.

A falha na argola foi atribuída a muitos fatores: falhas no projeto do impulsionador sólido de foguete, testes insuficientes em temperatura baixa do material da argola e das juntas que a vedavam e falta de comunicação entre os vários níveis de gerência da NASA. Sinais de advertência para impedir o desastre estavam em todos os lugares, mas foram ignorados. Aqui estão alguns:

- A erosão da argola foi descoberta depois do segundo vôo da nave, em novembro de 1981, e o pior desempenho da argola ocorreu durante o vôo de janeiro de 1985.
- Em quase a metade de todos os vôos da nave, as argolas sofreram algum tipo de erosão.
- Havia dados insuficientes para confirmar um desempenho apropriado das argolas abaixo de quarenta graus; a temperatura no lançamento era de 36 graus. Os administradores mencionaram a insuficiência de pesquisa dos dados como um dos motivos para *não* atrasar o lançamento.
- Pressões econômicas e políticas forçaram um lançamento prematuro.

Em vez de ser um vôo histórico com primeira professora no espaço, o vôo da Challenger tornou-se um desastre histórico. O custo da fabricação e dos testes da argola é desprezível comparado com os milhões de dólares gastos para colocar a nave em órbita. Não foi a falta de dinheiro que causou o problema; foi o orgulho e a ignorância. A falha em implementar e seguir os procedimentos de resolução de problemas básicos e o descaso ao tratar do que parecia ser um problema pequeno causaram a tragédia. Levou muito tempo até que tudo "voltasse ao normal" na NASA.

Quando lemos os relatórios relacionados com a crise, fica claro que as argolas não foram as únicas peças que sofreram erosão. Várias decisões infelizes colocaram toda a missão em perigo. Processos e decisões mal planejados, falta de uma liderança corajosa e estratégias ineficientes de comunicação resultaram na perda de vidas preciosas.

Os paralelos na construição de uma igreja de grupos são óbvios. Algumas mudanças no relato acima e poderíamos facilmente estar escrevendo a respeito de um desastre na igreja, um dos muitos que já observamos em nossa interação com líderes. Normalmente, os mesmos fatores que levaram ao fracasso da Challenger contribuem para o colapso de um ministério eficaz. Muitas vezes ouvimos os seguintes comentários:

> Vamos analisar a idéia de um aprendiz mais tarde; nesse momento, estamos nos esforçando para começar grupos novos. Na verdade, ainda não temos um grande líder porque os presbíteros querem alocar fundos para projetos mais importantes; mas podemos nos virar sem esse grande líder.
>
> Se nos tornarmos uma igreja voltada para os de fora, não vamos precisar nos preocupar em desenvolver um complexo processo de assimilação.
>
> É claro que precisamos de treinadores, mas infelizmente não temos tempo para desenvolvê-los. E, nesse momento, nosso corpo de obreiros está cuidando dos líderes. Imagine acrescentar os treinadores a essa confusão!

Esses assuntos podem parecer insignificantes e fáceis de serem ignorados — até o momento. Afinal, temos um ministério de grupos pequenos bem-sucedido e todos estão animados. Os grupos estão surgindo em toda parte! Vamos nos preocupar com isso mais tarde. Você está certo, pois se preocupará acerca dessas coisas mais tarde e muitas vezes durante o processo, perderá o sono. Contudo, você pode evitar isso.

Esperamos estar partilhando algo em comum com você — uma profunda sensação de urgência que exige que estejamos muito atentos quanto a essas sete áreas esboçadas neste livro. Se esse for o caso, você usará recursos semelhantes aos que usamos aqui. Depois que sua igreja começar a fazer uso das orientações para resolução de problemas contidas neste livro, em que cada um dos sete pecados capitais será cuidadosamente avaliado, e as estratégias certas, implementadas (como as que esboçamos e outras que você descobrirá à medida que Deus dirigir *sua* aventura), acreditamos que seu futuro será brilhante. E, visto que os ministérios de grupos pequenos tendem a apresentar dificuldades de tempos em tempos, você terá de reavaliar cada área. Quando você perceber que alguma coisa está emperrada, esperamos que retorne a estas páginas a fim de rever nossas percepções e respostas.

Você se lembra da história fictícia da Primeira Igreja da Floresta, na introdução deste livro? Muitas de nossas igrejas, de alguma maneira, assemelham-se à Primeira Igreja da Floresta. Imagine que essa igreja tenha avaliado sua realidade atual, reconhecendo os sete pecados capitais, reconhecendo suas fraquezas inerentes e tratando-as com novas estratégias e planos. Imagine uma história diferente:

> Há quatro anos, a Primeira Igreja da Floresta introduziu três iniciativas ministeriais designadas a reativar um ministério de grupos pequenos, cujo desenvolvimento estava estagnado. Eles pediram para a superintendente de educação cristã passar a escola dominical infantil, AWANA, a escola dominical de crianças e de adultos e o programa da escola bíblica de férias aos principais voluntários, para que ela pudesse se responsabilizar pelo Ministério de Grupos Pequenos. Ela começou a trabalhar com alguns grupos pequenos de discipulado e com os grupos do Ministério de Mulheres. O esforço resultou em onze novos grupos pequenos naquele ano, mas o Ministério de Grupos Pequenos está começando a ficar estagnado. Os líderes estão surgindo, mas será necessário um grande esforço para levar a igreja ao próximo nível.
>
> Todos — a liderança, os obreiros e os voluntários — estão preocupados, pois a estratégia de grupos pequenos está

correndo perigo. Embora a igreja tenha sido organizada em mais departamentos devido ao seu crescimento, todos os ministérios procuram ver como os grupos os levarão ao próximo patamar. Cada ministério, incluindo o departamento dos grupos pequenos, não se satisfaz mais em apenas manter as pessoas alegres e em evitar os problemas. Os grupos pequenos não são mais só uma opção; eles estão se tornando um componente essencial para a transformação. A igreja acredita que grupos pequenos têm um embasamento bíblico, porque cada um usa um de dois currículos, ambos preparados pelo pastor auxiliar. No entanto, a equipe de obreiros em tempo integral está pronta para experimentar as novas abordagens a fim de expandir a variedade de grupos, para que a igreja possa encontrar as pessoas que querem fazer parte da comunidade, onde quer que elas estejam.

No último ano, a igreja terminou a construção das novas dependências, dobrando o espaço, e a freqüência aumentou 60% em seis meses. Os recém-chegados que buscam uma ligação rápida esperam que a estratégia de assimilação clara atenda às suas necessidades. Eles têm motivos para estar confiantes, pois ouvem regularmente que alguém está "segurando nas suas mãos" e participando de seu processo. E, embora os grupos pequenos existentes tenham em média dezessete pessoas por grupo, os aprendizes são identificados a fim de gerar novos grupos, que serão receptivos aos recém-chegados que estão querendo fazer parte de uma pequena comunidade. A responsável pelo ministério de grupos pequenos estava correndo o risco de ficar esgotada, pois tentava cuidar de dezesseis líderes. Agora, no entanto, os novos treinadores estão começando a apoiar esses líderes e os outros ministérios — incluindo um novo ministério para solteiros —, que estão sendo edificados sobre uma saudável estrutura de liderança de grupos pequenos.

Os presbíteros da Primeira Igreja da Floresta estão esperançosos, mas ainda ficam um pouco apreensivos. Eles se perguntam: "Será que a abordagem de grupos pequenos realmente funcionará aqui?". Assim, pediram ao pastor titular para trabalhar com o restante da equipe de obreiros a fim de continuar implementando as soluções, à medida que continuam sua caminhada, para permanecerem unidos no que diz respeito à visão de grupos pequenos. Eles ainda têm algumas dúvidas acerca das estratégias de grupos pequenos que estão sendo empregadas na Igreja e querem descobrir de que modo os grupos pequenos podem se tornar acessíveis a todos. O pastor titular e dois membros inexperientes da equipe de obreiros estão percebendo a diferença entre um ministério baseado em programas e uma abordagem relacional concentrada nos grupos.

A Primeira Igreja da Floresta continua a desenvolver as estratégias quanto ao futuro de seu ministério de grupos pequenos. Ela segue a analisar suas táticas atuais, estudando a abordagem de grupos pequenos nas Escrituras e na história da igreja e tentando avaliar as coisas mais importantes para que possam priorizar os principais problemas, devido ao limite de tempo, dinheiro e pessoal da igreja. Eles não têm certeza se todas as novas estratégias funcionarão, mas estão fazendo progressos, graças ao esforço unificado e a um plano claramente definido para resolver os problemas. O futuro ainda é incerto, mas eles estão determinados a seguir em frente *juntos*. O entusiasmo aumenta a cada mês. Deus está fazendo algo grandioso na igreja por intermédio de uma rede ministerial cada vez maior de relacionamentos espiritualmente transformadores.

As diferenças entre a Primeira Igreja da Floresta aqui e na introdução são o resultado de algumas decisões importantes sobre cada pecado vital. As decisões nunca são simples, apenas claras. Elas fizeram toda a diferença na Primeira Igreja da Floresta e farão o mesmo em sua igreja. Uma resolução cuidadosa de problemas e uma avaliação honesta servem de base para as decisões sábias de liderança.

Alguém disse que foram necessários apenas 73 segundos para ocorrer a explosão da Challenger e que era impressionante que tantas coisas pudessem acontecer em tão pouco tempo. Mas, na verdade, vários anos de decisões infelizes e de negligência resultaram no desastre da Challenger, que levou só 73 segundos para revelar todo o impacto dessas decisões.

O ministério de grupos pequenos também tem várias "argolas". Sugerimos apenas sete. Não negligencie nenhuma delas. Avalie-as honesta e detalhadamente. Tome as decisões certas e edifique o ministério com integridade. Você quer que esse lançamento seja bem-sucedido, e a missão, cumprida. Vidas preciosas estão em jogo, e o mesmo ocorre com o futuro da igreja. Grandes oportunidades esperam os que estão dispostos a fazer a obra que precisa ser feita — agora. Acreditamos que você pode e a realizará. Estamos torcendo por você.

APÊNDICE 1

Exemplos de planos ministeriais

EXEMPLO DE PLANOS DOS MINISTÉRIOS DE CASAIS, DE MULHERES E TERRA PROMETIDA, DA WILLOW CREEK COMMUNITY CHURCH

Planos ministeriais

Ministério	Casais
Data	Setembro de 1997

Alvo estratégico	Resultados desejados	Atividades-chave nos próximos 4 meses
Utilizar todas as dependências de nosso campus para alcançar o maior número de interessados possível. Acreditamos que isso corresponderia a 20 mil pessoas participando do culto dirigido às pessoas interessadas e necessitadas no ano de 2000	Culto de final de semana (maio-dezembro de 1997) Três finais de semana especiais, um deles com batismo <u>Serviço de verão do Terra Prometida (1998)</u> • Dois finais de semana com 260 voluntários por final de semana <u>Curso sobre o cristão contagiante (1997)</u> • 100% dos obreiros em tempo integral • 50% da liderança de grupos pequenos • 25% dos membros dos grupos pequenos	• Realizar uma campanha evangelística de cinco meses, começando em 1.º de dezembro (v. apêndice A) • Completar o levantamento evangelístico em 1.º de dezembro • Organizar um evento especial nos dias 8 e 9 de novembro, que aumentará a freqüência média e acrescentará cem pessoas ao nosso relatório de assimilação • Criar um "convite para o culto de final de semana", que será entregue em todos os casamentos e homenagens até 31 de dezembro • As reuniões dos líderes de casais integra as iniciativas evangelísticas pessoais até 1.º de novembro
Oferecer a todas as pessoas que consideram a Willow Creek sua igreja um lugar na comunidade. Cremos que isso corresponde a 20 mil pessoas em grupos pequenos no ano de 2000	<u>Total na estrutura de grupos pequenos</u> Dezembro de 1997: 1 700 Dezembro de 1998: 2 125 Dezembro de 1999: 2 656 Dezembro de 2000: 3 320 <u>Plano de pastoreio (1997)</u> • 100% dos líderes de divisão • 75% dos treinadores	• Implementar uma ênfase de quatro meses: plano de pastoreio • Contratar mais obreiros para ajudar no crescimento • Desafiar cada grupo pequeno com menos de seis pessoas a acrescentar um membro até 31 de dezembro • Realizar a transição da equipe de mentores para casais para uma estrutura de grupos pequenos até 31 de dezembro • Iniciar a "Conexão casamento" até 31 de dezembro
Reunir semanalmente todos os seguidores de Cristo para ensino e adoração. Acreditamos que isso corresponde a 8 mil pessoas participando semanalmente da nova comunidade no ano de 2000	Comunidade/comunhão de liderança % da liderança (média): 90% Membros de GP/ Voluntários (média): 80%	• Solicitar que cada líder de divisão crie o plano "Como aumentar o compromisso com a nova comunidade" até 1.º de novembro • Solicitar que a equipe da E.G.P (Estrutura de Grupos pequenos) desenvolva um sistema de *feedback* eficiente até 1.º de novembro • Oferecer *pizza* e refrigerantea todos os treinadores que patrocinam um grupo de pré-liderança comunitária

PLANOS MINISTERIAIS

Planos ministeriais

Ministério	Casais
Data	Setembro de 1997

Alvo estratégico	Resultados desejados	Atividades-chave nos próximos 4 meses
Observar os participantes principais amadurecendo sua compreensão dos "cinco alvos". Acreditamos que isso corresponde a 8 mil membros participativos no ano de 2000	Total de membros participantes Dezembro de 1997: 950 Dezembro de 1998: 1 200 Dezembro de 1999: 1 500 Dezembro de 2000: 1 900	• Solicitar que os líderes de divisão se responsabilizem por um número mensurável de novos membros participativos • Enviar um convite para cada membro não-participativo à "Classe de afiliação participativa" até 15 de dezembro • Completar o plano de renovação até 15 de novembro; Paul Krause reunindo-se com os obreiros • Enviar um cartão de Natal a todos os membros participativos do ministério de casais até 20 de dezembro
Demonstrar a compaixão de Cristo para com os desanimados e os perdidos ao redor do mundo. Acreditamos que isso corresponde a 4 mil pessoas envolvidas em oportunidades de extensão, ou missionárias, no ano de 2000	Total de pessoas envolvidas em extensões, ou missões 1997: 350 1998: 700 1999: 1 100 2000: 1 600	• Realizar dez projetos de missões até 31 de dezembro • Alugar um ônibus e arrebanhar pessoas para uma imersão urbana do dia 8 de novembro • Promover a imersão urbana e a distribuição de alimentos por meio de um boletim especial para casais • Certificar-se de que cada líder de divisão já identificou um parceiro de extensão, ou missões, até 31 de dezembro
Encorajar as igrejas inovadoras a realizar uma transformação conduzida por Deus em todo o mundo. Acreditamos que isso corresponde a 6 mil membros da Willow Creek Association (WCA) no ano de 2000	Voluntários para eventos da WCA Outubro de 1997 CLC: 300 Maio de 1998 CLC: 300 Agosto de 1998 Encontro de cúpula: 300 Outubro de 1998 CLC: 300	• Reunir 300 + voluntários para o CLC de outubro • Certificar-se de que cada obreiro em tempo integral convide pessoalmente um líder voluntário para o CLC de outubro • Os obreiros continuarão fazendo parte do seminário de grupos pequenos no CLC de outubro

PLANOS MINISTERIAIS

Planos ministeriais

Ministério	Mulheres/Mães
Data	Setembro de 1997

Alvo estratégico	Resultados desejados	Atividades-chave nos próximos 4 meses
Utilizar todas as dependências de nosso campus para alcançar o maior número possível de interessados. Acreditamos que isso corresponde a 20 mil pessoas participando do culto dirigido às pessoas interessadas e necessitadas no ano de 2000	<u>Cultos de final de semana</u> • Evento especial no final de semana de 1.º e 2 de novembro (1997) • Cinco eventos especiais (1998) • Curso de verão do Terra Prometida (1998) • Dois fins de semana com 130 voluntários por fim de semana <u>Curso sobre cristianismo contagiante (1998)</u> • 100% da liderança de grupos pequenos • 80% dos membros dos grupos pequenos	• Início da estratégia de oração em que cada membro de grupo pequeno traz para o grupo, nos dois meses seguintes, o nome de um amigo interessado: oração em grupo para cada nome / convidar a pessoa para um final de semana voltado às pessoas interessadas / celebração de histórias no grupo pequeno/convidar a pessoaa fazer parte do grupo • Os obreiros em tempo integral do ministério de mulheres participam da estratégia de oração • Três eventos "Casas abertas" na comunidade em preparação para o final de semana de 1.º e 2 de novembro e para o envolvimento em grupos pequenos • Solicitação: Destaque aspectos do ministério de mulheres, de homens e dos ministérios para solteiros adultos por meio de vídeo ou drama em um final de semana voltado para pessoas interessadas • Mudanças no boletim para estar de acordo com o ministério e com a igreja • Distribuição de calendários com versículos relacionados com as mensagens em série • 25 de setembro: treinamento especial do curso sobre cristianismo contagiante para os líderes dos ministérios de Mulheres e de Homens • O curso sobre cristianismo contagiante contagiante é oferecido às sextas-feiras de manhã nesse ano ministerial
Oferecer a todas as pessoas que considerem a Willow Creek sua igreja um lugar na comunidade. Cremos que isso corresponde a 20 mil pessoas em grupos pequenos no ano de 2000	<u>Total na estrutura de grupos pequenos</u> Dezembro de 1997: 1 350 Dezembro de 1998: 1 550 Dezembro de 1999: 1 800 Dezembro de 2000: 2 000 <u>Plano de pastoreio (1998)</u> • 100% dos líderes de divisão • 90% dos treinadores	• Transição de mulheres executivas para grupos pequenos (janeiro de 1998) • Iniciar grupos de serviço no escritório (equipes de telefonemas; equipes de projetos) • Avaliar por que as mulheres procuram outras fontes para o desenvolvimento e elaborar uma estratégia para recapturá-las (reuniões com os participantes do preceito, do BSF e das Mães em Contato da WCCC) • Treinamento de mulheres com potencial de liderança no ministério de mulheres, em 28 de outubro • Aumentar o tamanho dos grupos como resultado do evento especial voltado para as pessoas de fora e da atividade de oração • Líderes de divisão/treinamento/modelo de uso do plano de pastoreio com seus treinadores.

PLANOS MINISTERIAIS

Planos ministeriais
Página 2

Ministério	Mulheres/Mães
Data	Setembro de 1997

Alvo estratégico	Resultados desejados	Atividades-chave nos próximos 4 meses
Reunir semanalmente todos os seguidores de Cristo para ensino e adoração. Acreditamos que isso corresponde a 8 mil pessoas participando semanalmente da Nova Comunidade no ano de 2000	Comunidade/comunhão de liderança % de liderança (média): 75% Membros de GP/Voluntários (média):	• Encorajar os grupos a reunir-se antes da nova comunidade (grupos de carreira, grupos de mulheres cujos maridos são descrentes, grupos de interessados/novos crentes) • Ressaltar a nova comunidade futura nos grupos pequenos, nas aulas e nos boletins
Observar os participantes principais amadurecendo sua compreensão dos "cinco alvos". Acreditamos que isso corresponde a 8 mil membros participantes no ano de 2000	<u>Total de membros participantes</u> Dezembro de 1997: 500 Dezembro de 1998: 650 Dezembro de 1999: 825 Dezembro de 2000: 1 000	• Líderes de divisão devem usar os gráficos organizacionais para grupos-alvo cujos membros participam pouco • Participar das aulas de afiliação da Willow Creek Community Church • Visitar grupos para responder perguntas a respeito da afiliação • Lembrete dos treinadores, para os que não são membros, referente à oportunidade de um desenvolvimento espiritual significativo a partir de hoje até o Natal. • Grupos pequenos devem usar currículos de afiliação, de formação e de renovação espiritual • Líderes de divisão e treinadores participarão do treinamento de novos materiais e processos
Demonstrar a compaixão de Cristo para com os desanimados e os perdidos ao redor do mundo. Acreditamos que isso corresponde a 4 mil pessoas envolvidas em oportunidades de extensão, ou missionárias, no ano de 2000	<u>Total de pessoas envolvidas em extensões, ou missões</u> 1997: 200 1998: 350 1999: 500 2000: 600	• Abrigo para os sem-teto — duas vezes por mês • Organizar duas viagens para países estrangeiros por ano (DR e orfanato) • Imersão Chicago — 8 e 20 de novembro • Imersão local — fevereiro 1998 • Projeto Árvore de Anjos • Adotar uma família para o Natal

PLANOS MINISTERIAIS

Planos ministeriais
Página 3

Ministério	Mulheres/Mães
Data	Setembro de 1997

Alvo estratégico	Resultados desejados	Atividades-chave nos próximos 4 meses
Encorajar igrejas inovadoras a realizar uma transformação conduzida por Deus pelo mundo inteiro. Acreditamos que isso corresponde a 6 mil membros da WCA no ano 2000	*Workshops realizados pela* WCA 1997: 2 1998: 2 Voluntários para os eventos da WCA Outubro 1997 AI: 150 Maio 1998 AI: 150 Agosto 1998 Encontro de cúpula: 150 Outubro 1998 AI: 150	• *Workshop* da pré-conferência em outubro 1997 • Continuar fornecendo 60% dos voluntários para a conferência • Recrutar 25 mulheres para ajudar os obreiros do ministério Colheita para que possam participar do tempo de adoração às sextas-feiras de manhã • Fornecer 50 lares para os convidados da CLC • Dar continuidade à informação e aos materiais por meio de ligações telefônicas e pelo correio • Solucionar vendas externas dos currículos do Ministério de Mulheres

PLANOS MINISTERIAIS

Planos ministeriais

Ministério	Terra Prometida
Data	Setembro de 1997

Alvo estratégico	Resultados desejados	Atividades-chave nos próximos 4 meses
Utilizar todas as dependências do nosso campus para alcançar o maior número de interessados possível. Acreditamos que isso representará 20 mil pessoas participando do culto dirigido para pessoas interessadas e necessitadas no ano 2000	<u>Cultos de final de semana</u> Sem fechamento de salas	• Começar a planejar para o serviço de verão em novembro • Encorajar todos os voluntários a participar do culto, colocando à disposição fitas cassete para os que não puderem participar • Encontrar soluções criativas para o culto da família durante o retiro de grupos pequenos em 1998 • Continuar o desenvolvimento do programa Lenny • Continuar a identificar novas crianças por meio de contatos verbais, líderes da equipe Arco-Íris e rastreamento pelo programa Oracle Oráculo.
Oferecer para todas as pessoas que consideram a Willow Creek sua igreja um lugar na comunidade. Cremos que isso representará 20 mil pessoas em grupos pequenos no ano 2000	<u>Total na estrutura de grupos pequenos</u> Dezembro 1997: 400 (Adultos) 3 000 (Crianças) Dezembro 1998: 500 (Adultos) 3 600 (Crianças) Dezembro 1999: 600 (Adultos) 4 000 (Crianças) Dezembro 2000: 700 (Adultos) 4 300 (Crianças) <u>Plano de pastoreio (1997)</u> • 100% Líderes de divisão • 50% Treinadores	• Identificar e desenvolver 35 novos treinadores • Passar pais ajudantes para substitutos para que se tornem líderes de grupos pequenos • Recrutar 300 novos pais ajudantes • Procurar mudanças de espaço com Scott Troeger • Cada faixa etária terá uma casa aberta por ano ministerial • Alinhar nosso currículo e treinamento dos nossos voluntários em como ensinar e implementar os cinco alvos para as crianças • Desenvolver uma estratégia e um sistema de rastreamento para crianças inativas
Reunir semanalmente todos os seguidores de Cristo para o ensino e a adoração. Acreditamos que isso representará 8 mil pessoas participando semanalmente da nova comunidade no ano 2000	Comunidade/comunhão de liderança % de liderança (média): 90% Membros de GP/Voluntários (média): 150 adultos	• Ter reuniões de grupos de líderes, reuniões trimestrais de grupos de líderes de divisão e ensaios antes do culto

PLANOS MINISTERIAIS

Ministério	Terra Prometida
Data	Setembro de 1997

Planos ministeriais
Página 2

Alvo estratégico	Resultados desejados	Atividades-chave nos próximos 4 meses
Observar os participantes principais amadurecendo sua compreensão dos cinco alvos. Acreditamos que isso representará 8 mil membros participativos no ano 2000	Total de membros participantes Dezembro 1997: 400 Dezembro 1998: 500 Dezembro 1999: 600 Dezembro 2000: 700 Completa compreensão e utilização do plano de pastoreio por todos os treinadores, líderes de grupos pequenos e aprendizes.	• A afiliação é uma exigência para ser líder de grupo pequeno • Conduzir uma aula de afiliação para nossos voluntários e pais ajudantes três vezes ao ano • Informações a respeito de afiliação e de datas para as classes são providas para todos que estão sendo entrevistados para servir no Terra Prometida • O currículo terá uma ênfase/foco nos cinco alvos • Continuar passando a visão, desenvolvendo e desafiando nossa estratégia do plano de pastoreio
Demonstrar a compaixão de Cristo em relação aos infelizes e aos perdidos ao redor do mundo. Acreditamos que isso representaria quatro mil pessoas envolvidas em oportunidades de extensão, ou missionárias, no ano 2000	(Os resultados desejados adequados ainda precisam ser definidos)	• Incorporar no currículo a participação das crianças no projeto de distribuição de alimentos • Incluir um projeto por faixa etária em que as oportunidades de servir são ensinadas
Encorajar as igrejas inovadoras a realizarem uma transformação conduzida por Deus no mundo inteiro. Acreditamos que isso representará 6 mil membros da WCA no ano 2000	*Workshops realizados pela* WCA 1998: Uma conferência 1999: (não definido) Voluntários para os eventos da WCA Outubro 97 CLC: 50 Maio 98 CLC: 50 Agosto 98 Encontro de cúpula: 50 Outubro 98 CLC: 50	• Organizar *workshops* e realizar os preparativos para a conferência do Terra Prometida em 1998 • Currículo-piloto pronto em janeiro de 1998

APÊNDICE 2

Perfil do diretor de grupos pequenos da WCCC (23 de outubro de 2001)

COMO REALIZAR A TAREFA — TOM/SABOR

Responsável pelo movimento de grupos pequenos na Willow Creek Community Church (WCCC)

O papel é ouvir — ouvir e ouvir bem. Devo fazer importantes perguntas — e trabalhar para encontrar as perguntas certas — para permitir e fomentar desafios à nossa forma de pensar. Quando minha abordagem estiver voltada para dentro da WCCC, preciso entender as situações e as pessoas, tomar iniciativas e fazer um grande serviço de clientela (eu ir *versus* eles virem). Quando minha abordagem estiver voltada para fora da WCCC — por meio de conferências, recursos, relacionamentos de aprendizado e de consulta — importarei pensamentos de outros, para poder encontrar as melhores práticas do ministério de grupos pequenos, além de sintetizar o que está dando certo em outras igrejas e trazer conceitos úteis para a WCCC.

A eficiência exigirá um enfoque variável em diversos aspectos distintos dos grupos pequenos e da liderança da Willow Creek Community Church, conforme descrito abaixo:

ABORDAR A WCCC DE MODO GERAL: SOLUÇÃO DE PROBLEMAS

- Ter uma idéia clara do que exatamente cada uma das posições (líder de área, líder de divisão, treinador, líder de grupo pequeno) deve fazer.
- Manter e comunicar a definição de grupo pequeno (por exemplo, esportes, tarefa, abrangência das faixa 101-401, etc.).
- Criar conferências de treinadores, conferências de líderes de grupos pequenos, celebrações de voluntários, dar início ao ano ministerial.
- Aperfeiçoar a nomenclatura — mudar os títulos do líder de área, líder de divisão, treinador, líder de grupos pequenos?
- Formular diagramas e gráficos da "Influência dos sistemas de grupos pequenos".
- Corrigir a linguagem da "liderança"; ver a liderança como dom *versus* papéis *versus* habilidades.
- Ajudar a reinventar as estratégias de assimilação.
- Conduzir o desenvolvimento de uma filosofia de grupos pequenos entre os funcionários/obreiros.
- Reformular a visão continuamente (fundamentada em Êx 18, Jo 17 e Ef 4).
- Responder como o objetivo de ser uma igreja de grupos pequenos continua a ser adotado.
- Reconciliar as mensagens do púlpito com a prática atual.
- Desencadear a idéia de pessoas interessadas em cadeiras vazias como uma mentalidade sistêmica.
- Recuperar os grupos "renegados".

FOCO NOS LÍDERES DE ÁREA: CRIANDO PONTES

- Comunicar iniciativas de grupos pequenos.
- Colaborar no desenvolvimento de alvos quantitativos para cada área (de acordo com o alvo da WCCC).
- Reunir-se no "um a um" com cada líder de divisão e apresentar *feedback* do desempenho para o líder de área.
- Evitar a divisão da lealdade (líder de área *versus* diretor de grupos pequenos).
- Reunir os líderes de área em um grupo para decisões de grupos pequenos.
- Ensinar os líderes de área como liderar de maneira mais efetiva os líderes de divisão.

FOCO NOS LÍDERES DE DIVISÃO: APERFEIÇOAMENTO

- Definir o foco do líder de divisão, a administração do tempo (*versus* redistribuir líder de área para as necessidades que não estão de acordo com os interesses dos grupos pequenos).
- Auxiliar os líderes de área na análise do desempenho.
- Identificar os "gurus" entre os líderes de divisão" que podem elevar o grau de maturidade do restante do grupo.
- Padronizar o treinamento.
- Permitir as diferenças entre os líderes de divisão e os treinadores quanto à abordagem e à necessidade.
- Incluir as funções sacerdotais.
- Estudar a idéia de um retiro para líderes de divisão a fim de apresentar as novas orientações.
- Treinar o líder de divisão com relação às expectativas de sua tarefa.

- Passar as melhores práticas atuais.
- Extrair novas descobertas dos líderes de divisão.
- Motivar por meio do encorajamento, da valorização e da visão partilhada.
- Aperfeiçoar a produtividade e a sustentabilidade.
- Redefinir o "limite de pastoreio" e a responsabilidade (como cuidar de uma "divisão" de setecentas ou mais pessoas sem ficarmos esgotados).
- Criar estratégias de apoio administrativo: assimilação, correspondência, horários e logística.
- Auxiliar na difusão do papel do treinador principal.
- Participar de reuniões e de super-reuniões de líderes.
- Distribuir os líderes de divisão em rede para facilitar a comunicação mútua.
- Lembrar as conseqüências de um desempenho insatisfatório.
- "Pastorear" os líderes de divisão mantendo uma porta aberta.
- Escrever notas encorajadoras quando os líderes de divisão fazem algo bem feito.

FOCO NOS TREINADORES: ELEVE A QUALIDADE

- Controlar a qualidade dos treinadores e dos aprendizes por meio de entrevistas pessoais (atuais e futuras).
- Diferenciar o desempenho.
- Padronizar o treinamento (v. o esboço do líder de divisão referente ao treinamento).

ENFOCAR OS LÍDERES DE GRUPOS PEQUENOS: OS APRENDIZES

- Ajudar na porcentagem de aprendizes, na definição e na trajetória de desenvolvimento.
- Padronizar o treinamento (v. o esboço do líder de divisão referente ao treinamento dos treinadores).

FOCO NOS MINISTÉRIOS: ACONSELHAMENTO

- Esclarecer e monitorar o papel dos grupos de tamanho médio.
- Consultar — "farejar" problemas e oportunidades.
- Ajudar com definições comuns (p. ex., aprendiz, integração etc).
- Inserir as iniciativas (pastoreio intencional, guia do plano de pastoreio).
- Cuidar para que haja variações nas estratégias.
- Validar a diretriz estratégica, ressaltando o aspecto que envolve correr riscos.
- Atualizar os últimos desafios da igreja.
- Monitorar os pontos obscuros nos ministérios.
- Sugerir mudanças (novas idéias *versus* preparar e deixar correr).
- Recrutar os novos líderes e aprendizes (especialmente nos ministérios de curta duração).
- Auxiliar com um roteiro de desenvolvimento para acelerar a formação de líderes em curto prazo (dois a quatro anos).
- Fomentar a conservação de líderes.

FOCO FORA: INFUNDIR A APRENDIZAGEM

- Participar de eventos sobre grupos pequenos nas igrejas-chave e de visitas a essas igrejas.
- Leia e fique a par dos últimos materiais publicados.
- Consultar as igrejas-chave da WCA
- Apoiar-se na área de movimento de grupos pequenos da WCA (Donahue)

PRIORIDADES E PLANO DE BATALHA

Prioridades

1. Acompanhar o desempenho e focar os líderes de divisão.
2. Estar atento aos aspectos do sistema (linguagem, prática padrão, treinamento etc).
3. Executar os aspectos fundamentais em todos os níveis.
4. Preparação para as necessidades de crescimento.

Plano de batalha

1. Criar reuniões semanais para o corpo de obreiros, visando treinar, solucionar problemas e aumentar a eficiência dos obreiros com os recursos disponíveis. (p.ex., videos).
2. Iniciar um novo retiro de orientação para líderes de divisão.
3. Participar das reuniões das diferentes áreas lideradas por um obreiro/líder de divisão — mensalmente.
4. Conduzir o planejamento dos líderes de área/líderes de divisão — trimestralmente.

5. Encontrar-se com os líderes de divisão na base do "um a um" — usando o revezamento.
6. Colabore/trabalhe regularmente com a equipe administrativa e com os líderes de área em assuntos a serem resolvidos.
7. Crie e lidere as equipes de trabalho para enfrentar os problemas e para criar propostas.
8. Colabore com o diretor de recursos humanos e com a liderança de treinamento para "reinventar" o sistema de treinamento de liderança.
9. Produza grandes eventos.
10. Estude os dez principais ministérios e os especialistas em grupos pequenos para as idéias que possam ajudar a igreja a vencer as dificuldades.

APÊNDICE 3

O PAPEL DO TREINADOR

CATEGORIAS	ENCONTRO DE LÍDERES	VISITA AOS GRUPOS	REUNIÕES NA BASE DO UM A UM
Desenvolvimento de liderança • Transmitir a visão • Habilidades • Aprendizes	• Lembre os líderes da "missão" dos grupos pequenos. • Use o sucesso e as lutas dos líderes para mostrar como Deus levanta e desenvolve os líderes. • Ensine as habilidades de liderança — use o "Manual do líder". • Deixe seu aprendiz liderar parte da reunião de líderes. • Desafie os líderes a desenvolver seus aprendizes.	• Desenvolva o caráter e as habilidades relacionais. • Identifique as áreas a serem desenvolvidas. • Ajude-os a resolver os problemas. • Encoraje o desenvolvimento de aprendizes no ambiente de grupo.	• Confirme a visão do líder para o ministério. • Discuta o caráter e as habilidades que requerem atenção e delineie um plano para desenvolvê-los. • Ajude o líder a identificar e a treinar um aprendiz.
Cuidado pastoral • Espiritual • Relacional • Pessoal	• Sirva de modelo na área de doar-se ao próximo. • Encoraje os líderes a cuidar uns dos outros. • Desafie os líderes a crescer espiritualmente. • Ajude os líderes e os aprendizes a construir relacionamentos saudáveis.	• Apóie os líderes durante a reunião. • Observe os relacionamentos do líder no grupo. • Verifique se os líderes compartilham o ministério com os membros e os aprendizes. • Auxilie na resolução de conflitos e anime o grupo a passar pelos estágios da vida em grupo.	• Procure conhecer os líderes pessoalmente. Concentre-se nas necessidades reais. • Seja aberto e transparente quanto à sua vida. Construa um relacionamento autêntico com eles. • Encoraje de maneira específica um profundo relacionamento com Cristo. • Conduza as entrevistas de membros e encoraje os membros participativos.
Apoio ministerial e expansão • Oração • Encorajamento • Recursos	• Celebre o que Deus está fazendo nos grupos e na vida pessoal dos que participam deles. • Orem uns pelos outros como equipe. • Resolvam problemas juntos. • Troquem idéias e forneçam informações. • Divirtam-se e sejam criativos no encontro de líderes. • Ajude-os a identificar líderes em potencial.	• Determine como você pode orar pelo grupo, seu líder e seu aprendiz. • Fale a respeito dos pontos fortes do líder e do aprendiz. • Identifique os recursos úteis para o estudo e para o ministério. • Deixe claro para os líderes que você está à disposição. • Discuta a expansão do ministério por meio da cadeira vazia, assim como a geração e a importância dos aprendizes.	• Ore especificamente pela cadeira vazia. • Ajude na solução de problemas. • Celebre tudo que Deus tem feito em seus grupos. • Desafie os líderes a usar o processo de afiliação participativa como um veículo para iniciar um relacionamento de discipulado com os membros do grupo.

APÊNDICE 4

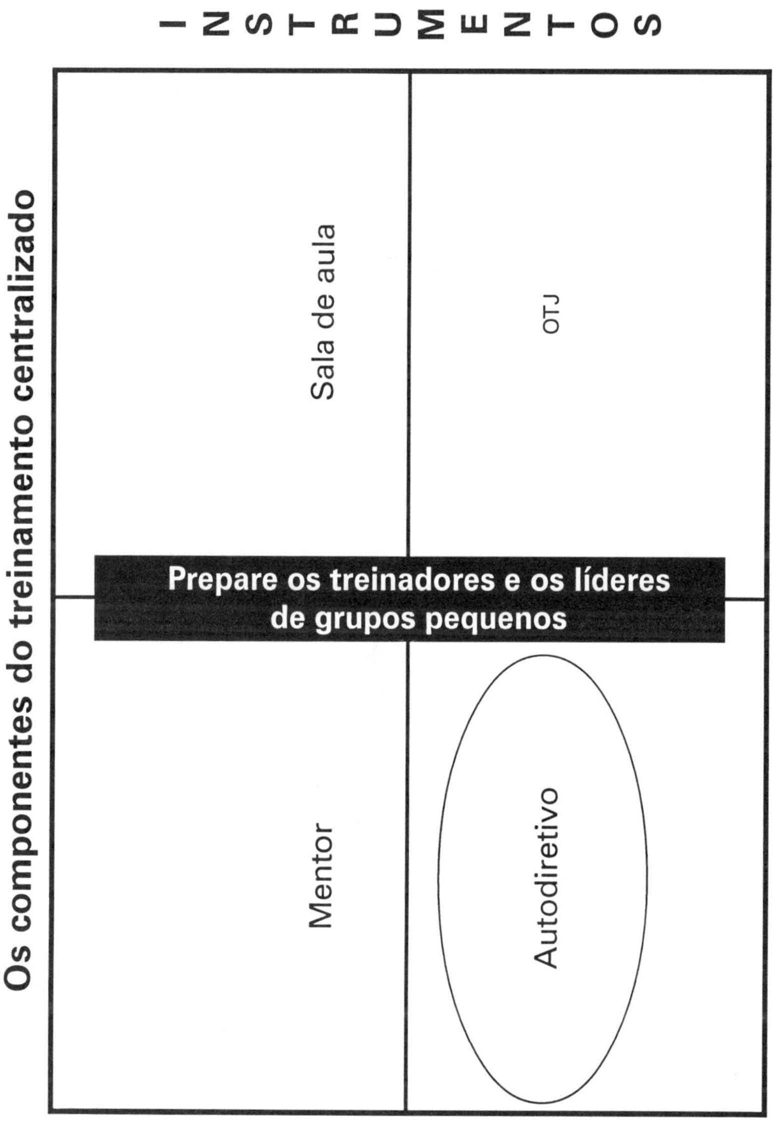

Os componentes do treinamento centralizado
INSTRUMENTOS
Sala de aula
OTJ
Prepare os treinadores e os líderes de grupos pequenos
Mentor
Autodiretivo

A TRAJETÓRIA DO TREINAMENTO NA SALA DE AULA

VISÃO E EXPECTATIVAS

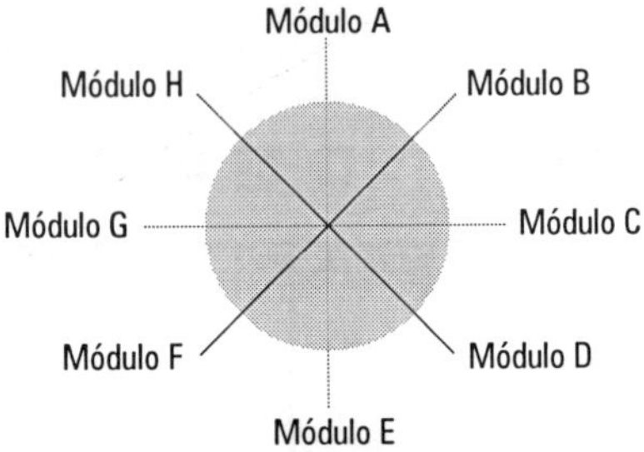

APRENDIZ

RECICLAGEM

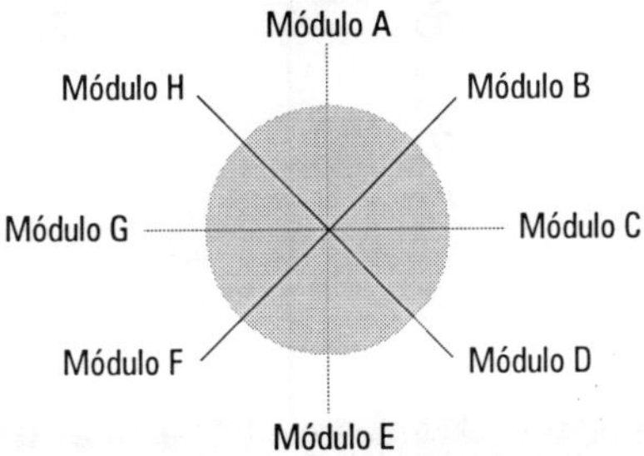

NOVO LÍDER

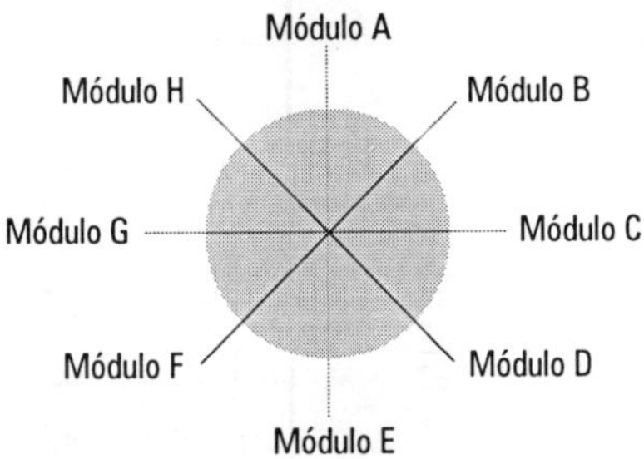

LÍDER MADURO

APÊNDICE 5

PERFIS DAS SÉRIES DE CURRÍCULOS DA WILLOW CREEK

Interações [publicada pela Editora Vida], de Bill Hybels. Essa série de estudos sobre a dinâmica de grupos pequenos, desenvolvida na Willow Creek, encoraja um ministério de mudança de vida nos grupos pequenos à medida que os participantes partilham seu estilo de vida, interesses, experiências e valores. Visa fomentar uma comunicação honesta, a solução eficiente de problemas, as amizades mais profundas e uma intimidade cada vez maior com Deus.

New Community Series [*Série Nova Comunidade*], de Bill Hybels e John Ortberg, com Kevin e Sherry Harney. Essa série, que exerce grande influência, ensina como os grupos pequenos devem estudar os tópicos de mudança de vida de uma perspectiva bíblica em um contexto comunitário. Cada revista contém seis sessões compostas de um estudo bíblico profundo, de perguntas para reflexão e exercícios para fomentar a comunidade.

Pursuing spiritual transformation [*Buscando a transformação espiritual*], de John Ortberg, Laurie Pederson e Judson Poling. Esses estudos, de uma perspectiva bíblica, exploram formas novas de experimentar e de pensar acerca da vida com Deus por meio dos cinco alvos da Willow Creek: graça, crescimento, grupos, dons e mordomia saudável. Você aprenderá acerca das práticas de doação de vida, das experiências e dos relacionamentos que Deus usa para nos transformar de dentro para fora.

Bible 101 [*Bíblia 101*], de Bill Donahue, Kathy Dice, Judson Poling, Michael Redding e Gerry Mathisen. Esse estudo proporciona uma compreensão fundamental e sólida da Palavra de Deus em um formato projetado exclusivamente para um ambiente de grupo pequeno.

Andando com Deus [publicada pela Editora Vida], de Don Cousins e Judson Poling. Essa série dinâmica, prática, interativa e biblicamente fundamentada apresenta uma abordagem dupla. A série 1 insere os novos crentes no poder transformador de um relacionamento com Deus e no tornar-se discípulo de Cristo. A série 2 orienta os cristãos maduros a conhecer melhor a igreja.

Tough questions [*Perguntas difíceis*], de Garry Poole e Judson Poling. Essa série cria oportunidades sem precedentes para sua igreja examinar as grandes perguntas e as objeções acerca da fé cristã. Cada volume permite uma exploração fascinante de verdades vitais, quer o participante seja ateu, quer seja uma pessoa interessada e necessitada, quer seja um crente em busca de mais fé.

APÊNDICE 6

DEFINIÇÃO MODIFICADA DE GRUPO PEQUENO

***Grupo pequeno**: Grupo de pessoas que se reúne regularmente para um propósito comum e são lideradas por uma pessoa identificada que auxilia as pessoas em seu progresso rumo a uma entrega completa a Cristo ao prover, intencionalmente, um ambiente para a ação, a comunhão e a formação espiritual.*

Natureza do grupo

Grupo de pessoas: deve ser de quatro a dez pessoas, incluindo o líder e um aprendiz de líder identificado, além de uma cadeira vazia para acolher uma nova pessoa (os membros do grupo devem estar juntos há pelo menos três anos. Se um grupo tem mais de dez pessoas, deve se preparar para gerar um novo grupo).

Reunir-se regularmente: o grupo deve reunir-se pelo menos duas vezes por mês, em um ambiente em que um membro possa ver o rosto do outro.

Propósito comum: a razão principal ou afinidade da existência do grupo (as razões podem incluir servir juntos para cumprir uma tarefa, prover apoio em tempos de necessidade, criar a próxima geração e investir nela, estudar a Palavra de Deus).

Papel do líder

Líder identificado: deve ser alguém que foi aprovado ou que está no processo de identificação e de desenvolvimento com uma data pré-estabelecida para o término e a aprovação desse processo.

Ajudar no progresso dos membros do grupo com relação a uma completa consagração a Cristo: prover cuidado e se importar com a alma dos membros do grupo e com o progresso espiritual, tendo como alvo a maturidade espiritual definida pelos cinco alvos (graça, crescimento, grupos, dons e mordomia saudável).

Fornecer um ambiente agradável de forma intencional: o líder fomenta os relacionamentos, as experiências e as práticas em um ambiente em que os membros possam ser desafiados espiritualmente e façam progressos em sua vida com Cristo.

AMBIENTE SEGURO

Relação e comunhão: um lugar com o qual cada indivíduo se identifica e tem a sensação de pertencer a um grupo e onde as pessoas são Cristo uns para os outros, ao conhecer e ser conhecido, ao amar e ser amado, ao servir e ser servido, ao celebrar e ser celebrado.

APÊNDICE 7

PROCESSO DE ASSIMILAÇÃO DA WCCC BASEADO NOS FLUXOGRAMAS

Estágio 1: Abertura

- A oportunidade é mobilizada e o indivíduo é levado a se conectar.
- O interesse é gerado por meio de:
  1. Cartão descartável do boletim (dos cultos de final de semana, do Áxis).
  2. Eventos (casa aberta, seminário, aulas, grupo de apoio, final de semana com um objetivo específico, evento especial, bazar de caridade etc.).
  3. Telefonemas (de um anúncio no boletim, ministério de linha direta, telefonemas em geral); e-mail, *sites*, correio, fax ou entrada para uma área ministerial específica; encaminhamento por parte de um obreiro ou de um voluntário.
  4. Balcão de informação/Centro de Recepção (geral, no saguão de entrada e balcões no salão de cultos).
  5. Outros (situações raras, fortuitas, não recorrentes).
  6. Transferência de comando (o líder veio de outro ministério).
- **Reúna informações**: nome, endereço, número de telefone, e-mail da pessoa interessada.
- Ponha **a informação no banco de dados**.
- Verifique os dados de cada indivíduo — atualizá-los, se necessário.

- Se não forem encontradas no banco de dados, acrescente as informações do indivíduo.
- Encaminhe o indivíduo ao assimilador ministerial para ação.

Estágio 2: Avaliação

- **Um telefonema** é dado por um obreiro ou voluntário da equipe telefônica de assimilação.
    - Ligue para o indivíduo a fim de fazer uma breve avalia ção.
        - Primeiro telefonema — realizado em três dias.

          Tome nota a respeito do resultado da ligação e agende a próxima chamada.

          Espere pelo menos 24 horas.
        - Segundo telefonema

          Tome nota a respeito do resultado da ligação e agende a próxima chamada.

          Espere pelo menos 24 horas.
        - Terceiro telefonema.

          Tome nota a respeito do resultado da chamada.

          TODAS AS TRÊS LIGAÇÕES DEVEM SER REALIZADAS EM TRINTA DIAS.
- Se não houver resposta depois de trinta dias, envie uma carta ou e-mail como uma TENTATIVA DE ALCANÇAR A PESSOA.

Arquive o interessado no banco de dados como SEM RESPOSTA.

- **Quando o contato pessoal é bem-sucedido**, existem três respostas possíveis — NÃO, TALVES, SIM.

- Se a resposta for NÃO — a pessoa não está interessada em seu ministério.
  - Faça perguntas que ajudem a determinar um encaixe em outro ministério
  - Se a resposta for TALVEZ, essa pessoa pode estar interessada em seu ministério
  - Apenas pediu informações?

    Envie pelo correio a informação requerida.

    Arquive o interessado no banco de dados como SÓ INFORMAÇÃO.
  - Evento futuro ou acompanhamento solicitado?

    Arquive o interessado no banco de dados como ACOMPANHAMENTO, com a data indicando o contato pessoal seguinte a ser feito.
  - Se a resposta for SIM, a pessoa está agora no estágio EM PROCESSO.
  - Atualize as informações do interessado no banco de dados como EM PROCESSO.

Estágio 3: Em processo

- **Encaminhamento** — O assimilador encaminha a informação ao líder ministerial adequado.
  - Os relatórios de rastreamento de assimilação ajudam o assimilador a orientar os interessados e a acompanhar o líder ministerial.
  - **Treinamento** e/ou pré-requisitos exigidos para colocação?
  - SIM:
    - O líder explica os pré-requisitos e os horários de treinamento.

- O líder relata o progresso ao assimilador.
- Atualizar as informações do interessado no banco de dados como "Em Processo", "Prérequisito pendente".

- SE JÁ SE ENCONTRARAM!
- O líder relata o progresso ao assimilador.
- NÃO:
- O líder relata o progresso ao assimilador.

- **A pergunta fundamental: Essa pessoa está participando ativamente?** (Servindo ou participando regularmente, em geral uma vez por mês).
  - SIM:
    - Vá para o estágio 4 — estágio "CONECTADO".
    - Arquive o interessado no banco de dados como "CONECTADO".
- Se NÃO, faça as seguintes perguntas:
  - Essa pessoa está esperando por alguma coisa? Observe a data do acompanhamento.
  - Ela perdeu o interesse? Volte ao estágio "Avaliação".
  - Faça as perguntas que ajudem a determinar outros interesses ministeriais. Transfira a assimilação.

Estágio 4: Conectado

- A pessoa está **participando ativamente** de um grupo pequeno ou de uma oportunidade de serviço.
  - Crie um perfil individual do interessado no banco de dados.

- Os dados de acompanhamento podem ser enviados para verificar o progresso.

- A pessoa está buscando a **plena participação** como membro ativo da Willow Creek.

Sobre os autores

BILL **DONAHUE**, Ph.D. é o diretor-executivo do Movimento de Ministério de Grupos Pequenos da Willow Creek Association. Ele fez parte do corpo de obreiros da Willow Creek Community Church e ajudou a desenvolver e a lançar o ministério de grupos pequenos, envolvendo toda a igreja. Ele editou vários manuais de estudos bíblicos da Willow Creek ou fez contribuições para eles, incluindo a série *Interações* [publicada pela Editora Vida]. Ele mora em West Dundee, Illinois, com a esposa, Gail, e seus dois filhos.

RUSS **ROBINSON** é o pastor-titular da Meadowbrook Church, em North Haledon, Nova Jersey, uma igreja da Willow Creek Association (WCA) que ocupa uma posição estratégica, situada na cidade de Nova York. Antes disso, ele foi diretor de ministérios e de grupos pequenos da Willow Creek Community Church e participou da equipe administrativa da igreja. É co-autor, com Bill Donahue, do livro *Edificando uma igreja de grupos pequenos*. Russ tem o JD [*jurum doctor*] da University of North Dakota Law School. Ele mora em Wyckoff, Nova Jersey, com a esposa, Lynn, e seus três filhos.

WILLOW
Associação Willow Creek

ALCANÇANDO OS PERDIDOS — EDIFICANDO OS SALVOS

Este recurso foi criado para auxilia-lo a desenvolver uma igreja local que prevalece!

Não deixe de conhecer outros guias de discussão e materiais para grupos pequenos em nosso *site* ou no endereço indicado abaixo.

Pelos mesmos autores:

- *Liderando grupos pequenos que transformam vidas. Best-seller* com mais de 100 000 cópias vendidas! Esse livro é voltado para o desenvolvimento e capacitação de líderes de grupos pequenos, bem como para o estabelecimento das estruturas necessárias para desenvolver um ministério com grupos pequenos que abranja toda a igreja.
- *Edificando uma igreja de grupos pequenos.* Obra em que os autores compartilham a história de como a Willow Creek se tornou uma igreja na qual mais de 18 000 pessoas se relacionam em 2 700 grupos pequenos todas as semanas. Eles também mostram como uma igreja — não importando o tamanho — pode tornar-se um lugar onde homens e mulheres, adultos e crianças, podem experimentar uma vida frutífera em comunidade e crescer com saúde e vitalidade espiritual.

Desde 1999, a Associação Willow Creek tem buscado servir a pastores e líderes que possuem um espírito inovador, provendo visão estratégica, treinamento e recursos, a fim de que esses possam desenvolver igrejas que prevalecem.

Realizamos EVENTOS com formatos variados, com o objetivo de ministrar sobre a igreja (ou uma área específica da mesma) e sua liderança, e ainda prover os equipamentos necessários para melhor desenvolvê-la.

Desenvolvemos RECURSOS relevantes que, através das mais variadas formas de distribuição, buscam auxiliar pastores e líderes a desenvolver a igreja (ou uma área específica da mesma) e sua liderança.

Sobre o livro

Categoria • Grupos pequenos

Fim da execução • abril de 2004
1.ª edição • abril de 2004

Tiragem	Ano
1 2 3 4 5 6 7 8 9	09 08 07 06 05 04

Formato • 14 x 21 cm
Mancha • 10,5 x 18,5 cm
Tipo e corpo/entrelinha • Lucida 9,7/14,6 (texto); Zurich BT 14/16,8 (título)
Papel • Off-Set 75 g/m² (miolo); Cartão Supremo 250 g/m² (capa)

Tiragem • 3 mil exemplares
Impressão • Imprensa da Fé

Impresso no Brasil / *Printed in Brazil*

Equipe de realização

Produção gráfica

Supervisão
Sandra Leite

Laser Film
Editoração JR

■

Produção editorial

Coordenação
Aldo Menezes

Colaboração
Mauro Nogueira

•

Edição de texto
Alípio Correa de Franca Neto

Revisão de provas
Judson Canto

Projeto gráfico
Sonia Peticov

Diagramação
Editoração JR

Capa
Claudio Souto